DAS MEERWASSER-AQUARIUM

Von der Planung bis zur erfolgreichen Pflege

Dieter Brockmann

Titelbild:
Bild oben: Aquarium von B. Gößele, Ulm
links unten: Kombination von verschiedenen Filtertypen
rechts unten: *Seriatopora hystrix* in einem Aquarium des Autors
Hintergrund: *Sarcophyton* sp.   Foto: W. Fiedler

Fotos und Grafiken ohne Quellenangabe vom Autor

Die in diesem Buch enthaltenen Angaben, Ergebnisse, Dosierungsanleitungen etc. wurden vom Autor nach bestem Wissen erstellt und sorgfältig überprüft. Da inhaltliche Fehler trotzdem nicht völlig auszuschließen sind, erfolgen diese Angaben ohne jegliche Verpflichtung des Verlages oder des Autors. Beide übernehmen keine Haftung für etwaige inhaltliche Unrichtigkeiten. Alle Rechte, insbesondere das Recht der Vervielfältigung und Verbreitung sowie der Übersetzung sind vorbehalten. Kein Teil des Werkes darf in irgendeiner Form (Druck, Fotokopie, Mikrofilm oder andere Verfahren) ohne schriftliche Genehmigung des Verlages reproduziert oder unter Verwendung elektronischer Systeme verarbeitet, gespeichert oder vervielfältigt werden.

7. Auflage 2014

ISBN: 978-3-86659-058-8

© 2008 Natur und Tier - Verlag GmbH
An der Kleimannbrücke 39/41
48157 Münster
Tel.: 0251-13339-0, Fax: 0251-13339-33
E-Mail: verlag@ms-verlag.de
Home: www.ms-verlag.de
Geschäftsführung: Matthias Schmidt
Layout: Nick Nadolny
Lektorat: Kriton Kunz
Druck: Alföldi, Debrecen

Inhalt

Vorwort 4
Lebensraum Korallenriff 8
Lebensraum Meerwasseraquarium 14
Das Aquarium 20
    Größe 20
    Oberflächenabsaugung 21
    Standort 22
    Gestaltung der Außenrückwand 23
    Komplettsystem oder Bausteinprinzip 23
    Aufstellen des Aquariums 24
Technische Grundausstattung des Meerwasser-Aquariums 26
    Beleuchtung 27
    Strömung 39
    Filterung 46
    Temperatur: Heizung und Kühlung 74
    Zusatzaggregate 76
    Ozongerät 76
    UV-Lampe 77
Das Meerwasser 78
    Dichte 79
    Ansetzen des Meerwassers 81
    Auffüllen von verdunstetem Wasser 85
    Teilwasserwechsel 85
Die wichtigsten Wasserwerte, ihre Kontrolle und Aufrechterhaltung 87
    pH-Wert 87
    Pufferkapazität, Karbonathärte und Alkalinität 89
    Kalziumgehalt 90
    Nachdosieren von Spurenelementen 99
Einrichtung und Inbetriebnahme des Aquariums 101
    Schritt 1: Auswahl und Aufstellen des Aquariums 101
    Schritt 2: Installation der Technik 101
    Schritt 3: Dekorieren des Aquariums 101
    Schritt 4: Füllen mit Meerwasser 103
    Schritt 5: „Animpfen" des Aquariums und endgültige Dekoration mit „Lebenden Steinen" .. 104
    Schritt 6: Einfahrphase 106
Die ersten Tiere für das Meerwasser-Aquarium 113
    Kauf: Nachzuchten oder Wildfänge? 113
    Eingewöhnung 117
    Fütterung von Fischen und Wirbellosen 118
    Die ersten Fische 120
    Die ersten Wirbellosen 148
Literatur 189
Stichwortverzeichnis 190

Vorwort

Die Meerwasseraquaristik ist eines der faszinierendsten Hobbys, mit denen man sich beschäftigen kann. Schon immer haben Korallenriffe den Betrachter in ihren Bann gezogen – sei es nun den Taucher vor Ort, den Fernsehzuschauer zu Hause oder den Leser eines Buches, das sich mit der Unterwasserwelt beschäftigt. Schönheit und Farbenpracht der Riffe und ihrer Bewohner, Artenvielfalt, Verhaltensweisen und die zahlreichen Beziehungen zwischen den Arten suchen ihresgleichen, und so ist es nicht verwunderlich, dass immer mehr Menschen den Wunsch verspüren, ein solches Riff zu Hause im Aquarium zu pflegen.

Dieser Wunsch geht einher, mit einem vertieften Bedürfnis an Natur- und Artenschutz. Es wird ein Kreislauf in Gang gesetzt: Wir lernen die Schönheit und die faszinierenden Verhaltensweisen der Tiere des Korallenriffs durch die tägliche Beobachtung im Aquarium kennen und lieben, geben diese Erkenntnisse und Liebe an unsere Kinder weiter, die ihrerseits ihr Wissen nach dem Schneeballprinzip mit Freunden teilen. Es entsteht praktisch zwangsläufig der Wunsch, diese zerbrechliche Unterwasserwelt aktiv zu schützen. Schon heute nehmen unzählige Riffaquarianer an Schutzprogrammen für Korallenriffe teil, z. B. dem „Reef Watch Programm", um nur eines zu nennen. Innerhalb dieses Programms betauchen

Das Korallenriffaquarium von B. Gößele, Ulm

Hobbyaquarianer während ihres Urlaubs Korallenriffe, um deren Schäden nach wissenschaftlichen Standards zu katalogisieren und über Jahre zu verfolgen. Die Durchführung eines solch wichtigen und aufwändigen Programms wäre ohne den Enthusiasmus von Aquarianern nicht möglich. Dies ist praktizierter Riffschutz - hervorgerufen und gefördert durch die Begeisterung für das Hobby Meerwasseraquarium!

Die Meerwasseraquaristik ist aber weitaus mehr als „nur" ein Hobby. Viele wissenschaftliche Erkenntnisse über Korallenriffe und deren Bewohner wurden und werden von Hobbyaquarianern gesammelt, viele Pflegemethoden und -technologien von ihnen entwickelt. Gerade diese lebensunterstützenden Systeme (oder life supporting systems, wie sie in der Fachsprache heißen) werden heute von vielen professionellen Aquarianern eingesetzt; die wissenschaftliche Aquaristik und die großen öffentlichen Schauaquarien sind ohne die Entwicklungen und Beobachtungen von uns Hobbyaquarianern nicht möglich. Selbst große Korallentaxonomen wie J.E.N. VERON schwören mittlerweile auf die lebhafte und fruchtbare Interaktion zwischen Aquarianern und Wissenschaftlern (siehe hierzu auch VERON 2000). Man kann aber noch einen Schritt weitergehen. Die Vermehrung von Steinkorallen durch die Herstellung von Fragmenten wurde vor Jahren durch passionierte Aquarianer in Deutschland entwickelt. Heute werden vergleichbare Technologien zur Wiederherstellung von stark geschädigten Korallenriffen eingesetzt. Auch dieser Ansatz zum Riffschutz wäre ohne uns Aquarianer – wenn überhaupt – erst sehr viel später entwickelt worden.

Trotz alle dem hat die Meerwasseraquaristik lange Zeit ein Randdasein im großen Bereich der

Vorwort

Der Philippinen-Doktorfisch, *Acanthurus japonicus* in einem Steinkorallen-Aquarium

Vivaristik gespielt. Es gab ihr gegenüber zahlreiche Vorurteile, wie „sie ist zu teuer", „sie ist zu kompliziert" oder „der Pflegeaufwand ist deutlich höher als in der Süßwasseraquaristik". Nun, unbestritten ist, dass die technische Grundausstattung teurer und die Betriebskosten für ein Meerwasseraquarium höher sind als die eines vergleichbar großen Süßwasseraquariums. Die Zeiten aber, in denen die Meerwasseraquaristik als Statussymbol für einige wenige Betuchte galt, sind lange vorbei. Tiere und Technik sind erschwinglich geworden, Nachzuchten, insbesondere auf dem Gebiet der Korallen, sind heute gang und gäbe und dadurch auch im Aquaristikfachhandel vergleichbar preisgünstig – sieht man einmal von den wirklichen Exoten ab, die es aber auch in anderen Bereichen der Vivaristik gibt. Ein Anschluss an entsprechende Vereine, den man jedem Einsteiger in die Meerwasseraquaristik nur empfehlen kann, tut ein Übriges dazu, um die Kosten so niedrig wie möglich zu halten, denn hier erhält man viele Tipps zum Sparen im Hobby sowie preiswerte Nachzuchten.

Die Meerwasseraquaristik ist heute bei weitem nicht mehr so kompliziert wie in den Anfängen. Die Jahre des Experimentierens sind vorbei, die Hauptprobleme bei der Pflege der meisten Fische und Wirbellose gelöst. Die technischen Geräte wurden enorm verbessert und den Ansprüchen einer „Routine-Meerwasseraquaristik" angepasst. Unser Wissen über die Chemie des Meerwassers und die Lebensansprüche unserer Pfleglinge ist mittlerweile so groß, dass es bei vielen Arten keine Haltungsschwierigkeiten mehr gibt, ja sogar viele Fische und Wirbellose bereits in Aquarien vermehrt werden.

Und auch das Argument des größeren Zeitaufwandes ist hinfällig. Mein rund 1.000 Liter fassendes Spezialaquarium für Steinkorallen kostet mich in der Woche durchschnittlich nicht mehr als zwei Stunden Zeit, inklusive der täglichen Fütterung der Fische. Dies ist durchaus mit dem Aufwand zu vergleichen, den man für ein Holländisches Pflanzenaquarium aufbringt, wobei man an dieser Stelle anmerken muss, dass ja die Beschäftigung mit dem Aquarium der Grund für seine Anschaffung ist.

Bis vor einiger Zeit war es durchaus noch üblich, dass Aquarianer erst Erfahrungen mit Süßwasserbecken sammelten, bevor sie sich der Meerwasseraquaristik widmeten. Heute steigen mehr und mehr Anfänger direkt in die Meerwasseraquaristik ein, ohne – immer unter der Voraussetzung der richtigen Auswahl von Fischen und Wirbellosen – mit allzu großen Schwierigkeiten rechnen zu müssen. Dennoch ist eine gewisse Fehleranfälligkeit eines solchen komplexen Systems, wie es ein Meerwasser-Aquarium nun einmal darstellt, natürlich nach wie vor gegeben. Anfänger machen zwangsläufig Fehler und müssen und sollen ihre eigenen Erfahrungen sammeln. Jedoch kann man diese Anfängerfehler auf ein Minimum reduzieren – genau aus diesem Grund habe ich das vorliegende Buch geschrieben. Es soll dem Einsteiger in die Meerwasseraquaristik dabei helfen, Fehler und Verluste an Tieren zu vermeiden, damit er nicht aufgrund schlechter Erfahrungen die Lust am Hobby Meerwasseraquaristik dauerhaft verliert.

Der Aufbau des Buches ist einfach, aber zielgerichtet. Die aufeinander aufbauenden Kapitel führen den Anfänger in einzelnen Schritten vom Kauf des Aquariums bis hin zum ersten Besatz mit Fischen und Korallen. Alle wichtigen Einzelschritte sind zudem in blauen Kästen zusammengefasst, die "Das Wichtigste auf einen Blick" zum Titel haben. Hier findet man auch Hilfestellungen für die Fälle, wenn das Aquarium dann doch einmal nicht so läuft, wie es eigentlich funktionieren sollte. Den Text habe ich so einfach und allgemeinverständlich gehalten, wie dies eben möglich ist. Dennoch wird man hier und da auf einige chemische Formeln stoßen und manche technische Details erfahren, die vielleicht über das Grundverständnis hinausgehen. Sie sind vor allem für diejenigen Leser gedacht, die sich über die Grundlagen hinaus tiefer in die Materie einarbeiten möchten. Solche Passagen finden Sie in orangenen Textkästen, die mit „Im Detail" überschrieben sind. Schließlich gibt es noch gelbe Textkästen, in denen einige wichtige Tipps und Tricks aufgeführt sind.

Ein Buch wie dieses ist ohne die Unterstützung vieler Freunde nicht möglich. Bedanken möchte ich mich an erster Stelle bei meinem Verleger Matthias Schmidt, Natur und Tier – Verlag, Münster, der mich vorsichtig gedrängt hat, dieses Buch zu schreiben. Daniel Knop danke ich für die vielen Diskussionen rund um das Hobby, dem Team vom Natur und Tier - Verlag, insbesondere Kriton Kunz und Nick Nadolny für die Unterstützung und das hervorragende Layout. Meinen Freunden aus der Gesellschaft für Meeresaquaristik Ulm e.V. danke ich für die zahlreichen aufschlussreichen, z. T. auch kontroversen, jedoch immer freundschaftlichen Gespräche während der Vereinsabende und in privater Runde. Nur durch das starke Engagement solcher Aquarianer ist der enorme Fortschritt, den das Hobby auch heute noch macht, überhaupt erst möglich. Last, but not least, möchte ich meiner Frau Jutta und meiner Tochter Sarah J. herzlich danken, die nicht nur wieder einmal akzeptierten, dass ich trotz gegenteiliger Ankündigungen erneut ein Buch geschrieben habe, sondern die mich dabei auch tatkräftig auf allen Ebenen unterstützten.

Dieter Brockmann,
Ulm, im November 2009

Lebensraum Korallenriff

Korallenriffe zählen neben den tropischen Regenwäldern zu den produktivsten, komplexesten und artenreichsten Ökosystemen unserer Erde. Bisher sind mehr als 100.000 Tier- und Pflanzenarten aus den Korallenriffen beschrieben worden. Expertenschätzungen gehen jedoch davon aus, dass die wirkliche Artenzahl deutlich größer ist: 500.000 bis 2.000.000 Arten, vielleicht sogar noch mehr (SPALDING et al. 2001). Die Korallenriffe des Flachwassers bedecken rund 284.300 km². Das Größte hiervon ist das Große Barriereriff vor der Nordostküste Australiens. Es erstreckt sich über eine Länge von ca. 2.000 km von der Torres Strait im Norden bis zur Capricorn-Bunker-Riff-Gruppe im Süden. Dieses größte von Organismen jemals produzierte Bauwerk ist sogar vom Mond aus zu sehen (NILSEN 2006/2007). Nahezu 3.000 Einzelriffe unterschiedlichster Größe bilden diesen gigantischen pazifischen Riffkomplex.

Die Anzahl der verschiedenen Lebensräume im Gesamtsystem Korallenriff ist immens. Da haben wir lichtdurchflutete Riffdächer, Riffhänge, Steilriffe, Atolle, Korallenriffe entlang von Küsten, küstenferne Riffe, Lagunen, Seegrasbiotope, Sandböden, Grotten, Höhlen usw. Alle diese Biotope werden in Abhängigkeit von insbesondere der Strömung, der Verfügbarkeit von Licht und Nahrung von den unterschiedlichsten Tieren und Algen besiedelt. Es herrscht das Gesetz des Stärkeren: Siedlungssubstrat ist knapp im Lebensraum Korallenriff und wird vor allem von den sessilen Wirbellosen mit den verschiedensten Waffen vehement erobert und verteidigt.

Korallenriffe sind von einer ganzen Reihe chemischer, physikalischer und biologischer Faktoren abhängig, die durch ihre geografische Lage ausgeprägt sind.

Das Große Barriereriff vor der Nordostküste Australiens ist auf unserer Erde das größte jemals von Organismen produzierte Bauwerk. Der gesamte Komplex umfasst nahezu 3.000 Einzelriffe, hier das Hastings Reef im nördlichen Teil des Barriereriffs.

> **Im Detail**
>
> Wichtige Faktoren, die auf ein Korallenriff einwirken, sind z. B. die hohe Lichtintensität der tropischen Sonne, Temperaturen mit einem Optimum für riffbildende Korallen bei 25–26 °C, die starke Wasserbewegung durch Strömungen und Wellenbewegung, die Verfügbarkeit von Karbonaten und Kalzium, Nahrungsquellen wie Phyto- und Zooplankton und die extrem niedrigen anorganischen Nährstoffkonzentrationen (die Nitrat- und Phosphatkonzentration, siehe auch Seiten 47 und 52), die für Phytoplankton und Algen und damit zahlreiche von ihnen abhängige Nahrungsketten durchaus wachstumslimitierend sein können.

Insbesondere die niedrigen anorganischen Nährstoffkonzentrationen und damit die begrenzenden Nahrungsressourcen machten für Korallen das Entwickeln einer neuen Überlebensstrategie unabdingbar: das Zusammenleben mit symbiotischen Algen, das eine der effektivsten und fan-

Siedlungssubstrat ist Mangelware im Biotop Korallenriff und die Korallen kämpfen mit allen ihnen zur Verfügung stehenden Waffen darum. Hier fährt die Kristallkoralle *Galaxea fascicularis* ihre Kampftentakel aus, um mit deren Nesselgift mögliche Raumkonkurrenten zu verdrängen und abzutöten.

tastischsten Symbiosen darstellt, die wir heute kennen.

Bei den Zooxanthellen, wie die symbiotischen Algen auch genannt werden, handelt es sich um winzige einzellige Algen, die in großer Zahl im Gewebe vieler Korallen leben. Bis zu 14 Millionen Algenzellen finden sich pro Quadratzentimeter Korallenoberfläche (Sorokin 1995). Hier fungieren sie als winzige Kraftwerke, die mit Hilfe des Sonnenlichtes organische Verbindungen zur Ernährung der Korallen produzieren.

> **Im Detail**
> Als Ausgangsstoffe für die Fotosynthese, wie dieser Prozess genannt wird, verwenden die Zooxanthellen Kohlendioxid und Wasser, die beide im Überfluss vorhanden sind. Die Endprodukte werden dann an den Wirt weitergeleitet, die Koralle. Dazu zählen vor allem Glyzerin, Fettsäuren und einige Aminosäuren (Loya & Klein 1997). Mit den translozierten Verbindungen – so der Fachausdruck – decken die Korallen bis zu 90 % ihres täglichen Energiebedarfs (als Zusammenfassung siehe Brockmann 2000).

Solche Korallen, die mit Zooxanthellen in einer Gemeinschaft leben, bezeichnet man als zooxanthellate Korallen. Zwar benötigen sie Licht, darüber hinaus sind sie aber von anderen Energiequellen, die z. B. durch den Fang von Plankton erschlossen werden, weitgehend unabhängig. Nun wird klar, warum Korallenriffe überwiegend in den lichtdurchfluteten oberen Regionen der tropischen Meere zu finden sind. Ihre Baumeister, die zooxanthellaten Korallen, benötigen für ihr Überleben das Licht. Ist es nicht vorhanden, verhungern sie. Darüber hinaus haben zooxanthellate Korallen – praktisch als Sahnehäubchen – weitere Nahrungsquellen erschlossen, wie das Plankton, Bakterien und im Wasser gelöste organische Verbindungen. Alle diese Nahrungsquellen zusammen garantieren den zooxanthellaten Korallen optimale Wachstums- und Vermehrungsbedingungen und ermöglichen damit die Entstehung der üppigen tropischen Korallenriffe.

Die Nutzung der Symbiose als Energiequelle in einem nährstoffarmen Milieu, wie es die Korallenriffe sind, ist aber nur eine Seite der Medaille. Wichtig ist in diesem Zusammenhang auch die Kalkproduktion, die ebenfalls mehr oder weniger von den Zooxanthellen gesteuert wird. Steinkorallen sind zusammen mit den Kalkalgen die wichtigsten Baumeister der Korallenriffe. Sie besitzen ein Skelett aus Kalk; Leder- und Weichkorallen haben Skelettelemente aus demselben Material. Der Aufbau des Skelettes muss nun aber sehr schnell vor sich gehen, denn nur dann haben die Korallen eine Überlebenschance, können Attacken von Fressfeinden überleben und sich beim Kampf um Siedlungsraum behaupten.

Viele Riffkorallen, hier *Hydnophora* sp., kultivieren symbiotische Algen in ihrem Gewebe. Mit Hilfe des Lichtes produzieren die Algen Nährstoffe, die sie an ihren Wirt – den Korallenpolypen – weiterleiten. Auf diese Weise decken die Korallen einen Großteil ihres täglichen Energiebedarfs. Viele der Korallen, die symbiotische Algen in ihrem Gewebe beherbergen, sind aufgrund dieser Symbiose bei optimalen Wasserwerten und guter Beleuchtung einfach zu pflegen.

Im Detail

Chemisch lässt sich die Kalksynthese der Korallen nach SCHUHMACHER (1982) recht einfach beschreiben: Aus Kalziumionen (Ca^{2+}) und Hydrogenkarbonat (HCO_3^-) entstehen über das Zwischenprodukt Kalziumdihydrogenkarbonat ($Ca(HCO_3)_2$) Kalk ($CaCO_3$) und Kohlensäure (H_2CO_3):

$$Ca^{2+} + 2\ HCO_3^- \leftrightarrow Ca(HCO_3)_2 \leftrightarrow CaCO_3 + H_2CO_3$$

Die bei dieser Reaktion entstehende Kohlensäure wird von den Zooxanthellen wiederum für die Fotosynthese benutzt. Diese enge Kopplung Fotosynthese und Kalkproduktion macht das schnelle Wachstum der zooxanthellaten Korallen erst möglich. Dadurch, dass die Algen die Kohlensäure aus der Reaktion entnehmen, kommt es zur verstärkten Ausfällung des Kalks und damit zu einem schnellen Skelettwachstum.

Die Menge an Kalzium-Ionen und Kohlendioxid, die für die Kalkbildung jährlich benötigt wird, ist riesig. Ein normal bewachsenens Riffdach produziert etwa 4 +/- 1 kg $CaCO_3$ pro Quadratmeter und Jahr (BARNES & CHALKER 1990). Bei einer geschätzten jährlichen Gesamtproduktion von etwa 900 Millionen Tonnen Kalk sind dies immerhin rund 400 Millionen Tonnen Kohlendioxid und 500 Millionen Tonnen Kalzium, die von den Riffen verarbeitet werden.

So vorteilhaft diese hohe Kalkproduktion für das Überleben der zooxanthellaten Steinkorallen ist, so sehr schränkt sie aber auch die geografische Verbreitung der Riffe ein. Blühende Korallenriffe findet man nur in den tropischen Breiten innerhalb der sogenannten 20°-Isothermen, wo die durchschnittliche Mindesttemperatur des Oberflächenwassers niemals unter 18 °C sinkt. Denn unterhalb von 18 °C ist die Kalksynthese der zooxanthellaten Korallen deutlich vermindert oder hört gar ganz auf (LOYA & KLEIN 1997). Ein Jahresdurchschnitt von 25–26 °C ist optimal für das Riffwachstum.

Ganz anders verhält es sich dagegen mit den azooxanthellaten Korallen, also denjenigen Arten, die **nicht** in einer Gemeinschaft mit Zooxanthellen leben. Aufgrund des Fehlens der Zooxanthellen wachsen sie sehr viel langsamer als ihre zooxanthellaten Verwandten. Außerdem sind sie für ihr Überleben auf den Fang von Planktonorganismen angewiesen. Damit sind sie zwar einerseits unabhängig von einer Lichtquelle, aber andererseits auf Gedeih und Verderb auf eine gute Strömung angewiesen, die ausreichend Nahrungsorganismen heranträgt. Folgerichtig findet man die azooxanthellaten Korallen primär in strömungsstarken Gebieten. Außerdem haben sie sich Biotope des Halbschattens und der Dunkel-

Lebensraum Korallenriff

Korallen, die keine symbiotischen Algen beherbergen – wie diese seltene *Chironephthya*-Weichkoralle –, sind in ihrer Ernährung vollständig vom Planktonfang abhängig. Ihre Pflege ist im Aquarium daher extrem schwierig.

Die Menge an Kalk, die jährlich weltweit von den Organismen der Korallenriffe aufgebaut wird, ist riesig; sie wird auf rund 900 Millionen Tonnen geschätzt. Ein Quadratmeter eines solchen Riffdaches im Roten Meer produziert alleine etwa 4 kg Kalk pro Jahr.

Lebensraum Korallenriff

Anglerfische sind kuriose Räuber. Mit einer „Angel" – einem Hautfortsatz, der sich an der Stirn der Fische befindet – locken sie ihre Beute herbei und verschlingen sie vollständig.   Foto: D. Knop

heit erobert: Sie leben gerne unter Überhängen und in Höhlen, überall dort, wo die schneller wachsenden zooxanthellaten Korallen aufgrund des fehlenden Lichtes nicht gedeihen und damit zu Raumkonkurrenten werden können.

Die Enge in den Korallenriffen, die begrenzte Menge an Siedlungsraum und die ungeheure Artenvielfalt haben dazu geführt, dass sich die unglaublichsten Beziehungen und Abhängigkeitsverhältnisse zwischen verschiedenen Arten entwickeln konnten.

Es gibt Fisch/Fisch-Beziehungen – denken wir nur an die Putzsymbiose – genauso wie Fisch/Anemonen-Beziehungen, die Wohngemeinschaften aus Knallkrebsen und Grundeln und nicht zuletzt die Korallen/Algen-Beziehung, die das Entstehen der Korallenriffe, wie wir sie heute kennen, überhaupt erst ermöglicht hat. Und nahezu täglich werden auch heute noch weitere interessante Beziehungen sowie Arten entdeckt und beschrieben. Formen- und Farbenvielfalt der Korallenriffe finden ihresgleichen vielleicht nur noch im Insektenreich, und die Tricks, die Räuber entwickelt haben, um an ihre Beute zu kommen, sind schier unglaublich. Da wachsen beispielsweise Anglerfischen Wurmimitationen auf der Stirn direkt vor dem Maul, mit deren schlängelnden Bewegungen sie kleine hungrige Fische anlocken, die dann leichte Beute werden.

Auch Tarnen und Täuschen werden groß geschrieben. Ob es nun Konturen auflösende Farben und Formen, das Nachahmen giftiger oder wehrhafterer Fische oder auch nur die Imitation eines Blattes in einer Seegraswiese oder in Tangwäldern ist – all dies findet man in den Korallenriffen, und vieles davon kann und möchten Menschen im Lebensraum Meerwasseraquarium pflegen, nachempfinden und beobachten.

Lebensraum Korallenriff

Tarnung ist alles im Korallenriff: Der Krokodilsfisch *Cociella* sp. lauert in einem Korallenriff des Roten Meeres auf seine Beute.

Die wahrscheinlich bekannteste soziale Beziehung im Korallenriff: die enge Symbiosen zwischen Anemonenfisch (hier: *Amphiprion nigripes* mit Gelege) und Anemone (hier: *Heteractis magnifica*)

Lebensraum Meerwasser-Aquarium

Artgerechte Pflege – Erfolg im Hobby
Ein Meerwasseraquarium sollte dem Lebensraum Korallenriff weitestgehend nachempfunden sein. Ziel ist die artgerechte Pflege der Fische und Wirbellosen – soweit dies in einem Aquarium möglich ist. Hierfür sind niedrige Nährstoff-Konzentrationen ebenso wichtig wie z. B. artspezifisch „richtige" Beleuchtung, Strömung, Fütterung und Zusammenstellung des Tierbesatzes. Nur wenn alle diese Grundlagen erfüllt sind, wird man dauerhaft erfolgreich in der Meerwasseraquaristik sein.

Bevor man sich an die Einrichtung eines Meerwasseraquariums begibt, sollte man sich über die Art des Beckens, das man betreiben möchte, im Klaren sein. Prinzipiell kann man drei Typen von Meerwasseraquarien unterscheiden: 1. reine Fischaquarien ohne Wirbellose, wie es in den Anfängen der Meerwasseraquaristik üblich war, 2. ein Aquarium, in dem das Hauptaugenmerk auf die Wirbellosen gerichtet ist und die Fische eine untergeordnete Rolle spielen, sowie 3. ein gemischtes Aquarium für Fische und Wirbellose. Letztere sind heute bei weitem in der Überzahl, sie werden vielfach auch als Riffaquarium bezeichnet. Alle diese Aquarientypen haben ihren Reiz, aber auch unterschiedliche Anforderungen an die Aquariengröße, die technische Ausstattung und den Pfleger. Ja, selbst innerhalb eines Meerwasseraquarientyps können die Anforderungen variieren, was z. B. die Platzansprüche, die Wasserqualität oder auch so einfache Dinge wie die Höhe des Bodengrundes betrifft.

Vorbild für ein Meerwasseraquarium sollte der Lebensraum Korallenriff mit all der Vielfalt seiner Bewohner sein.

Der Königs-Feenbarsch (*Gramma loreto*) kann durchaus in kleineren Aquarien von 100–150 l gepflegt werden. Auch in seiner Heimat, der Karibik, verteidigt er nicht selten ein Revier von nur 30 x 30 cm Grundfläche.

Doktorfische z. B. sind lebhafte Tiere, die zudem noch recht groß werden. Sie benötigen entsprechend geräumige, stark durchströmte Aquarien, um ihren Bewegungsdrang ausleben zu können. Ein 100-Liter-Aquarium ist hierfür definitiv zu klein. Allerdings reicht diese Aquariengröße wiederum aus, um ein Pärchen z. B. des Königs-Feenbarsches (*Gramma loreto*) zu pflegen. Taucht man in der Karibik – dem Heimatgewässer des Königs-Feenbarsches –, wird man schnell feststellen, dass dieser wunderschöne Fisch in z. T. großen Verbänden an Felswänden zusammenlebt, wo er ein Revier von nicht selten nur 30 x 30 cm verteidigt. Diese Revieransprüche im Aquarium zu erfüllen, ist recht einfach.

Ein weiterer wichtiger Punkt bei der Pflege von Fischen ist deren Aggression. Manche Meerwasserfische sind dermaßen streitlustig, dass sie schon ähnlich aussehende Arten permanent bekämpfen. Wie dies auf die Dauer für den Unterlegenden ausgeht, kann man sich sehr gut vorstellen. Auch gibt es Fischarten, bei denen sich die gleichgeschlechtlichen Tiere in kleinen Aquarien umbringen, mögen sie noch so gut strukturiert dekoriert sein, wie z. B. bei dem Mandarinfisch *Synchiropus picturatus*. Viele Fischarten kann man als Pärchen oder kleine Gruppe zusammen halten. Wann immer dies möglich ist, sollte man es auch tun, denn nur dann wird man interessante Beobachtungen an den Fischen machen und sie sogar beim Ablaichen erleben können. Auf diese artspezifischen Aggressionen sowie das Platzbedürfnis werde ich im Abschnitt über die Fische nochmals zu

Eine alternative Dekorationsmöglichkeit für reine Fischaquarien sind künstliche Korallen, die man gemäß seinem Geschmack als „Riff" aufbauen kann. Die Kunstkorallen werden allerdings schnell von Algen bewachsen, so dass man sie häufig reinigen muss.

In vielen Steinkorallenaquarien werden nur wenige Fische gepflegt. In diesen Becken richtet sich das Hauptaugenmerk des Pflegers fast ausschließlich auf die Riffbildner.

sprechen kommen und hierzu Empfehlungen in Hinsicht auf die aquaristischen Konsequenzen geben (siehe Seite 120).

Konzentriert man sich dagegen ausschließlich auf die Pflege von Wirbellosen (Meerwasseraquarium Typ 2), so spielt die Aquariengröße eher eine untergeordnete Bedeutung. Ihr sind dann sowohl nach unten als auch nach oben kaum Grenzen gesetzt, wenn auch der

Einsteiger in das Hobby, wie wir auf Seite 20 noch sehen werden, aus praktischen Erwägungen und Kostengründen auf Aquarien mit einem Volumen von 300–500 l zurückgreifen sollte. In reinen Wirbellosen-Aquarien haben die Wasserqualität, die Strömung und die Qualität und Quantität des Lichtes oberste Priorität. Bei der Zusammenstellung des Tierbesatzes wird man zudem darauf achten, dass die Pfleglinge in etwa alle die gleichen Ansprüche stellen, was die Einrichtung und den Betrieb des Aquariums sehr vereinfacht. Die Tierstöcke platziert man so, dass sie sich nicht berühren. Damit trägt man dem großen Wachstumspotenzial und der Aggressivität der Korallen Rechnung. Korallen kämpfen mit physikalischen und chemischen Waffen um jeden Zentimeter des Siedlungssubstrats (BROCKMANN 2000). Schnell wachsende Arten überschatten langsam wachsende Arten, bei Berührung zerstören die stark nesselnden Arten das Gewebe der schwächer nesselnden. Diese Art der „Kriegsführung" geht so weit, dass einige Korallen (z. B. die Kristallkoralle *Galaxea fascicularis*) regelrechte Kampftentakel entwickelt haben, die über 10 cm lang werden können. Damit halten sie Konkurrenten um Siedlungssubstrat effektiv auf Distanz. Diese Beispiele machen die Notwendigkeit deutlich, Korallen im Aquarium mit ausreichendem Sicherheitsabstand zueinander zu platzieren. Bei der Beschreibung einiger für Anfänger geeigneter Korallen werde ich diesen Punkt gezielt ansprechen (siehe Seite 148).

Doktorfische, hier der Weißkehldoktorfisch (*Acanthurus leucosternon*), sind lebhafte Tiere. Sie benötigen daher relativ große Aquarien.

Aquarien mit einem ausgewogenen Wirbellosen- und Fischbesatz bilden einen fantastischen Anblick. Es benötigt aber viel Erfahrung, um solche Tiergemeinschaften - wie hier im Aquarium von R. Grissmar, Ulm - über Jahre hinaus erfolgreich pflegen zu können.

Typ 3 ist das Aquarium für Korallen und Fische, als Riffaquarium bezeichnet. Er ist meines Erachtens der schönste Aquarientyp von allen, aber auch der anspruchsvollste, denn hier hat man es mit den kombinierten Schwierigkeiten aus den beiden anderen Beckentypen zu tun. Aber gerade aus diesem Grund ist das Riffaquarium für viele Aquarianer wahrscheinlich auch das reizvollste Becken, denn die Möglichkeiten der Zusammenstellung eines harmonierenden Fisch- und Korallenbesatzes sind enorm groß, und die Beobachtungen, die man machen kann, übertreffen oft alle Erwartungen. In diesem Beckentyp gilt es den Bedürfnissen sowohl der Fische als auch der Korallen gerecht zu werden, man braucht also die richtige Größe mit ausreichendem Schwimmraum für die Fische, hervorragende Wasserqualität, perfekte Strömung, gute Lichtqualität und -quantität für die Wirbellosen. Hinzu kommt, dass man auf die Verträglichkeit von Korallen und Fischen achten muss. Nicht jede Seeanemone passt zu jedem Fisch, und umgekehrt kann man auch nicht alle Fischarten mit Korallen vergesellschaften. Ein Grund hierfür sind die Nahrungsgewohnheiten der Fische. Einige Arten (u. a. Arten aus der Familie der Schmetterlingsfische, Chaetodontidae) haben sich auf Korallenpolypen als Nahrungsgrundlage spezialisiert. Würden sie mit Korallen in Riffaquarien vergesellschaftet, würde das un-

Der Pinzettfisch *Chelmon rostratus* wird, obwohl er sehr empfindlich ist, gerne in Riffaquarien gepflegt. Leider besteht immer die Gefahr, dass sich viele Individuen über kurz oder lang an Muscheln und großpolypigen Steinkorallen vergreifen.

weigerlich das Ende der hübschen Korallen bedeuten. Andere Fischarten fressen Muscheln, und bei wiederum anderen ist das Fressverhalten der Fische innerhalb einer Art individuell verschieden. Bestes Beispiel hierfür ist der Pinzettfisch *Chelmon rostratus*, der in den Riffaquarien häufig zur Bekämpfung der Glasrosenplage eingesetzt wird. Einige Pinzettfische vergreifen sich niemals an Muscheln, andere dagegen schon von Anfang an, wenn sie in ein Aquarium gesetzt werden, und wiederum andere beachten Muscheln anfangs überhaupt nicht; Jahre später dann können solche Individuen ihre Nahrungsgewohnheiten aber urplötzlich von heute auf morgen umstellen und an Muscheln fressen.

Diese wenigen Beispiele verdeutlichen, wie wichtig es ist, zumindest ein grobes Konzept dafür zu haben, welche Tiere man pflegen möchte, um das Aquarium entsprechend einrichten zu können und unnötige Tierverluste zu vermeiden. Andererseits ist klar, dass ein Meerwasseraquarium ein dynamisches System darstellt, das einem stetigen Wandel unterliegt. Im Lauf der Zeit wird es sich verändern, vielleicht sogar in eine Richtung, die der Pfleger bei der Planung nicht vorgesehen hatte. So könnte aus einem Weichkorallen-Aquarium ein Steinkorallen-Aquarium werden, oder es entsteht ein zunehmendes Interesse des Pflegers daran, sich mit der einen oder anderen Fischart zu beschäftigen. Vielleicht entdeckt der Aquarianer ja auch seine Vorliebe für die Seeanemonen und Anemonenfische und möchte einmal die faszinierende Symbiose dieser beiden Tiergruppen beobachten. All dies ist bei entsprechender Planung und Grundausstattung eines Meerwasseraquariums möglich.

Lebensraum Meerwasser-Aquarium

Leider sind viele der herrlichen Schmetterlingsfische, hier Chaetodon reticulatus in einem Korallenriff von Papua-Neuguinea, nicht für eine Pflege im Aquarium geeignet. Sie sind vielfach Nahrungsspezialisten, die sich u. a. auf Korallenpolypen spezialisiert haben. Die Annahme von Ersatzfutter wird meistens verweigert.

Die Charakteristika der verschiedenen Aquarientypen: das Wichtigste auf einen Blick

Typ 1: Fischaquarien	Besatz ausschließlich Fische
Charakteristika	• niedrige anorganische Nährstoffkonzentrationen (siehe Seite 46 ff.) • gute Lichtqualität (siehe Seite 27 ff.) • sehr gute Strömungsbedingungen (siehe Seite 39 ff.) • Bei Auswahl der Beckengröße sind die Länge der **ausgewachsenen** Fische und das Schwimmverhalten zu beachten.
Typ 2: Wirbellosen-Aquarium	Besatz primär Wirbellose
Charakteristika:	• extrem niedrige anorganische Nährstoffkonzentrationen (siehe Seite 46 ff.) • sehr gute Lichtqualität und -quantität (siehe Seite 27 ff.) • sehr gute Strömungsbedingungen (siehe Seite 39 ff.) • Die Größe des Aquariums ist von untergeordneter Bedeutung.
Typ 3: Riffaquarien	Besatz Fische und Wirbellose
Charakteristika	Die Charakteristika setzen sich aus den Eigenschaften der Typen 1 und 2 zusammen. Es gilt zu beachten: • extrem niedrige anorganische Nährstoffkonzentrationen (siehe Seite 46 ff.) • sehr gute Lichtqualität und -quantität siehe Seite 27 ff.) • sehr gute Strömungsbedingungen (siehe Seite 39 ff.) • Bei Auswahl der Beckengröße sind die Länge der **ausgewachsenen** Fische und ihr Schwimmverhalten zu beachten

Das Aquarium

Das Standardaquarium in der Meerwasseraquaristik ist das Ganzglasaquarium, bei dem die Boden- und Seitenscheiben mit einem aquariengeeigneten Silikonkleber miteinander verbunden sind. Solche Aquarien sind sehr strapazierfähig und können weit über 15 Jahre halten. Heute wird in der Regel schwarzer Silikonkleber verwendet, um ein Einwachsen von Algen in die Klebenaht zu vermindern.

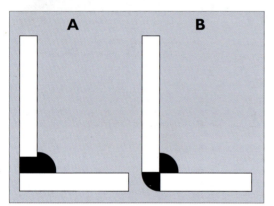

Ganzglasaquarien sind heute Standard in der Meerwasseraquaristik. Links (A) ist die Stoßverklebung schematisch dargestellt, rechts (B) die Wulstverklebung. Beide Verklebungstypen sind gleichermaßen zu empfehlen.

Im Detail: Es gibt zwei Arten der Verklebung: 1. die Stoßklebung, bei der die Scheiben durch eine dünne Silikonnaht miteinander verbunden sind, und 2. die Wulstverklebung, bei der die Ränder der Scheiben miteinander verklebt und die Kanten zusätzlich durch eine Silikonwulst verbunden werden. Welche Art von Verklebung man für sein eigenes Aquarium vorzieht, ist fast schon Glaubenssache. Nach meinen Erfahrungen halten beide Verklebungen gleich gut, beide Verklebungstypen sind gleich strapazierfähig. Die Wulstverklebung hat jedoch den Vorteil, dass die eigentlichen Silikonnähte zusätzlich durch die Wulst geschützt sind. Jedoch sind diese Aquarien aufgrund des größeren Silikonverbrauchs teurer.

Größe

Die Größe des Aquariums ist von zwei Faktoren abhängig: 1. dem zur Verfügung stehenden Platz und 2. den eigenen finanziellen Möglichkeiten. Sowohl sehr kleine Aquarien mit wenigen Litern Inhalt (die so genannten Nanobecken; KNOP 2003) als auch Großaquarien mit mehreren Tausend Litern Inhalt haben ihren Reiz. Jedoch gilt es, bei großen Becken die hohen Anschaffungs- und Betriebskosten zu bedenken. Gerade die Stromkosten können mit zunehmender Aquariengröße rapide ansteigen, wenn man nur an die Beleuchtung denkt, die den Hauptanteil der Betriebskosten ausmacht. Hierfür ein Beispiel: Aquarien mit den Maßen 200 x 80 x 60 cm (L x B x H) werden heute zumeist mit mindestens 2 x 250-Watt-HQI-Beleuchtung ausgestattet. Bei einer täglichen Betriebszeit von 9 Stunden und einem Strompreis von durchschnittlich 0,155 Euro pro Kilowattstunde macht dies bei einem Verbrauch von 500 Watt pro Stunde für die HQI-Beleuchtung 0,70 Euro pro Tag bzw. 21 Euro pro Monat. Hinzu kommen dann noch die Verbrauchskosten für die anderen elektrischen Geräte.

Nano-Riffaquarium von Daniel Knop   Foto: D. Knop

Das Aquarium

Großriffaquarium von Wilhelm Zimmermann, Munderkingen

In schmalen Aquarien wachsen Korallen schnell an die Sichtscheibe heran und nutzen sie als Siedlungssubstrat. Daher sind breite Aquarien (z. B. 80 cm) vorzuziehen. Das Bild zeigt, wie eine *Acropora*-Steinkoralle ihre Fußscheibe auf der Sichtscheibe ausbreitet.

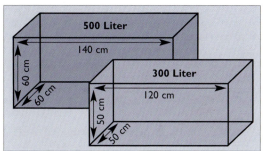

Die Größe des Aquariums ist nur von dem zur Verfügung stehenden Stellplatz und dem eigenen Geldbeutel abhängig. Kleinere Becken (z. B. Nano-Aquarien) sind für den Einsteiger in die Meerwasseraquaristik schwieriger zu pflegen als größere. Bei sehr großen Aquarien sind die Folgekosten (insbesondere die Stromkosten) zu beachten. Empfehlenswerte Größen für den Einstieg liegen zwischen 300 und 500 l.

Nicht zu klein, und nicht zu groß

Für den Einsteiger in die Riffaquaristik sind Aquarien von 300 l (z. B. 120 x 50 x 50 cm) bis 500 l (z. B. 140 x 60 x 60 cm) Inhalt empfehlenswert, wobei ich eher zur oberen als zur unteren Grenze neige. Kleinere Aquarien und die eben genannten Nanobecken sind gerade für den Anfänger des Hobbys nur schwer biologisch und chemisch zu kontrollieren, größere Aquarien – obgleich biologisch und chemisch stabiler, wodurch sie kleinere Fehler besser tolerieren – haben aber zwangsläufig höhere Betriebskosten.

Während die Länge des Aquariums prinzipiell (aber nicht ausschließlich) von dem zur Verfügung stehenden Stellplatz abhängig ist, kommt der Tiefe eine besondere Bedeutung zu. Tiefere Aquarien sind schmaleren auf jeden Fall vorzuziehen. Aquarien mit einer Tiefe von 80 cm – dies ist eine Tiefe, in der man Pflegetätigkeiten gerade noch ohne größere Hilfsmittel durchführen kann – sind sehr viel einfacher und interessanter zu dekorieren als schmalere Aquarien. Korallen wachsen unter optimalen Pflegebedingungen sehr zügig. Daher sehen gerade schmale Becken, in denen die Korallen bis zur Frontscheibe herangewachsen sind, schon bald gedrungen und überfüllt aus. Schließlich kommt auch den Fischen ein tieferes Aquarium zugute. Steht man also vor der Wahl, ein längeres oder ein tieferes Aquarium aufzustellen, sollte man lieber auf einige Zentimeter in der Länge verzichten und dafür die Tiefe vergrößern.

Oberflächenabsaugung

Je nach Filtersystem kann das Aquarium Bohrungen aufweisen (siehe Seite 22), über die das Aquarienwasser durch eine entsprechende Verrohrung in den Filter gelangt. Entscheidend ist dabei, dass das Oberflächenwasser das Filtersystem passiert, denn an der Wasseroberfläche bildet sich häufig die so genannte Kahmhaut, die aus allerlei Algen, Bakterien und anderen Partikeln besteht. Diese Kahmhaut, die organisch

Das Aquarium

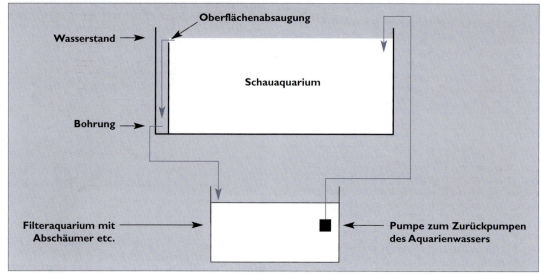

Schema der Oberflächenabsaugung: Stark verschmutztes Oberflächenwasser gelangt durch die Oberflächenabsaugung und eine Bohrung in der Seitenscheibe über eine entsprechende Verrohrung in ein Filteraquarium, in dem sich z. B. der Abschäumer befindet (in der Zeichnung nicht dargestellt). Mit Hilfe einer entsprechenden Pumpe wird das Wasser zurück in das Schauaquarium gefördert. Schauaquarium und Filteraquarium sind so aufeinander abgestimmt, dass bei einer Fehlfunktion weder das Filteraquarium noch das Schauaquarium überlaufen können. Die Fließrichtung des Wassers ist durch Pfeile gekennzeichnet.

Die Oberflächenabsaugung verhindert die Bildung einer Kahmhaut. Diese Kahmhaut ist stark mit organischen Verbindungen belastet und vermindert außerdem Qualität und Quantität der Beleuchtung, die in das Aquarium gelangt.

stark belastet ist, vermindert nicht nur den optischen Gesamteindruck des Aquariums sondern verändert auch die Qualität und Quantität des Lichtes, das von der Beleuchtung in das Aquarium gelangt (siehe Seite 27 ff.). Außerdem behindert sie den passiven Gasaustausch an der Wasseroberfläche. Um ihre Bildung zu verhindern, wird die Oberflächenabsaugung eingesetzt. Hierzu wird ein Schacht in eine der hinteren Ecken des Aquariums bis knapp unter die spätere Wasseroberfläche geklebt. Das Oberflächenwasser läuft über die Ränder des Schachtes und gelangt durch eine Bohrung, die sich unten im Schacht befindet, in die Filteranlage. Um zu verhindern, dass Wirbellose oder Fische in den Schacht gelangen, wird der obere Rand durch einen Kamm abgeschlossen, durch dessen Zähne das Wasser fließt. Aus der Filteranlage wird das Wasser durch eine entsprechende Pumpe zurück in das Aquarium gepumpt.

Standort

Der Standort des Aquariums kann nach rein ästhetischen Gesichtspunkten ausgewählt werden. Als einzige Regel gilt, dass das Aquarienwasser nicht zu warm werden darf. Temperaturen über 30 °C führen zum Ausbleichen und damit zum Tod der meisten Korallen (siehe Seite 74 ff.). Dies ist besonders beim Aufstellen in Wintergärten zu beachten, die sich bei entsprechender Sonneneinstrahlung auch im Winter recht schnell aufheizen können.

Früher galt die Faustregel, dass eine direkte Sonneneinstrahlung in das Aquarium zu vermeiden sei. Die hohe Lichtintensität führte zusammen mit hohen Nährstoffkonzentrationen (vor allem Nitrat und Phosphat) nicht selten zu unerwünschtem Algenwuchs. Mit den heute zur Verfügung stehenden effektiven Filtersystemen gilt diese Richtlinie jedoch nicht mehr. Vielmehr werden öffentliche Schauaquarien mittlerweile so konzipiert, dass möglichst viel Sonnenlicht in die Korallenaquarien gelangt. Hierdurch wird die HQI-Beleuchtung verstärkt, die Korallen wachsen schneller und sind besser durchgefärbt.

Gestaltung der Außenrückwand

Aquarienrückwand und -seitenwände werden in der Regel von **außen** verkleidet, um die Durchsicht auf die dahinter liegende Wand oder Tapete zu vermeiden. Will man nicht auf käufliche Rückwände zurückgreifen, empfiehlt es sich, das Aquarium von außen mit einer wasserfesten Lackfarbe zu streichen. Ich verwende hierfür entweder Schwarz, was den Kontrast zwischen Dekoration und lebenden Tieren verstärkt, oder Blau, was bei der richtigen Beleuchtung – und dem regelmäßigen Reinigen der Scheiben – den optischen Tiefeneindruck des Beckens vergrößert. Für welche der Alternativen man sich letztendlich entscheidet, ist reine Geschmackssache und hat keinen erkennbaren Einfluss auf z. B. das Verhalten der Fische. Zu bedenken gilt weiterhin, dass man insbesondere in kühleren Räumen die Seitenscheiben und Rückwand von außen gegen Kälte isoliert, um so Energiekosten zu sparen. Hierfür können Styroporplatten verwendet werden, wie sie auf Seite 25 vorgestellt werden. Um den optischen Gesamteindruck des Aquariums nicht zu schmälern, sollte die Kälteisolierung jedoch gemäß der Zimmereinrichtung verkleidet werden.

Kauft man kein Komplett-Aquariensystem, muss das Becken von **außen** verkleidet werden, um die Durchsicht auf die dahinter liegende Wand zu vermeiden. Hierfür eignet sich eine schwarze, wasserfeste Lackfarbe, die den Kontrast zwischen Dekoration und lebenden Tieren verstärkt.

Komplettsysteme oder Bausteinprinzip?

Viele Hersteller bieten Komplettsysteme (Aquarium, Unterschrank und Technik) für Riffaquarien an. Diese funktionieren einwandfrei. Allerdings muss man bei ihnen auf Standardgrößen zurückgreifen und damit kann der zur Verfügung stehende Platz häufig nicht optimal ausgenutzt werden. Zuweilen sind in diesen Paketen auch technische Komponenten enthalten, die für den erfolgreichen Betrieb eines „normalen" Riffaquariums nicht benötigt werden

Eine Alternative ist daher der Kauf der benötigten Einzelkomponenten. Damit ist man nicht nur bei Größe und Form des Aquariums flexibler, sondern man kann es auch genau nach den Bedürfnissen der Tiere, die man pflegen möchte, mit der entsprechenden Technik ausstatten. Denn reine Fischbecken haben natürlich andere technische Anforderungen als z. B. Aquarien, in denen Steinkorallen gepflegt werden sollen, um einmal beide Extreme zu nennen.

Will man das Bausteinprinzip anwenden, sich also die benötigten technischen Komponenten einzeln beschaffen, setzt dies voraus, sich schon vor der Planungsphase des Aquariums mit den Pflegeansprüchen derjenigen Tiere, die man später halten möchte, auseinanderzusetzen. Die besten Informationsquellen hierfür sind

Will man die Aquariengröße individuell gestalten, bietet sich ein geschweißtes Gestell als stabiler Unterbau an. Das Gestell kann dann entsprechend der Wohnungseinrichtung verkleidet werden.

Fachbücher und -zeitschriften, der Fachhandel und Aquarienvereine, die sich auf die Pflege und Vermehrung von Meerestieren spezialisiert haben. Einsteigern in die Meerwasseraquaristik kann nur dringend der Anschluss an einen solchen Verein empfohlen werden. Hier erhält man manch nützlichen Tipp, wodurch man die obligatorischen Anfängerfehler zwar nicht vollständig vermeiden, jedoch auf ein Minimum verringern kann.

Aufstellen des Aquariums

Suchen Sie für das Aquarium einen sicheren, möglichst erschütterungsfreien Platz zum Aufstellen aus. Als Unterbau eignen sich entsprechende Unterschränke, die im Aquaristikfachhandel in großer Vielfalt angeboten werden. Es gibt aber auch andere Möglichkeiten. So kann man sich ein Untergestell schweißen lassen, das dann entsprechend den Möbeln des Zimmers, in dem das Aquarium aufgestellt werden soll, verkleidet wird. Einfach selbst zu bauen ist ein Unterbau aus Gasbetonsteinen, die man günstig in jedem Baumarkt erstehen kann und die anschließend von außen verkleidet werden. Verwendet man solche Gasbetonssteine, sollten diese je nach Größe und Art des Unterbaus miteinander verklebt werden. Beim Selbstbau eines Unterschrankes ist darauf zu achten, dass dieser stabil ist und das Gewicht des Aquariums tragen kann. Hierzu ein kurzes Beispiel: 1 Liter reines

Wasser wiegt bei 4 °C 1 kg. In Abhängigkeit von der Dichte wiegt Meerwasser entsprechend mehr. Das bedeutet, dass alleine der Nettomeerwasserinhalt eines 200-l-Aquariums mehr als 200 kg wiegt. Zu diesem Gewicht müssen noch das Aquarium selber und die Dekoration hinzugerechnet werden.

Die Tragfähigkeit des Zimmerbodens, auf den das Aquarium gestellt wird, sollte man auch nicht ganz außer Acht lassen. In Neubauten mit Stahlbetondecken ist die Tragfähigkeit bei Normalaquarien in der Regel kein Problem. Etwas schwieriger verhält es sich dagegen mit Altbauten, in denen Holzbalken für die Tragfähigkeit der Decken verantwortlich sind. In solchen Gebäuden kann es problematisch sein, große Aquarien aufzustellen, insbesondere dann, wenn das Gewicht des Aquariums längs auf nur einem Balken und nicht quer auf mehrere Balken verteilt ist. Dennoch kann man auch in solchen Gebäuden – unter Berücksichtigung der maximalen Deckentraglast – große Becken aufstellen. In Zweifelsfällen sollte man jedoch vorsichtshalber einen Statiker um Rat fragen.

Die Aquarien müssen plan stehen, der Unterschrank muss also mit einer Wasserwaage ausgerichtet werden. Beim Selbstbau von Unterschränken empfiehlt es sich, als Unterlage für das Aquarium eine einzige Holzplatte zu verwenden. Ich nehme hierfür immer eine mindestens 30 mm dicke Tischlerplatte, die wasserabweisend imprägniert ist. Bei Verankerung dieser Platte mit dem Unterschrank dürfen keine Schrauben oder Nägel aus der Platte nach oben herausragen. Dies könnte zu einer punktuellen Belastung und damit zum Zerspringen der Aquarienbodenscheibe führen. Das Aquarium wird nun nicht direkt auf diese Holzplatte gestellt, sondern auf ca. 10 mm dickes Styropor, das auf die Holzplatte gelegt wird. Dabei stellt man das Aquarium entweder vollständig auf eine bzw. –

Baut man den Unterschrank für sein Aquarium selber, empfiehlt sich als Unterlage für das Becken eine Tischlerplatte, die wasserabweisend imprägniert ist. Das Aquarium wird nun nicht direkt auf diese Holzplatte gestellt, sondern auf ca. 10 mm starkes Styropor, das auf die Holzplatte gelegt wird. Dabei platziert man das Aquarium entweder vollständig auf einer oder – je nach Größe des Beckens – auf mehreren Styroporplatten oder auf etwa 10 cm breiten Styroporstreifen, zwischen denen man einige Lücken lässt, die wenige Zentimeter breit sind. Die Seitenscheiben sollten aber vollständig auf den Styroporstreifen stehen.

je nach Größe des Beckens – mehrere Styroporplatten oder auf etwa 10 cm breite Styroporstreifen, zwischen denen man einige Zentimeter breite Lücken lässt. Dabei sollten aber die Seitenscheiben vollständig auf den Styroporstreifen stehen. Ich persönlich bevorzuge diese Variante, da die Aquarien hier optimal gelagert sind und letzte Unebenheiten durch die Lücken zwischen den Styroporstreifen ausgeglichen werden.

Das Aquarium: das Wichtigste auf einen Blick
Optimale Einsteigergröße: 300–500 l (Maße z. B. 120 x 50 x 50 cm oder 140 x 60 x 60 cm)
Besondere Vorsichtsmaßnahme: Das Aquarium muss plan auf Styroporplatten oder -streifen gelagert werden.

Technische Grundausstattung des Meerwasser-Aquariums

Wie bereits weiter vorne beschrieben, gibt es prinzipiell drei Typen von Meerwasseraquarien: 1. das reine Fischaquarium, 2. Aquarien, in denen das Hauptaugenmerk auf den Wirbellosen liegt und 3. „gemischte" Aquarien mit Fischen und Wirbellosen. Diese unterschiedlichen Typen und damit letztendlich die zukünftigen Pfleglinge bestimmen die technische Grundausstattung eines Meerwasseraquariums. Sie kann für bestimmte Arten und aufeinander abgestimmte Lebensgemeinschaften (z. B. ein Spezialaquarium für Seeanemonen und Anemonenfische) recht einfach sein oder für hochspezialisierte Tiergruppen, wie die azooxanthellaten Weich- und Steinkorallen, die aufwändig gefüttert werden müssen, auch sehr komplex. Alle Meerwasseraquariensysteme weisen jedoch

Die technische Ausstattung eines Aquariums muss dem gepflegten Tierbesatz angepasst werden: hier der Augenring-Korallenwächter (*Paracirrrhites arcatus*) auf seinem Stammplatz im Aquarium, einer Steinkoralle *Montipora* sp. Die technischen Grundlagen für jedes Aquarium sind aber gleich: adäquate Beleuchtung und Strömung, ein Abschäumer sowie die Heizung.

Aquarien, in denen Korallen ohne symbiotische Algen (hier eine rote *Distichopora* sp. im Hintergrund) und Schwämme gepflegt werden sollen, sind zwar farblich ausgesprochen reizvoll, technisch und pflegerisch aber sehr aufwändig.

dieselben vier technischen Grundkomponenten auf: Beleuchtung, Strömung, Filterung sowie Heizung und ggf. Kühlung. Nachfolgend werden diese Grundkomponenten vorgestellt.

Beleuchtung

Die Beleuchtung eines Meerwasseraquariums umfasst zwei Komponenten: 1. eine ästhetische, die ausschließlich für den Betrachter von Bedeutung ist, und 2. eine biologische, die spezifische Funktionen z. B. in der Ernährung von Algen erfüllt.

Ästhetische Gesichtspunkte

Nur in richtig ausgeleuchteten Aquarien kommen die darin gepflegten Tiere entsprechend zur Geltung. Es gibt viele unterschiedliche Möglichkeiten und Beleuchtungstypen, die dafür sorgen, dass das Aquarium zu einem Schmuckstück oder besser noch zu einem lebenden Bild im Zimmer wird. Vom Höhlenaquarium bis zum Riffdach, von der Mondphasensimulation bis zu Spezialeffekten durch Spotlights – alles ist beleuchtungstechnisch machbar. Und selbst die Sonnenkringel, die in den Flachwasserbereichen der Korallenriffe auftreten, werden durch eine HQI-Beleuchtung nachgeahmt. Jedoch sollten an erster Stelle niemals die ästhetischen Gesichtspunkte stehen, sondern immer die Lebensansprüche der gepflegten Tiere. Zooxanthellate Korallen, die von einer hohen Beleuchtungsstärke abhängig sind, in Höhlenaquarien zu pflegen, ist genau so falsch wie Schwämme, die normalerweise in Grotten und Nischen leben, direkt unter einem HQI-Brenner zu platzieren. Hier gilt es, sich im Voraus Gedanken über die Lebensansprüche seiner Pfleglinge zu machen und das Aquarium beleuchtungstechnisch entsprechend auszustatten.

Biologische Gesichtspunkte

Für reine Fischaquarien ist die Beleuchtung von eher untergeordneter Bedeutung und kann da-

Die Lebensenergie der meisten Korallenriffe stammt von der Sonne. Mit Hilfe des Sonnenlichtes produzieren die symbiotischen Algen in den Korallen lebenswichtige Nährstoffe, die sie an ihren Wirt weitergeben. Mit anderen Worten: Ohne das starke Sonnenlicht in den Tropen könnten Riffe zooxanthellater Korallen nicht existieren.

her im gewissen Rahmen ausschließlich nach ästhetischen Gesichtspunkten ausgewählt werden. Viele Fischarten sind relativ anspruchslos, was Beleuchtungsstärke (also die Strahlungsintensität) und Lichtqualität (also die spektrale Zusammensetzung des Lichtes) betrifft.

In Riffaquarien hat die Beleuchtung dagegen eine sehr wichtige Funktion. Wie im Absatz „Lebensraum Korallenriff" (siehe Seite 8 ff.) beschrieben, beherbergen viele Korallen in ihrem Gewebe einzellige Algen, die über den Weg der Fotosynthese Substanzen produzieren, die sie an ihren Wirt – die Koralle – weiterleiten. Die Korallen decken damit einen Großteil des täglichen Energiebedarfs, den sie zum Aufrechterhalten ihrer Lebensfunktionen und das Wachstum benötigen. Die Energie für die Fotosynthese liefert im Korallenriff das Sonnenlicht, das in unseren Aquarien durch die künstliche Beleuchtung ersetzt wird. Mit anderen Worten: Alle Tiere, die in ihrem Gewebe Zooxanthellen beherbergen, be-

nötigen zur Ernährung und zum Wachstum eine sehr gute Beleuchtung, und zwar sowohl was die Strahlungsintensität als auch was die Lichtqualität der Beleuchtungsquelle betrifft.

Strahlungsintensität, Beleuchtungsstärke und Lichtspektrum

Die Begriffe „Strahlungsintensität" und „Beleuchtungsstärke" spiegeln die Lichtmenge wider, die von einer Beleuchtungsquelle ausgeht und damit in das Aquarium gelangt.

Die Beleuchtungsstärke (Einheit Lux, lx) gibt das Verhältnis des auffallenden Lichtstromes (Einheit Lumen, lm) zur beleuchteten Fläche (Einheit Quadratmeter, m^2) an. Die Beleuchtungsstärke beträgt 1 lx, wenn ein Lichtstrom von 1 lm auf eine Fläche von 1 m^2 trifft. In den Flachwasserbereichen der Korallenriffe ist die Beleuchtungsstärke sehr hoch (VAN OMMEN 1992). In der Mittagszeit liegt der Wert an der Wasseroberfläche zwischen 114.000 und 126.000 lx. Mit zunehmender Wassertiefe vermindert sich die Beleuchtungsstärke: In 5 m Tiefe schwankt sie zwischen 28.000 und 31.000 lx, in 10 m Wassertiefe zwischen 16.000 und 17.000 lx, und in 20 m Tiefe beträgt sie immerhin noch zwischen 9.100 und 10.100 lx.

Da die meisten der von uns gepflegten Korallen aus dem Flachwasser der Korallenriffe stammen, müssen wir sehr hohe Lux-Werte im Aquarium anstreben.

Leider ist die Messung der Beleuchtungsstärke sehr aufwändig und für den Aquarianer kaum durchzuführen. In der Aquaristik haben sich daher Erfahrungswerte durchgesetzt, die als Bezugspunkt die Leistung der Beleuchtungsquelle (Einheit Watt; Abk. W) in Abhängigkeit von der Höhe des Beckens angeben. So sind es z. B. Halogenmetalldampf-Lampen mit einer Leistung von 70, 150, 250, 400 oder 1000 W im Handel, die in der Meerwasseraquaristik Anwendung finden (siehe weiter unten).

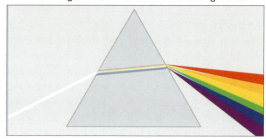

Auftrennung des Sonnenlichtes in seine Spektralfarben.: Trifft weißes Licht (Sonnenlicht) auf ein Prisma, wird es in die Farben Rot, Orange, Gelb, Grün, Blau und Violett aufgetrennt.

Technische Grundausstattung der Meerwasser-Aquariums

 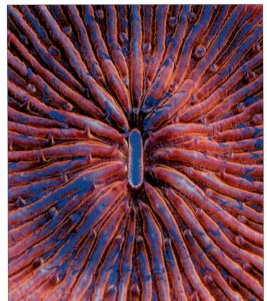

Eine *Fungia*-Steinkoralle: links unter Tageslicht, rechts nach Anregung der Fluoreszenzproteine.   Fotos: J. Wiedenmann

Die Lichtfarbe sagt etwas über die spektrale Zusammensetzung des Lichtes aus, das von einer Beleuchtungsquelle abgegeben wird. Licht setzt sich aus elektromagnetischer Strahlung mit unterschiedlichen Wellenlängen (Einheit Nanometer, Abk. nm) zusammen.

Aus Nesseltieren wurden bisher zahlreiche Fluoreszenzproteine isoliert, die in der biomedizinischen Forschung wichtige Anwendungen haben. In den Nesseltieren selbst übernehmen sie verschiedene Funktionen. Die obere Reihe zeigt die Normalfärbung, die untere Reihe die Färbung nach Anregung der Fluoreszenzproteine.   Fotos: J. Wiedenmann

> **Im Detail**
>
> Der für das menschliche Auge sichtbare Bereich dieser Strahlung erstreckt sich von etwa 380–780 nm. Würde man diesen Bereich physikalisch, z. B. mit Hilfe eines Prismas, in seine Bestandteile, also in die Spektralfarben zerlegen, so erhielte man violette Farbtöne zwischen 380 und 420 nm, blaue zwischen 420 und 490 nm, grüne zwischen 490 und 575 nm, gelbe zwischen 575 und 585 nm, orange zwischen 585 und 650 nm sowie rote zwischen 650 und 750 nm. Zusätzlich gibt es Strahlung, die nicht vom menschlichen Auge wahrgenommen wird. Hierzu gehören im längerwelligen Bereich, also über 750 nm, das Infrarotlicht oder auch die Wärmestrahlung sowie im kurzwelligen Bereich das UV-Licht sowie die Röntgen- und Gammastrahlung.

Neben dem sichtbaren Licht hat auch die UV-Strahlung in der Aquaristik eine Bedeutung. Sie wird in drei Bereiche aufgeteilt: UV-A-, UV-B- und UV-C-Strahlung.

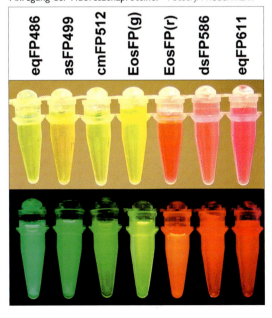

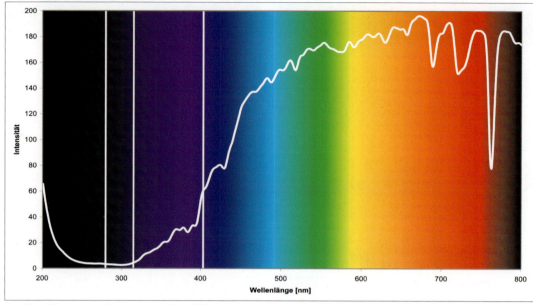

Das Tageslichtspektrum, hier an einem klaren Wintertag in Süddeutschland, kann man physikalisch messen und in einem Diagramm darstellen. Die weiße Linie im Spektrum gibt die jeweilige Lichtintensität bei einer bestimmten Wellenlänge zu einem definierten Zeitpunkt an. Die Intensität kann aufgrund verschiedener Parameter wie Stand der Sonne oder Bewölkung variieren.   Schema: S. Brunnengräber

UV-A-Strahlung (315–400 nm), die normales Silikatglas durchdringt, löst u. a. bei manchen Korallen die Bildung fluoreszierender Farben aus. Sie kommen durch eine ganze Reihe unterschiedlicher Fluoreszenzpigmente zustande. Ihre biologischen Funktionen scheinen mannigfaltiger Natur zu sein. Einerseits stellen sie mehrere Schutzmechanismen für Korallen zur Verfügung, die sich gegen die gefährliche UV-Strahlung und die hohe Lichtintensität im klaren Flachwasser der Korallenriffe schützen müssen (als Zusammenfassung siehe WIEDENMANN 2005). So können sie z. B. sichtbares Licht reflektieren, wodurch sich die Korallen des Flachwassers vor einer zu hohen Beleuchtungsstärke schützen, die die Fotosynthese der symbiotischen Algen hemmt bzw. durch Stress sogar die Korallen schädigt. Andererseits scheinen die Fluoreszenzpigmente von Korallen, die in tieferem Wasser oder im Halbschatten leben, eine genau gegensätzliche Funktion zu besitzen. Offenbar verstärken sie das verfügbare Licht und erhöhen damit die Fotosyntheserate der symbiotischen Algen, was zu einer besseren Versorgung der Koralle mit Nährstoffen führt.

UV-B (280–315 nm) ist die Strahlung, die bei uns Menschen Sonnenbrand verursacht, was verdeutlicht, wie gefährlich UV-B ist. Diese Strahlung sollte daher ebenfalls nicht direkt in das Aquarium gelangen. Glücklicherweise wird UV-B-Strahlung durch normales Silikatglas absorbiert, sodass bei Anwendung entsprechender Schutzscheiben nicht mit einer Schädigung der Tiere zu rechnen ist.

UV-C erstreckt sich über einen Wellenlängenbereich von 100–280 nm. Diese Strahlung ist für lebendes Gewebe extrem schädlich. Sie wird in der Aquaristik in UV-Wasserklärern (UV-Lampen) eingesetzt, um das Wasser keimfrei zu bekommen bzw. zu erhalten. Somit werden solche UV-Lampen bei Fisch- und Wirbellosenaquarien häufig prophylaktisch zur Bekämpfung von Parasiten benutzt, deren Entwicklung über ein Schwärmerstadium verläuft. UV-C-Strahlung darf jedoch niemals di-

Technische Grundausstattung der Meerwasser-Aquariums

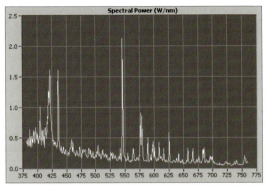

HQI 250W 10.000 K (aqualine 10000)

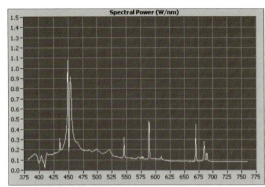

HQI 250W 16.000 K (aqualine 16000)

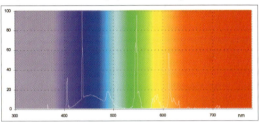

T5 54W 10.000 K (aqualine Reef White)

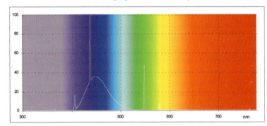

T5 54W Reef Blue (aqualine)

Ziel in der Meerwasseraquaristik – insbesondere in Riffaquarien – muss sein, ein möglichst naturgetreues Lichtspektrum zu erhalten. Nur dann entwickeln die Korallen ein gutes Wachstum und zeigen ihre natürlichen Farben. Sehr gute Leuchtmittel sind die HQI-Brenner HQI 250 W 10.000 K (Spektrum oben links) und HQI 250 W 16.000 K (Spektrum oben rechts) sowie die T5-Röhren T5 10.000 K, unten links, und T5 Reef Blue, unten rechts), wobei die 10.000 K Lichtquellen der natürlichen Lichtfarbe in den Korallenriffen sehr nahe kommen. Die Lichtfarben 16.000 K und Reef Blue sollten nur in Kombination mit der Lichtfarbe 10.000 K oder Tageslicht eingesetzt werden. (Die Spektren wurden dankenswerterweise von der Firma Aqua Medic zur Verfügung gestellt.)

rekt in das Aquarium gelangen. Beleuchtungskörper, die diese Strahlung (oder auch UV-B) emittieren, sind immer mit entsprechenden Schutzscheiben zu betreiben, da sonst sehr schnell z. T. nicht mehr ausheilende Schäden an Fischen und Wirbellosen entstehen (siehe z.B. THALER 2005).

Das Tageslichtspektrum kann man physikalisch messen und im Diagramm als spektrale Energieverteilung darstellen. Ein solches Tageslichtspektrum ist auf Seite 30 dargestellt. Ziel der Meerwasseraquaristik – insbesondere in Bezug auf Riffaquarien – muss sein, dieses Spektrum möglichst naturgetreu nachzuahmen. Nur dann entwickeln die Korallen ein gutes Wachstum und zeigen ihre natürlichen Farben. Ein Begriff, der in diesem Zusammenhang eine wichtige Rolle spielt, ist die Farbtemperatur, die in Kelvin (Abk. K) gemessen bzw. angegeben wird.

> **Im Detail**
> Die physikalische Definition des Begriffes „Farbtemperatur" hört sich recht kompliziert an: Die Temperatur einer Farbquelle ist die Temperatur, die ein schwarzer Körper haben müsste, damit dessen Licht denselben Farbeindruck erweckt, wie die tatsächliche Farbquelle.

> **„Kaltes" und „warmes" Licht**
> Praktisch kann man sich merken: Je höher die Farbtemperatur, desto „weißer" oder „kälter" ist das Licht. Hier überwiegen violette, blaue und grüne Strahlungsanteile. Ist die Farbtemperatur niedriger, wirkt das Licht „warm", und es dominieren orange und rote Strahlungsanteile.

Welche Farbtemperatur ist für ein Riffaquarium günstig? Hierzu schaut man sich am besten die natürlichen Verhältnisse an. Die Farbtemperatur der Sonne beträgt etwa 5.800 K. Da Tageslicht jedoch eine Mischung aus dem Sonnenlicht und dem von der Atmosphäre reflektierten Licht ist, können je nach Wetter und Jahreszeit daher bis zu 30.000 K gemessen werden (Fosså & Nilsen 2001). Aufgrund dieser Werte empfehlen sich für Riffaquarien Beleuchtungsquellen mit einer Lichtfarbe von mindestens 5.200–6.000 K (dem so genannten Tageslicht, Daylight, abgekürzt D). Will man eine optimale Färbung seiner Korallen erreichen, sind Lichtquellen mit einer höheren Kelvinzahl (10.000–13.000 K) zu bevorzugen. Lichtquellen mit noch höheren Kelvinwerten eignen sich nur für Spezialaquarien oder als Ergänzungsbeleuchtung. Lichtquellen unterhalb von 5.000 K (Spezifikation NDL = „kaltweiß" oder ähnlich) sind für die Riffaquaristik ungeeignet, können jedoch für reine Fischbecken Anwendung finden.

Beleuchtungstypen für die Meerwasseraquaristik

Für Standardaquarien zwischen 250 und 500 l haben sich zwei Beleuchtungstypen durchgesetzt, die den oben genannten Ansprüchen entsprechen: die HQI-Beleuchtung und die T5-Beleuchtung.

Die HQI-Beleuchtung

Das Kürzel HQI steht für Halogen-Metalldampflampen der Firma Osram, hat sich in der Aquaristik aber als allgemeingebräuchliche Bezeichnung für diesen Lampentyp eingebürgert.

> **Im Detail**
> Bei Halogen-Metalldampflampen handelt es sich um Hochdruck-Entladungslampen, deren Funktionsweise auf der Bogenentladung basiert. Kurz gesagt entsteht zwischen den beiden Elektroden des Brenners ein Dauerblitz, der die Füllung des Brenners zum Leuchten bringt. Je nach Füllung entsteht dabei ein Licht mit unterschiedlichen Farbtemperaturen.

Wie weiter oben schon angesprochen, eignen sich für Riffaquarien nur Brenner mit einer Farbtemperatur von 5.200 K oder mehr; nach meinen Erfahrungen sind HQI-Brenner mit einer Farbtemperatur zwischen 10.000 und 13.000 K optimal für Meerwasseraquarien.

Für Aquarien mit lichtbedürftigen Leder-, Horn- und Steinkorallen hat sich als Faustregel der Einsatz eines 250-W-HQI-Strahlers (in Verbindung mit einem geeigneten Reflektor) für eine Oberfläche von maximal 80 x 80 cm bei einer Wassersäule von maximal 60 cm Höhe herauskristallisiert. Bei höheren Aquarien (z. B. 80 cm) muss man häufig zu 400-W-Strahlern greifen, bei flacheren Aquarien (z. B. 50 cm Höhe) sind auch 150-W-Strahler ausreichend. Der Abstand zwischen Brenner und Wasseroberfläche sollte dabei zwischen 35 und 40 cm betragen (Vorsicht vor Spritzwasser bei den HQI-Strahlern! Korallen müssen langsam an die hohe Lichtintensität gewöhnt werden, siehe Seite 37). In diesem Zusammenhang muss darauf hingewiesen werden, dass HQI-Brenner mit Stecksockel nur hinter einer geeigneten Schutzscheibe verwendet werden dürfen. Diese HQI-Brenner geben UV-Licht ab, das ohne entsprechende Schutzscheiben zu Verbrennungen bei Aquarientieren und Aquarianer führt (siehe auch Seite 29 ff.)!

Ein hübscher Nebeneffekt der HQI-Beleuchtung ist die Lichtkringelbildung im Aquarium. Wer schon einmal in tropischen Gewässern getaucht oder geschnorchelt ist, kennt diese Lichtkringel, die bei klarem Himmel durch die intensive Sonneneinstrahlung in Verbindung mit den Wellenbewegungen des Wassers auf dem Sandboden der Lagunen oder dem weißen Kalkstein der Korallenriffe entstehen. HQI-Strahler erzielen den gleichen Effekt auf dem Bodengrund und der Dekoration des Aquariums. Diese Lichtkringel haben aber eine rein ästhetische Wirkung und keine biologische Funktion.

HQI-Brenner sind ein hervorragendes Leuchtmittel für Riffaquarien. Hier ein 250-Watt-Brenner mit einer Lichfarbe von 10.000 K.

Leuchtstofflampen

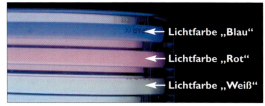

T5-Leuchtstofflampen mit den Lichtfarben „Blau", „Rot" und „Weiß" im Einsatz. „Blau" und „Weiß" sind für Meerwasseraquarien geeignet, die Lichtfarbe „Rot" ist ungeeignet.

> **Im Detail**
>
> Bei Leuchtstofflampen handelt es sich um Gasentladungslampen. Das Funktionsprinzip dieses Lampentyps ist recht einfach. An den Enden einer lang gestreckten Röhre (Kolben), die an ihrer Innenseite mit einem Leuchtstoff überzogen und mit einem Gasgemisch gefüllt ist, befinden sich zwei Pole. Wird der Kolben an den elektrischen Strom angeschlossen, kommt es zu einer hohen elektrischen Spannung an den gegenüberliegenden Polen, wodurch das Gasgemisch ionisiert wird und eine elektrische Entladung entsteht. Der an der Innenseite des Kolbens befindliche Leuchtstoff wird durch die bei der elektrischen Entladung entstehende Strahlung angeregt und beginnt seinerseits zu leuchten.

Galt noch bis vor einigen Jahren die HQI-Lampe als das Nonplusultra der Aquarienbeleuchtung, so haben sich in den letzten Jahren die T5-Leuchtstofflampen zu einer echten Alternative entwickelt. Dabei handelt es sich um Lampen mit einem Durchmesser von 16 mm. Im Gegensatz zu den früher hauptsächlich in der Süßwasseraquaristik verwendeten T8-Lampen (Leuchtstofflampen mit einem Durchmesser von 26 mm) haben sie den Vorteil einer größeren Lichtleistung bei geringerem Stromverbrauch. Sie bieten damit eine Effizienzsteigerung von bis zu 30 %. Für die Aquaristik ist weiterhin vorteilhaft, dass es diese Leuchtstofflampen in verschiedenen Längen und Lichtfarben gibt. Da sie zudem aufgrund ihrer Bauweise sehr schmal sind, kann man recht leicht die benötigte Anzahl von Leuchtstofflampen über dem Aquarium unterbringen. Fasst man alle diese Fakten zusammen, kann man praktisch jedes Aquarium mit T5-Leuchtstofflampen optimal ausleuchten, falls sie nicht zu hoch sind. Allerdings erhält man mit diesen Lampen nicht die für die Flachwasserriffe typischen Lichtreflexe (die „Sonnenkringel").

Für ein Riffaquarium eignen sich insbesondere T5-Leuchten mit den Lichtfarben Daylight (ca. 6.000 K) und 10.000 K, die mittlerweile von verschiedenen Herstellern angeboten werden. Diese Lichtfarben sollten mit „aktinisch blauen" oder blauen Leuchtstoff-Lampen im Verhältnis 2 : 1 (Daylight/10.000 K : aktinisch blau/blau) kombiniert werden. Die aktinisch blauen Leuchtstofflampen strahlen nahezu ausschließlich violettes bzw. blaues Licht im Wellenlängenbereich um 400 nm ab. Dieses Licht scheint das Wachstum der Korallen zu stimulieren. Gleichzeitig erscheinen die Korallen aufgrund verschiedener Pigmente, die durch die aktinisch blauen Leuchtstofflampen angeregt werden, in schöneren Farben. Weiterhin lassen sich mit ihnen Dämmerungseffekte erzeugen, was insbesondere den Fischen zugute kommt.

In den letzten Jahren werden sowohl HQI-Brenner als auch Leuchtstoffröhren mit höheren Kelvin-Werten (15.000, 20.000 K) verstärkt im Fachhandel angeboten. Diese hohen Kelvin-Werte werden in den USA z. T. mit sehr gutem Erfolg eingesetzt. Allerdings gehen diese zu Lasten der Lichtquantität, was beim Einsatz solcher Leuchtmittel zu bedenken ist. Auch sind sie im Vergleich zu 10.000-K-Leuchtmitteln für das menschliche Auge recht dunkel, und nicht jeder Aquarianer mag dieses Licht – aus ästhetischen Gesichtspunkten. Als alleinige Lichtquelle emp-

Meerwasseraquarien können auch mit Leuchtstofflampen hervorragend ausgeleuchtet werden. Oben eine T8-, rechts eine T5-Leuchtstofflampe.

fehle ich diese Lichtfarbe daher für Standardaquarien nicht. Eine Kombination mit Daylight oder 10.000-K-Leuchtmitteln kann dagegen durchaus sinnvoll sein.

Wie viele Leuchtstofflampen zur optimalen Ausleuchtung eines Aquariums benötigt werden, hängt natürlich wiederum von den Tieren ab, die gepflegt werden. Für Riffaquarien mit einer Größe von 120–140 x 50 x 50 cm (L x B x H), in denen zooxanthellate Korallen gepflegt werden sollen, dient als Richtwert mindestens 4 T5-Leuchtstofflampen in einer Länge von 115 cm mit jeweils 54 Watt.

Mondlicht

Viele Riffaquarien sind mit einer Mondlichtsimulation ausgestattet. Dieses Mondlicht ist entweder schon in den käuflichen Lampenkörpern integriert, oder es wird zusätzlich eine „blaue" Glühlampe mit niedriger Leistung (z. B. 25 W) über dem Aquarium installiert. Die Beleuchtungszeit dieses Mondlichtes sollte entweder überlappend mit der letzten Leuchtstofflampe gestartet werden oder unmittelbar nach Ausschalten der Beleuchtung beginnen. Am frühen Morgen, wenn das erste natürliche Tageslicht in das Aquarium gelangt, kann das Mondlicht ausgeschaltet werden.

Eine Mondlichtsimulation hat prinzipiell zweierlei Funktionen. Zum einen soll sie Fischen, die nachts aus irgendeinem Grund erschrecken, bei der Orientierung helfen. Damit verhindert man unnötige Verletzungen und Stresssituationen der Fische. Die zweite Funktion ist in der Vermehrungsstrategie der Wirbellosen begründet. Eine geschlechtliche Vermehrung ist für Korallen in den Korallenriffen aus vielerlei Gründen sehr wichtig, einerseits zur weiten räumlichen Verbreitung einer Art, andererseits aber auch, um krankheitsanfällige Inzuchtstämme zu vermeiden. Das Problem bei der geschlechtlichen Vermehrung ist nun aber, dass sich sessile Wirbellose nicht einfach wie Fische zu Paaren oder Laichgruppen zusammenschließen können. Auch eine zeitlich unkoordinierte Abgabe der Geschlechtsprodukte verspricht nicht viel Erfolg bei der geschlechtlichen Vermehrung. Denn die Wahrscheinlichkeit, dass zwei Korallen derselben Art in enger Nachbarschaft zufällig zur selben Zeit ablaichen, ist sehr gering. Außerdem wären die Geschlechtsprodukte ein gefundenes Fressen für die vielen Fische und Filtrierer des Riffs. Also müssen die Korallen eine koordinierte Strategie zum Ablaichen entwickeln, um diesen Problemen entgegenzuwirken. Und genau diese Strategie wird u. a. durch das Mondlicht gesteuert. Es handelt sich um das so genannte Massenablaichen, das z. B. einmal im Jahr im Großen Barriereriff vor der Nordostküste Australiens stattfindet (HARRISON & WALLACE 1990). Bei diesem Massenablaichen geben fast alle Korallen und eine Reihe weiterer Wirbelloser praktisch zeitgleich ihre Geschlechtsprodukte ins Wasser ab. Das ermöglicht eine effiziente Befruchtung der Gameten und gewährleistet gleichzeitig durch die immense Masse der Geschlechtsprodukte im Wasser eine größtmögliche Überlebenswahrscheinlichkeit. Einer der Schlüsselreize für dieses Massenablaichen ist die Mondphase kurz vor dem Vollmond. Da dieser Reiz bei einem jährlichen Vermehrungszyklus aber aus offensichtlichen Gründen nicht ausreicht, dient als zweiter Schlüsselreiz die Temperatur, die ein Maximum erreicht haben muss, was im Großen Barriereriff im späten Frühling der Fall ist.

Eine Mondlichtsimulation ist für Meerwasseraquarien nicht notwendig. Will man dennoch ein Mondlicht installieren, reicht hierfür eine 25-W-Birne, die über eine Schaltuhr gesteuert wird.

Ein „Massenablaichen" von Korallen und Muscheln kann im Aquarium durchaus Probleme bereiten. Abgesehen davon, dass sich das Wasser stark eintrübt, können die Geschlechtsprodukte die Wasserqualität mindern, was sogar das Verenden einiger Tiere nach sich ziehen kann.

Aus dieser kurzen Schilderung wird schon deutlich, dass eine einfache Mondlichtsimulation sicherlich nicht ausreicht, um im Aquarium ein koordiniertes Ablaichen der Korallen auszulösen, sondern dass die einzelnen Mondphasen vom Neu- zum Vollmond nachgeahmt werden müssen. Heutzutage ist diese Mondphasensimulation im Aquarium technisch durchaus möglich, jedoch auch sehr aufwändig (siehe z. B. FOSSÅ & NILSEN 2001). Allerdings ist dieser technische Aufwand für ein Aquarium auch gar nicht nötig – es sei denn, man will sich auf die geschlechtliche Vermehrung von Korallen spezialisieren. An dieser Stelle sei aber angemerkt, dass ein Massenablaichen im Normalaquarium durchaus Probleme mit sich bringen kann. Insbesondere beim Ablaichen der Riesenmuscheln aus der Familie Tridacnidae gelangen so viele Geschlechtsprodukte in das Wasser, dass sich die Wasserqualität sehr schnell verschlechtert und nachfolgend mit dem Tod einiger Tiere zu rechnen ist. Eine einfache Mondlichtsimulation über dem Aquarium ist dagegen aus den anfangs erwähnten Gründen durchaus sinnvoll. Außerdem erleichtert sie das nächtliche Beobachten der Tiere im Aquarium, was interessante und eigenartige Reize bietet.

Mondlichtsimulation:
das Wichtigste auf einen Blick

Funktionen: • Orientierungshilfe nachts für Fische
• Schlüsselreiz für die geschlechtliche Vermehrung der Korallen

Anwendungsbereich: alle Aquarientypen

Beleuchtungsdauer: Beginn: entweder überlappend mit dem Ausschalten der letzten Leuchtstofflampe oder unmittelbar nach Ausschalten der Beleuchtung; Ende: am frühen Morgen, wenn das erste natürliche Tageslicht in das Aquarium gelangt

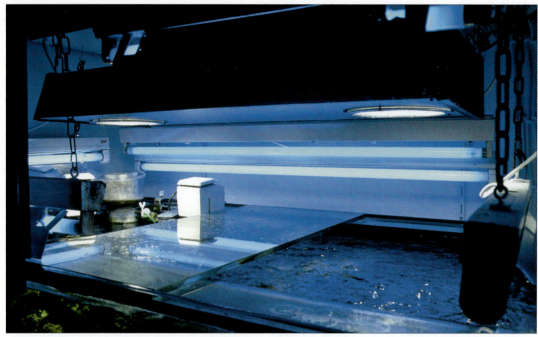

Die Kombination von Leuchtmitteln hat sich in der Riffaquaristik bewährt. Insbesondere HQI-Brenner werden mit blauen oder aktinisch blauen Leuchtstofflampen kombiniert. Dadurch erzielt man bei den Korallen herrliche Farben. Außerdem kann man mit entsprechenden Schaltuhren Dämmerungseffekte nachahmen.

Kombination von Beleuchtungskörpern

In vielen Fällen werden die Leuchtmittel kombiniert. Insbesondere HQI-Lampen werden durch mindestens 1–2 blaue oder aktinisch blaue Leuchtstofflampen ergänzt. Dies wirkt sich auf die Farbgebung der Korallen sehr positiv aus und schafft für den Betrachter ein angenehmeres Licht. Für eine solche Kombination werden die aktinisch blauen Röhren in der Regel so geschaltet, dass sie ca. 30 Minuten vor den HQI-Lampen angehen und etwa 30 Minuten länger laufen. Dies bringt für die Fische den Vorteil mit sich, dass sie eine Dämmerungsphase haben, in der sie sich in ihre Verstecke zurückziehen können.

Erschrecken gilt nicht!
Hält man keine Dämmerungsphase ein, erschrecken beim abrupten Ein- und Ausschalten der Beleuchtung einige Fische dermaßen, dass sie sich an den scharfen Korallen verletzen können oder gar aus dem Aquarium herausspringen.

Beleuchtungszeit, Lebensdauer der Leuchtstoffröhren/Brenner und regelmäßige Wartungsarbeiten

Die Beleuchtungsdauer der Hauptbeleuchtung sollte sich zwischen mindestens acht Stunden (Fischaquarien, Aquarien mit Leder- und Weichkorallen etc.) und maximal 10–12 Stunden (empfindliche Steinkorallen) pro Tag bewegen. Ich lege die Beleuchtungszeit dabei in die Mittags- bis Abendstunden (12:00-22:00 Uhr). Die Blauröhren werden um 11:30 Uhr ein- und um 22:30 Uhr abgeschaltet. Wird ein Mondlicht verwendet, sollte dies dann von 22:30-08:00 Uhr an sein. Geschaltet werden meine Lampen mit handelsüblichen Schaltuhren (man achte bei HQI-Brennern auf die maximale Wattzahl, die mit den jeweiligen Schaltuhren betrieben werden dürfen).

Die Lebensdauer der HQI-Strahler und der Leuchtstofflampen ist begrenzt. Im Laufe der Zeit ändern sich sowohl die Lichtintensität, die schwächer wird, als auch die Farbtemperatur,

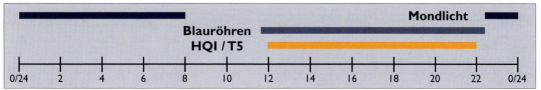

Mögliches Beleuchtungsschema für ein Riffaquarium. Die Hauptbeleuchtung aus HQI-Brennern oder T5-Leuchtstofflampen geht um 12:00 Uhr an und um 22:00 Uhr aus. Die Blauröhren werden zeitversetzt über Schaltuhren um 11:30 Uhr ein- und um 22:30 Uhr ausgeschaltet. Bei Verwendung eines Mondlichtes kann dieses z. B. um 22:30 Uhr zu- und um 08:00 Uhr ausgeschaltet werden. Die Beleuchtungszeit kann bei Bedarf verlängert oder verkürzt werden, und auch die Beleuchtungsphase während des Tages ist frei wählbar.

die in niedrigere, ungünstigere Kelvinwerte absackt. Letzteres ist besonders gut bei HQI-Strahlern vor einem weißen Hintergrund zu beobachten, deren Lichtfarbe mit zunehmendem Alter ins Rötliche driftet. Aufgrund dieser Alterungsprozesse sind sowohl die Leuchtstofflampen als auch die HQI-Brenner regelmäßig etwa alle zwölf Monate gegen neue auszutauschen. Bei dieser Gelegenheit sollten die Reflektoren sehr gut gereinigt werden, um eine möglichst optimale Lichtausbeute zu erzielen. Aus diesem Grund sollten auch die Leuchtstoffröhren sowie die Schutzscheiben der HQI-Brenner regelmäßig – nach Bedarf – von Spritzwasserrückständen gereinigt werden.

Gewöhnung von Korallen an neue HQI-Strahler und T5-Leuchtstofflampen

Nach einem Wechsel der HQI-Brenner oder Leuchtstofflampen müssen die sessilen Wirbellosen zunächst an die erhöhte Beleuchtungsstärke und die veränderte Lichtfarbe gewöhnt werden, da sonst insbesondere diejenigen, die im oberen Bereich des Aquariums angesiedelt wurden, Verbrennungsschäden davontragen können. Hierzu gibt es mehrere Möglichkeiten. Zum einen können die Lampen einige Tage lang höher als normal aufgehängt werden, sodass sich der Abstand Wasseroberfläche/Beleuchtungskörper vergrößert, zum anderen kann man das Aquarium mit Glasscheiben abdecken. Ich dagegen bevorzuge es, die Beleuchtungszeit auf die Hälfte zu verkürzen. Anschließend wird sie im Wochenabstand um jeweils eine Stunde erhöht, bis die ursprüngliche Beleuchtungszeit wieder erreicht wird. Durch diese Vorsichtsmaßnahme lassen sich Schäden an Wirbellosen vermeiden. Bei einem Wechsel des Beleuchtungssystems von HQI-Beleuchtung auf T5-Leuchtstofflampen oder umgekehrt sollte man ebenfalls zu dieser Vorsichtsmaßnahme greifen.

Auch wenn man Korallen kauft, müssen diese vorsichtig an die neuen Beleuchtungsverhältnisse angepasst werden. Hier ist insbesondere darauf zu achten, dass Korallen, die im Händleraquarium z. B. dunkler gestanden haben, nicht sofort extrem hohen Beleuchtungsstärken ausgesetzt, sondern langsam – über Wochen hinweg – daran gewöhnt werden. Am besten erreicht man diese Gewöhnung dadurch, dass man die neuen Korallen zunächst in Bodennähe unterbringt und im Verlauf einiger Tage immer ein wenig höher platziert, bis der endgültige Standort erreicht wird. Es versteht sich von selbst, dass die Korallen während dieser Zeit sehr genau beobachtet werden müssen, um gegebenenfalls die Gewöhnungsprozedur zu verlangsamen oder zu beschleunigen. Ein guter Hinweis darauf, dass eine Koralle sich nicht wohl fühlt, ist, dass die Polypen trotz bester Wasserverhältnisse und Strömung mehrere Tage geschlossen bleiben.

Soll das Aquarium mit Scheiben abgedeckt werden oder nicht?

Prinzipiell sollten Meerwasseraquarien nicht mit Scheiben abgedeckt werden – mit Ausnahme der reinen Fischaquarien oder von Aquarien, in denen schreckhafte Fische (z. B. Feuerschläfergrundeln, *Nemateleotris magnificus*) oder solche gepflegt werden, die aus dem Becken heraus-

Um Lichtmenge und -qualität nicht zu verschlechtern, werden Meerwasseraquarien in der Regel nicht mit Scheiben abgedeckt. Ausnahmen sind Becken, in denen z. B. schreckhafte Fische wie die Feuerschläfergrundel *Nemateleotris magnificus* gepflegt werden. Auch kann es nötig sein, das Aquarium während der Wintermonate mit Scheiben abzudecken. Dadurch wird eine starke Verdunstung verhindert, und somit kann sich kein verdunstetes Wasser an den kalten Wohnungswänden niederschlagen.

klettern (z. B. Muränen). Denn diese Scheiben reflektieren und absorbieren einen Teil des Lichtes, sodass sich sowohl die Lichtfarbe als auch die Lichtintensität verändern. Gerade in Riffaquarien ist dies problematisch, denn hier wird ja mit einigem Aufwand eine optimale Ausleuchtung etabliert, die dann durch die Scheiben wieder verschlechtert wird. Dennoch kann es unter bestimmten Umständen nötig sein, Aquarien zumindest zu bestimmten Zeiten abzudecken, z. B. wenn die Wohnung im Winter nachts sehr kalt ist. Denn unter diesen Voraussetzungen verdunstet sehr viel Wasser (bei 800-l-Aquarien können dies mehr als 5–6 l täglich sein), das sich dann an den kältesten Wänden in der Wohnung niederschlägt und hier zur Schimmelbildung führt. Muss man sein Aquarium abdecken, sollten die Abdeckscheiben regelmäßig mindestens einmal die Woche gereinigt werden, um die optimale Lichtmenge durchzulassen. Ein guter Trick bei einer Abdeckung aufgrund von Kälte ist auch, die Scheibe nur nachts aufzulegen, wenn die Beleuchtung ausgeschaltet ist. Tagsüber hat man dann eine optimale Lichtausbeute und kann

durch häufiges Lüften die Luftfeuchtigkeit in Grenzen halten.

Im Sommer kann dagegen das Abdecken zum unerwünschten Aufheizen des Aquariums führen. Da die Temperatur 28 °C nicht überschreiten sollte (siehe Seite 74 ff.), müssen hier entweder ein Kühlaggregat oder – nachdem die Abdeckscheiben von dem Aquarium heruntergenommen wurden – ein Ventilator eingesetzt werden. Dadurch wird die Verdunstung erhöht, wodurch sich das Aquarienwasser abkühlt.

Die hohe Verdunstungsrate bei offenen Becken ist für das Meerwasseraquarium selbst kein Problem. Das verdunstete Wasser wird entweder durch reines Süßwasser oder durch Kalkwasser (siehe Seiten 85 und 92 ff.) ersetzt. Niemals darf hierfür Meerwasser benutzt werden! Beim Nachfüllen von Süßwasser muss man allerdings darauf achten, dass es nicht direkt auf die Wirbellosen geleitet wird.

Beleuchtung: das Wichtigste auf einen Blick

Beleuchtungsarten für Meerwasseraquarien:
HQI-Brenner oder T5-Leuchtstofflampen

Optimale Lichtfarbe für Normalaquarien:
Tageslicht (5.200–13.000 K), eine Kombination mit aktinisch blauen Leuchtstofflampen ist empfehlenswert

Richtwerte zur Beleuchtungsstärke für Wirbellosenaquarien:
• HQI: 1 x 250 W für eine Fläche von 80 x 80 cm und einer Höhe der Wassersäule von 60 cm
• T5: für ein Aquarium mit den Maßen 120 x 50 x 50 cm (L x B x H) 4 T5-Röhren à 54 W

Beleuchtungsdauer:
• Fischaquarien: 8–12 Stunden
• Aquarien mit Leder- und Weichkorallen: 8–12 Stunden
• Aquarien mit Steinkorallen: 10–12 Stunden

Regelmäßige Wartungsarbeiten:
• Wechsel der Brenner und Leuchtstofflampen alle zwölf Monate, dabei Reinigung der Reflektoren
• Reinigung der Abdeckscheiben bzw. Schutzscheiben der HQI-Lampen von Spritzwasserflecken nach Bedarf

Besondere Vorsichtsmaßnahmen:
• HQI-Brenner niemals ohne entsprechende Schutzscheiben verwenden!
• Korallen nach Wechsel der HQI-Brenner oder T5-Leuchtstofflampen langsam an erhöhte Beleuchtungsstärke gewöhnen; neue Korallen ebenfalls langsam an veränderte Beleuchtungsstärken gewöhnen

Technische Grundausstattung der Meerwasser-Aquariums

Eine gute Strömung hat mehrere Funktionen im Meerwasseraquarium. Zum einen versorgt sie Korallen mit Nahrungspartikeln und Spurenelementen und entfernt unerwünschte Stoffwechselendprodukte oder Ablagerungen, zum anderen hilft sie Leder- und Weichkorallen bei ihrer Häutung. Auf dem Foto ist eine karibische Hornkoralle *Pterogorgia* sp. während des Prozesses der Häutung zu sehen.   Foto: B. Gößele

Strömung

Viele der von uns gepflegten Meeresbewohner stammen aus Gebieten, in denen zumindest zeitweise eine sehr starke Strömung herrscht. Diese Strömung übernimmt für die Korallen unterschiedliche Funktionen: Zum einen versorgt sie diese mit Nahrung in Form von Plankton, mit gelösten Nährstoffen sowie mit lebenswichtigen Elementen und Verbindungen (Sauerstoff, Kalzium und Karbonate), zum anderen werden Stoffwechselprodukte von der Koralle entfernt. Außerdem unterstützt die Strömung physikalisch die Reinigungsprozesse der Korallen.

Sehr viele Korallen haben sich an die starken, stetig wechselnden Strömungsbedingungen angepasst. Sie müssen daher im Aquarium möglichst naturgetreu nachgeahmt werden, um einerseits das Wohlbefinden der Fische und Wirbellosen zu sichern, andererseits aber auch die Wuchsform etwa der Korallen beizubehalten. Hierzu zwei Beispiele: Leder- und Hornkorallen haben die Fähigkeit entwickelt, sich zu „häuten". Mit dieser „Haut" stoßen sie z. B. winzige Algen ab, die auf ihrem Gewebe wachsen. Der Vorgang der Häutung wird im Riff durch eine starke Strömung unterstützt. Gelingt das Abstoßen der feinen Haut nicht, etwa aufgrund einer zu geringen Strömung, kann dies zu Fäulnisprozessen darunter führen, gefolgt vom Absterben der betroffenen Gewebebereiche und – schlimmstenfalls – dem Tod der betroffenen Koralle.

Viele zooxanthellate Hornkorallen-Arten richten sich zum Sonnenlicht und quer zur Strömungsrichtung aus. Wird die Orientierung „zum Licht" und „quer zur Strömungsrichtung" beim Einsetzen in das Aquarium verändert, wandelt die Koralle auch nachfolgend ihre Wuchsform, in dem Bestreben, sich wieder optimal auszurichten. Dies ist sehr schön an der im Bild gezeigten *Pterogorgia*-Hornkoralle zu erkennen, deren Wachstumsspitzen senkrecht in Richtung Wasseroberfläche und damit der Beleuchtung entgegenstreben.

Viele zooxanthellate Hornkorallen-Arten richten sich zum Sonnenlicht und quer zur Strömungsrichtung aus. Die Gründe hierfür sind in ihrer Ernährung zu suchen. Dazu fangen nämlich auch zooxanthellate Hornkorallen einen gewissen Prozentsatz an Plankton (siehe hierzu auch Seite 9). Die Effizienz des Planktonfangs und damit auch die der Ernährung ist bei einer Anordnung quer zur Strömungsrichtung deutlich größer als bei einer Wuchsform parallel zur Strömung. Wird die Orientierung der Koralle zur Strömungsrichtung beim Einsetzen in das Aquarium in Richtung „parallel zur Strömungsrichtung" verändert, wandelt die Koralle nachfolgend entsprechend ihre Wuchsform, in dem Bestreben, sich wieder optimal quer zur Strömung auszurichten.

Es gibt im Prinzip zwei Arten von Strömung: die laminare und die verwirbelte Strömung. Die laminare Strömung streicht gleichförmig, ohne Verwirbelungen in einer Richtung durch das Meer. Diesen Strömungstyp findet man häufig an den so genannten Drop Offs (das sind Steilwände, die bis in große Tiefen reichen und an denen die Strömung entlang streicht) und in den Flachwasserbiotopen der Karibik, wo große Seefächer die Szenerie beherrschen. Viele dieser Seefächer haben aufgrund der laminaren Strömung eine flache, „eindimensionale" Wuchsform. Als Unterform der laminaren Strömung kann man die Pendelströmung ansehen. Hierbei wird das Wasser z. B. durch die Wellenbewegung laminar in Richtung Strand bewegt, um anschließend zurückzufließen. Korallen mit weichem Skelett pendeln in dieser wechselnden Strömung hin und her, daher der Name.

Laminare Strömung gibt es immer dort, wo keine Korallen- und Felsriffe die Strömungsrichtung stören. Trifft die laminare Strömung dage-

Technische Grundausstattung der Meerwasser-Aquariums

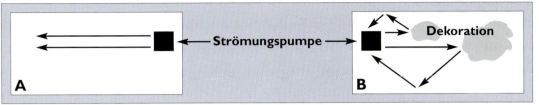

Strömungstypen: A = laminar, B = turbulent; die Strömungsrichtung ist durch Pfeile gekennzeichnet

gen auf ein Riff, kommt es automatisch zu Verwirbelungen: Im Mikrobereich gibt es keine eindeutige Strömungsrichtung mehr. Das Auftreten dieser verwirbelten Strömung wird durch die Wellen, die sich an den Riffen brechen, und die zahlreichen Kanäle, die die Riffe durchziehen, weiter gefördert.

Strömungspumpen

Die Strömung wird im Aquarium durch die so genannten Strömungspumpen erzeugt. Solche Pumpen haben keinerlei filternde Wirkung, sondern werden ausschließlich zum Aufbau der Strömung verwendet. Daher sollten sie auch niemals an Filtertöpfe gekoppelt werden.

Eine Pumpe der Firma Tunze (Tunze Turbelle stream 6101) als reine Strömungspumpe im Riffaquarium

> **Keine Filterwatte für Strömungspumpen**
> Kaschieren Sie den Ansaugstutzen einer Strömungspumpe niemals mit Filterwatte. Einerseits reduziert Filterwatte die Strömungsleistung, andererseits wird sie früher oder später als biologischer Filter fungieren und daher zu einem Nitrat-Anstieg im Aquarium beitragen (siehe Seite 61 ff.).

Mittlerweile werden von vielen verschiedenen Herstellern sehr gute Strömungspumpen mit unterschiedlichen Leistungen angeboten, so dass für jedes Aquarium und jeden Aquarientyp die richtige Ausstattung zu finden ist.

Die meisten Aquarien werden eine verwirbelte Strömung aufweisen. Das Erzeugen einer rein laminaren Strömung ist dagegen sehr schwierig. Meistens sind die Aquarien hierfür zu klein (vor allem zu kurz), und außerdem führt die Anordnung der Strömungspumpen in Verbindung mit der Dekoration zu zahlreichen Verwirbelungen, was aber für viele Korallen, die aus einem Riff stammen, durchaus gewollt ist. Steinkorallen sowie viele Leder- und Weichkorallen und Anemonen leben in solchen Biotopen. Allein die bereits weiter vorne angesprochenen „eindimensional" wachsenden Arten haben sich an eine laminare Strömung angepasst. Diese Arten werden im Aquarium meistens ihre flache Wachstumsform in Richtung „buschförmig" ändern, ohne dass darunter ihr Gesundheitszustand leidet.

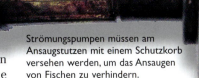

Strömungspumpen müssen am Ansaugstutzen mit einem Schutzkorb versehen werden, um das Ansaugen von Fischen zu verhindern.

Eine sehr einfache Möglichkeit zur Herstellung einer laminaren Strömung ist die so genannte Wave-Box der Firma Tunze.
Foto: C. Hug, Tunze Aquarientechnik

Eine Möglichkeit zur Herstellung einer relativ laminaren Pendelströmung ist die so genannte Wave-Box. Hierbei handelt es sich um einen Apparat, der mit Hilfe einer Pumpe eine Wellenbewegung nachahmt. Wird der Wellengenerator eingeschaltet, drückt die Pumpe das Wasser aus der Wave-Box heraus zur gegenüber liegenden Seite des Aquariums. Nun wird die Pumpe durch einen Controller abgeschaltet, und das Wasser fließt in die Wave-Box zurück. Durch das regelmäßige Ein- und Ausschalten der Pumpe erhält man somit eine pendelförmige Strömung, die nahezu laminar ist, falls sie parallel zur Dekoration verläuft und nicht auf Riffpfeiler im Aquarium trifft. Dabei ist aber zu beachten, dass die Wellenhöhe an der Wasseroberfläche je nach Beckengröße und Einstellung der Pumpe mehr als 2 cm betragen kann. Diese Wellenhöhe muss durch das Aquarium aufgefangen werden, da das Wasser ansonsten aus dem Aquarium herausschwappt. Die pendelförmige Strömung bietet sich besonders für Spezialaquarien an, in denen Tiere gepflegt werden, die eine laminare Strömung bevorzugen (z. B. Seegrasbiotope, Seefächer). Mit Hilfe der Wave-Box lassen sich somit sehr naturgetreue und ästhetisch schöne Spezialaquarien einrichten.

Strömungspumpen müssen regelmäßig gewartet werden, da ansonsten ihre Leistung immer geringer wird. Insbesondere Schutzgitter, die sich um die Ansaugstutzen der Pumpen befinden, muss man regelmäßig von Algenaufwuchs befreien. Das Gleiche gilt für den Propeller und den Pumpenauslauf. Auch hier können Algen die Pumpenleistung schnell verringern. Wie häufig die Pumpen gereinigt werden müssen, hängt vom Bewuchs ab. Man kann aber davon ausgehen, dass eine Reinigung etwa alle 4–8 Wochen ansteht.

Die Essig-Kur
Benutzen Sie einen Kalkreaktor (siehe Seite 96 ff.), kann die Pumpe mit der Dauer verkalken, was einerseits die Pumpleistung deutlich vermindert, andererseits aber auch die Kühlung der Pumpe reduziert. In diesem Fall hilft ein Bad in verdünntem Speiseessig (die Baddauer hängt vom Verkalkungsgrad ab), der den Kalk wieder auflöst.

Die Stärke der Strömung
Wie stark sollte die Strömung in einem Aquarium sein? Exakte Angaben hierzu, z. B. in Form von Zentimeter pro Sekunde, sind nur schwierig zu nennen, da die Messung nicht einfach ist. Es hat sich daher in der Meerwasseraquaristik eingebürgert, die Strömung als Richtwert in Beckenvolumen pro Stunde anzugeben. Bei der Berechnung gelten ausschließlich die im Aquarium befindlichen Strömungspumpen. Pumpen, die zur Rückführung des Wassers aus Filteranlagen eingesetzt werden, tragen kaum zur Herstellung von Strömung im Aquarium bei.

Für Riffaquarium strebt man einen Strömungswert von mindestens dem 10- bis 15fachen des Beckenvolumens pro Stunde an. Für 300-l-Aquarien benötigt man also Strömungspumpen mit einer Gesamtumwälzung von 3.000–4.500 l pro Stunde. Es empfiehlt sich, diese Leistung auf mindestens zwei Pumpen zu verteilen, die an unterschiedlichen Standorten im Aquarium platziert werden, am besten an gegenüber liegenden Seiten. Dadurch kann man sehr schön das Strömungsgeschehen in einem Korallenriff nachahmen. Es ist auch möglich, diese Pumpen mit einer Intervallautomatik zu versehen. Dadurch gelangt das Wasser impulsartig aus den Strömungspumpen, wodurch eine gewisse Pendelströmung erzeugt wird. Dies führt dazu, dass manche Wirbellose attraktiver wirken, hat aber auf die Gesundheit der Tiere keinen Einfluss. Den gleichen Effekt erzielt man, wenn man die einzelnen Strömungspumpen durch Schaltuhren steuert. Dadurch kann man sehr schöne Wechselströmungen erzeugen, und es entstehen keine strömungstoten Ecken, die man überhaupt tunlichst vermeiden sollte.

So sorgen Sie für Wirbel
Die Strömungspumpen ordnet man dabei am besten so an, dass sich die Strömung z. B. an der Frontscheibe bricht. Dadurch kommt es zu schönen Verwirbelungen, die dem Aquarium ein recht natürliches Aussehen verleihen.

Anordnung von Strömungspumpen (A) und mögliches Strömungsprofil für ein Riffaquarium (B). Das Strömungsprofil ist von den gepflegten Organismen abhängig. Man beachte, dass das gezeigte Strömungsintervall auf das Beleuchtungsschema (siehe Seite 37) abgestimmt ist.

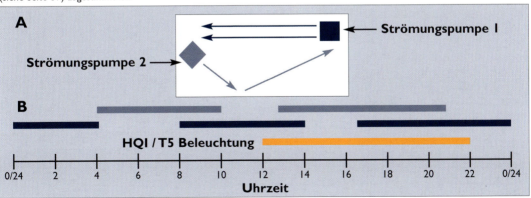

Öffnen sich die Polypen wie bei dieser Lederkoralle vollständig, herrschen optimale Strömungsbedingungen.

Empfehlenswert ist bei Einsatz zweier Pumpen, die an gegenüber liegenden Seiten im Aquarium untergebracht sind, eine Laufzeit der 1. Pumpe für 6–8 Stunden. Nach 4–6 Stunden wird die 2. Pumpe zugeschaltet, so dass beide für etwa zwei Stunden zusammen laufen. Danach wird die 1. Pumpe abgeschaltet, und die 2. Pumpe läuft alleine. Nach weiteren 4–6 Stunden wird die 1. Pumpe wieder zugeschaltet, und der Turnus beginnt von neuem. Ein sehr starker Strömungswechsel während der Nacht sollte allerdings vermieden werden, um das Ansaugen z. B. schlafender Fische oder beweglicher Wirbelloser zu vermeiden. Hat man einmal ein spezifisches Strömungsprofil – bei dem die Wirbellosen optimal stehen – etabliert, sollte man es möglichst wenig ändern, um negative Auswirkungen auf die Wirbellosen zu verhindern.

Setzt man neue Wirbellose in sein Aquarium, muss man häufig den günstigsten Siedlungsstandort im Hinblick auf die Strömung austesten. Dafür stellt man die Koralle auf den vorgesehenen Platz in die Dekoration und wartet einige Tage ab. Öffnet sich die Koralle vollständig, zeigt z. B. eine Lederkoralle ihre Polypen, ist der Siedlungsort optimal. Öffnet sich die Koralle nicht, sollte man sie frühestens nach 5–6 Tagen, spätestens aber nach 14 Tagen umsetzen. Hierbei gilt es allerdings zu beachten, dass die Strömung nicht der einzige Parameter ist, der das Wohlbefinden der Koralle im Aquarium bestimmt. Hierzu zählen auch die Beleuchtung, die Wasserqualität und der allgemeine Gesundheitszustand der Koralle zum Zeitpunkt des Kaufs. Eine Koralle, die extrem stark vorgeschädigt ist, wird sich wahrscheinlich auch unter optimalen Pflegebedingungen nicht regenerieren können.

Da nicht alle im Aquarium gepflegten Tiere die gleichen Ansprüche an die Strömungsstärke stellen, sollen nachfolgend noch einige allgemeine Richtwerte angegeben werden (weitere Information finden sich bei der Vorstellung der einzelnen Tiergruppen):

1. Die meisten Fischarten stellen keine besonderen Ansprüche an die Strömung. Ihnen sollte man wechselnde Verhältnisse bieten, z. B. Phasen mit einer sehr starken Strömung, gefolgt von solchen mit einer schwächeren Strömung.
2. Großpolypige Steinkorallen (z. B. Blasenkorallen, *Trachyphyllia*-, *Mussa*- und *Cynarina*-Arten) mögen keine starke Strömung. Wird das Gewebe dieser Korallen durch die Strömung an das Skelett gepresst, kommt es früher oder später zu Verletzungen, die nur schlecht wieder ausheilen.
3. Kleinpolypige Steinkorallen und viele Leder-, Weich- sowie Hornkorallen bevorzugen zumindest zeitweise eine sehr starke Strömung.
4. Azooxanthellate Korallen (z. B. *Tubastrea* spp.) benötigen aufgrund ihrer Ernährungsweise eine sehr starke Strömung. Auch im Meer kommen sie nur in entsprechenden Biotopen vor.
5. Riesenmuscheln aus der Familie Tridacnidae akzeptieren sowohl eine schwache als auch eine starke Strömung.
6. Die Strömung sollte niemals direkt auf die Korallenstöcke gerichtet werden, sondern parallel dazu verlaufen. Die feinen Korallenpolypen öffnen sich nicht, wenn sie direkt von der Strömung getroffen werden.

Technische Grundausstattung der Meerwasser-Aquariums

Der Aufbau der Strömung im Aquarium ist abhängig von den gepflegten Organismen. Großpolypige Steinkorallen wie diese *Trachyphyllia geoffroyi* vertragen keine sehr starke Strömung, da hierdurch das empfindliche Gewebe verletzt wird.

Strömung: das Wichtigste auf einen Blick

Optimale Strömungsstärke:
10–15 Mal das Beckenvolumen pro Stunde (Beispiel: Für ein 300-l-Aquarium benötigt man Strömungspumpen mit einer Gesamtumwälzung von 3.000–4.500 l pro Stunde)

Regelmäßige Wartungsarbeiten:
Schutzgitter vor dem Ansaugstutzen, Propeller und Pumpenauslauf müssen regelmäßig (abhängig vom Verschmutzungsgrad) gereinigt werden (ca. alle 4–8 Wochen)

Was tun, wenn die Pumpenleistung nachlässt?
Reinigen und ggf. entkalken der Pumpe mit verdünntem Speiseessig

Was tun, wenn sich die Korallen trotz bester Wasserverhältnisse und optimaler Beleuchtung nicht öffnen?
- Strömungsstärke erhöhen: durch Einsatz einer leistungsstärkeren oder zusätzlichen Pumpe
- Überprüfen, ob die Strömung direkt auf die Koralle trifft, Koralle ggf. anders platzieren oder Strömungsrichtung ändern
- Bei großpolypigen Steinkorallen kann die Strömung zu stark sein. Koralle ggf. an eine strömungsschwächere Stelle platzieren.

Hohe Nitrat-Konzentrationen führen häufig zu unerwünschtem, starkem Wuchs von Algen, die mit den sessilen Wirbellosen um Siedlungssubstrat konkurrieren.

Filterung

Die Befreiung des Aquarienwassers von Schmutzstoffen ist in der Meerwasseraquaristik enorm wichtig. Organische Abfallstoffe und deren Abbauprodukte (= anorganische Nährstoffe) gelangen durch den Kot der Fische, die Fütterung und durch biologische Umsetzungen von Algen und Bakterien permanent in das Aquarienwasser, wo sie sich – falls man keine geeigneten Gegenmaßnahmen ergreift – in der einen oder anderen Form anreichern. Hohe anorganische Nährstoffkonzentrationen (z. B. Nitrat und Phosphat), die aus den organischen Verunreinigungen entstehen, wirken sich aber auf das Milieu des Aquariums sehr negativ aus: Es kommt zu starkem Algenwuchs, insbesondere der unerwünschten Schmier- und Fadenalgen. Fische reagieren sehr empfindlich auf die Anreicherung bestimmter biologischer Abbauprodukte (z. B. auf Nitrit), und viele Korallen – vor allem Steinkorallen – stellen bei einer hohen Belastung des Aquarienwassers mit anorganischen Nährstoffen wie Nitrat und Phosphat ihr Wachstum ein oder sterben gar ab. Es gilt also, die organischen Abfallstoffe und die anorganischen Nährstoffe durch eine Filterung aus dem Aquarienwasser zu entfernen. Die beiden Nährstoffkreisläufe, die in diesem Zusammenhang von besonderem Interesse sind, sind der Stickstoff- und der Phosphor-Kreislauf. Beide sollen daher vorgestellt werden.

Der Stickstoff-Kreislauf

Stickstoff (chemisches Symbol: N) ist für alle Organismen ein essenzieller Nährstoff und spielt bei allen Lebensfunktionen eine zentrale Rolle. Man findet ihn in zahlreichen organischen Verbindungen.

Stickstoff bzw. stickstoffhaltige Verbindungen kommen auf zweierlei Wegen in das Meerwasseraquarium. Zum einen gelangt molekularer Stickstoff (chemisches Symbol: N_2) aus der Atmosphäre in das Wasser. Im Meerwasseraquarium gibt es nun Organismen, die den molekularen Stickstoff in den Nahrungskreislauf einfließen lassen. In der Fachsprache sagt man dazu „den Stickstoff fixieren". Hierzu zählen z. B. die Cyanobakterien (SOROKIN 1995). Im Korallenriff ist die Stickstofffixierung ein sehr wichtiger Prozess, denn auf diese Weise geht das „Mangelmolekül" Stickstoff in den Nahrungskreislauf über. In der Meerwasseraquaristik ist die Stickstofffixierung von untergeordneter Bedeutung, da Stickstoff und seine Verbindungen nahezu immer im Überfluss vorhanden sind.

Der zweite und für uns sehr viel wichtigere Weg des Stickstoffeintrags ist die Fütterung. Mit dem Futter – ob nun Trocken-, Lebend- oder Frostfutter – gelangen sehr große Mengen stickstoffhaltiger, organischer Substanzen in das Aquarium. Hier werden sie von den Fischen und Wirbellosen aufgenommen, mit der Verdauung umgesetzt und teils wieder in das Aquarienwasser ausgeschieden. Dort erfolgt dann ihr Abbau zu sehr einfachen anorganischen stickstoffhaltigen Verbindungen (z. B. Nitrat).

> Über welchen Weg, Fixierung oder Fütterung, der Stickstoff auch in das Aquarium gelangt, er unterliegt dort einem sehr komplexen Umsetzungsprozess, der in der Abbildung unten stark vereinfacht schematisch zusammengefasst ist.

Die für uns Meerwasseraquarianer wichtigsten Stickstoffverbindungen sind Ammoniak/Ammonium (NH_3/NH_4^+), Nitrit (NO_2^-) und Nitrat (NO_3^-). Es stellt sich nun die Frage, wie hoch die Konzentration dieser Verbindungen in einem Meerwasseraquarium sein darf, bevor es zu negativen Auswirkungen kommt.

> Zur Beantwortung der Frage, welche Konzentrationen von Ammoniak/Ammonium, Nitrit und Nitrat im Meerwasseraquarium herrschen dürfen, analysiert man am besten das Wasser der Korallenriffe, denn unter der Annahme, dass sich die Physiologie der Korallen, Algen und Fische über hunderttausende von Jahren auf diese Wasserverhältnisse eingestellt hat, sollte die dort herrschende Konzentration an Ammoniak/Ammonium, Nitrit und Nitrat der Idealwert sein, dem wir in unseren Meerwasser-Aquarium so nahe wie möglich kommen sollten.
>
> Je nachdem, in welcher geografischen Breite und Länge man die Nitrat-Konzentration der Weltmeere untersucht, erhält man Werte zwischen 1 und 600 µg/l (= 0,001–0,6 mg/l; TAIT 1971). Dabei schwankt die Konzentration beträchtlich mit der Wassertiefe. Im Oberflächenwasser, wo Algen und zooxanthellate Korallen wachsen, unterliegt sie aufgrund des schnellen Verbrauches großen Schwankungen zwischen 1 und 120 µg/l (0,001–0,12 mg/l). Mit zunehmender Tiefe nimmt die Nitrat-Konzentration durch die Abnahme an Verbrauchern zu. Hier ist sie auch nicht den Schwankungen des Flachwassers unterworfen. Nach SPOTTE (1979) liegt die Gesamt-Stickstoff-Konzentration (zusammengefasst aus den Stickstoffverbindungen N_2, NH_3/NH_4^+, NO_2^- und NO_3^-) in den tropischen Meeren nicht selten bei nur 1–2 µg/l (= 0,001–0,002 mg/l).

Die ersten gemeinsamen Zwischenstufen aus dem unten gezeigten Stickstoff-Kreislauf sind

Abbau stickstoffhaltiger Verbindungen im Korallenriff und im Meerwasseraquarium stark vereinfacht dargestellt. Es sind nur einige der wichtigsten Stickstoffquellen genannt.

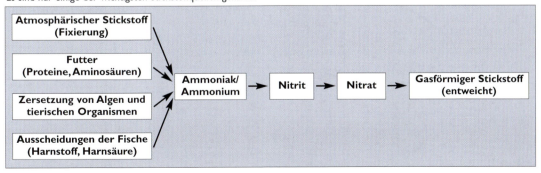

Ammoniak (NH_3) und Ammonium (NH_4^+). Hierbei handelt es sich um ein Gemisch aus zwei Verbindungen, das sich in Abhängigkeit vom pH-Wert des Wassers bildet. Ammoniak liegt unterhalb eines pH-Wertes von 7,0 vollständig als Ammonium vor. Oberhalb von pH 7 verschiebt sich das Verhältnis zu Gunsten des Ammoniaks. Bei einem pH-Wert von 8,3, den viele Meerwasseraquarien aufweisen, sind rund 10 % als Ammoniak und 90 % als Ammonium vorhanden.

Ammoniak/Ammonium ist die giftigste Stickstoffverbindung, die während des Abbaus organischer Verbindungen im Meerwasseraquarium entsteht. In der Literatur werden Konzentrationen von 0,07–1,4 mg/l in Abhängigkeit von der Fischart als tödlich beschrieben (SPOTTE 1979). Dies sind Konzentrationen, die man durchaus während der Einfahrphase eines Meerwasseraquariums mit Lebenden Steinen erreichen kann (WILKENS 1980). Liegt die Ammoniak/Ammonium-Konzentration so hoch, dürfen auf keinen Fall Fische in das Aquarium eingesetzt werden.

Glücklicherweise wird Ammoniak/Ammonium mit Hilfe von Bakterien schnell in weniger giftige Verbindungen umgesetzt. Diesen Prozess nennt man Nitrifikation.

Bei der Nitrifikation handelt es sich um einen Zwei-Stufen-Prozess. Während der ersten Stufe wird Ammoniak/Ammonium zu Nitrit oxidiert.

> **Im Detail**
>
> Bakterielle Umsetzung von Ammoniak/Ammonium zu Nitrit:
>
> $$\text{Ammoniak/Ammonium} \xrightarrow{\textit{Nitrosomas}} \text{Nitrit}$$
> $$(NH_3/NH_4^+) \rightarrow NO_2^-$$
>
> Zu den Bakterien, die die Umsetzung vom Ammoniak/Ammonium zum Nitrit durchführen, gehören u. a. Arten aus der Gattung *Nitrosomas*.

Auch Nitrit ist als Atmungsgift sehr toxisch. Als maximal tolerierbare Nitrit-Konzentration im Meerwasseraquarium wird in der Literatur 0,1 mg/l angegeben (SPOTTE 1979).

Nitrit stellt in der Riffaquaristik – bis auf die Einfahrphase – normalerweise kein Problem dar. Jedoch führten früher in den reinen Fischaquarien hohe Nitritwerte häufig zu Fischverlusten. Hier war die bakterielle Umsetzung von Nitrit zu Nitrat (siehe weiter unten) gestört, und Nitrit konnte sich anreichern. Solche Störungen traten z. B. dann auf, wenn die Fische gegen Krankheiten behandelt wurden und das Medikament die für die Umsetzung Nitrit/Nitrat notwendigen Bakterien abtötete. Auch wenn sehr große Futtermengen gereicht werden, kann sich in reinen Fischaquarien – bei unzureichender Filtertechnik – Nitrit anreichern. Ich werde im Kapitel über die Filtertechniken (siehe Seite 56 ff.) nochmals darauf zu sprechen kommen.

Während der Einfahrphase und in reinen Fischaquarien sollte die Nitrit-Konzentration regelmäßig einmal in der Woche bestimmt werden. Steigt sie (nach der Einfahrphase) über 0,1 mg/l an, sollte als sofortige Gegenmaßnahme ein größerer Teilwasserwechsel (siehe Seite 85 ff.) durchgeführt werden.

> **Nitrit: das Wichtigste auf einen Blick**
>
> Maximale Nitrit-Konzentration:
> 0,1 mg/l (Diese Konzentration sollte im Regelfall deutlich **unter**schritten werden.)
>
> Regelmäßige Arbeiten:
> Während der Einfahrphase und in reinen Fischaquarien sollte die Nitrit-Konzentration einmal in der Woche bestimmt werden.
>
> **Was tun, wenn** die Nitrit-Konzentration 0,1 mg/l überschreitet?
> - Als **sofortige** Gegenmaßnahme ist ein größerer Teilwasserwechsel durchzuführen.
> - Überlegen Sie, wie es zur erhöhten Nitrit-Konzentration kommen konnte. Mögliche Ursachen sind eine medikamentöse Behandlung der Fische oder eine unzureichende Filtertechnik (Abschäumer, biologischer Filter).
>
> **Was tun, wenn** die Nitrit-Konzentration zu niedrig ist?
> Die Nitrit-Konzentration kann in Meerwasseraquarien **nicht** zu niedrig sein.

Im zweiten Schritt der Nitrifikation wird Nitrit zu Nitrat aufoxidiert:

> **Im Detail**
>
> Bakterielle Umsetzung von Nitrit zu Nitrat
>
> $$\text{Nitrit} \xrightarrow{\textit{Nitrobacter}} \text{Nitrat}$$
> $$NO_2^- \rightarrow NO_3^-$$
>
> Für diese Reaktion sind u. a. Bakterien der Gattung *Nitrobacter* verantwortlich.

Verschiedene Bohralgen, die in den Skeletten von Steinkorallen und Muscheln leben, werden durch hohe Nitrat-Konzentration zum Wachstum angeregt. Erreichen die Bohralgen die chitinöse Matrix der Steinkorallen – dies ist der Bereich, in dem die Kalkbildung und damit das Wachstum der Steinkorallen stattfinden –, verlassen die Korallenpolypen das Kalkskelett und sterben ab. Dies trifft insbesondere auf Steinkorallen wie diese *Goniopora* sp. zu.

Nitrat ist im Prinzip ungiftig. Selbst sehr hohe Konzentrationen (400 mg/l und mehr) haben in Kurzzeitexperimenten mit verschiedenen Fischarten keine negativen Effekte gezeigt (SPOTTE 1979). Somit ist dieser Wasserwert für reine Fischaquarien eher von untergeordneter Bedeutung.

In Riffaquarien haben hohe Nitrat-Konzentration jedoch vielfach unangenehme Begleiterscheinungen (BROCKMANN 2007a). Als essenzieller Algennährstoff wird eine hohe Nitrat-Konzentration immer zu unerwünschtem Algenwachstum führen. Insbesondere Schmier- und Fadenalgen sind in diesem Zusammenhang zu nennen, deren Wachstum bei hohen Nitrat-Werten kaum zu stoppen bzw. zu kontrollieren ist. Dies kann sogar so weit führen, dass diese Algen Korallen überwuchern und abtöten. Verschiedene Bohralgen, die in den Skeletten von Steinkorallen und Muscheln leben, werden ebenfalls zum Wachstum angeregt. Erreichen die Bohralgen die chitinöse Matrix der Steinkorallen – dies ist der Bereich, in dem die Kalkbildung und damit das Wachstum der Steinkorallen stattfinden –, verlassen die Korallenpolypen das Kalkskelett und sterben ab. Dies trifft insbesondere auf großpolypige Steinkorallen zu, z. B. *Goniopora*- und *Trachyphyllia*-Arten. Weiterhin ist zu beobachten, dass kleinpolypige Steinkorallen ihr Wachstum verlangsamen und ihre Farbigkeit verlieren (z. B. *Acropora*-Arten). Erfahrungen zahlreicher Aquarianer haben gezeigt, dass in Steinkorallenaquarien eine Nitrat-Konzentration von 10–15 mg/l nicht überschritten werden sollte (was noch ein Vielfaches von dem ist, was wir in den Korallenriffen finden, siehe weiter vorne). Im Optimalfall sollte sie deutlich darunter liegen. In Fischaqua-

Bei hohen Nitrat-Konzentrationen verlieren viele *Acropora*-Steinkorallen ihre Farben und werden einheitlich braun.

rien bzw. in Aquarien, in denen hauptsächlich Leder- und Weichkorallen leben, kann die Nitrat-Konzentration durchaus etwas höher liegen (maximal 30–40 mg/l), ohne dass es zu negativen Auswirkungen kommt. Vielmehr scheint eine leicht erhöhte Nitrat-Konzentration in Aquarien mit Leder- und Weichkorallen dazu zu führen, dass diese etwas zügiger wachsen als in nitratarmem Wasser. Jedoch sollte dies den Anfänger auf keinen Fall dazu verleiten, die Filterung des Meerwasseraquariums zu vernachlässigen oder Nitrat zur „Düngung" der Lederkorallen in das Aquarium zu geben, z. B. als Kalziumnitrat.

Nitrat: das Wichtigste auf einen Blick

Maximale Nitrat-Konzentration:
- in Steinkorallenaquarien 10–15 mg/l
- in Fischaquarien und Aquarien mit Leder- und Weichkorallen sollte die Nitrat-Konzentration 30–40 mg/l nicht überschreiten

Regelmäßige Arbeiten:
Bestimmung der Nitrat-Konzentration alle vier Wochen

Was tun, wenn die Nitrat-Konzentration die Grenzwerte überschreitet?
- Senken der Nitrat-Konzentration durch Teilwasserwechsel (siehe Seite 85 ff.)
- Überprüfen der (aeroben) Filterung. Ggf. Abschalten des Tropf- bzw. Rieselfilters (siehe Seite 61 ff.).
- Um die Nitrat-Konzentration zu senken, kann auch ein Denitrifikationsfilter eingesetzt werden (siehe Seite 63 ff.).

Was tun, wenn die Nitrat-Konzentration zu niedrig ist? Die Nitrat-Konzentration kann in Meerwasseraquarien **nicht** zu niedrig sein.

Das Endprodukt der Nitrifikation ist also Nitrat. Kann dieses nicht ausreichend abgebaut werden, kommt es unweigerlich zu einer Anreicherung im Aquarienwasser, mit allen eben beschriebenen negativen Folgen. Glücklicherweise wird gerade in Riffaquarien Nitrat über zwei Prozesse abgebaut, die man Dissimilation und Assimilation nennt. In reinen Fischaquarien sind diese Prozesse häufig gestört, wodurch man die Nitratanreicherung erklären kann.

---

im Detail

Unter Assimilation versteht man die Aufnahme von Nitrat, z. B. durch Algen. Diesen Vorgang macht man sich in den Algenfiltern zunutze, um die Nitrat-Konzentration des Aquarienwassers zu verringern (siehe Seite 70). Die Dissimilation ist dagegen der bakterielle Abbau des Nitrats, an dem unterschiedliche Bakterienarten beteiligt sind (siehe Seite 63 ff.). Endet der Abbau bei den Gasen Distickstoffoxid (N_2O) oder Stickstoff (N_2), spricht man von Denitrifikation, endet der Prozess dagegen bei Nitrit und weitergehend bei Ammoniak/Ammonium, spricht man von Nitratreduktion.

Technische Grundausstattung der Meerwasser-Aquariums

```
Nitrat ──┬── Assimilation ──────────────────→ Nitrataufnahme (Algen)
         ├── Dissimilation (Denitrifikation) → Umsetzung in Distickstoffoxid
         ├── Dissimilation (Denitrifikation) → Umsetzung in Stickstoff
         └── Nitratreduktion ──────────────→ Nitrit → Ammoniak/Ammonium
```

Schema der Umsetzung des Nitrats über die Nitrataufnahme (Assimilation) oder den Nitratabbau (Dissimilation, Nitratreduktion)

Eine Nitratreduktion (Endprodukt Ammoniak/Ammonium) wird glücklicherweise in Aquarien nur sehr selten beobachtet. Ansonsten hätte man einen Teufelskreis in Gang gesetzt, bei dem die giftigen Stickstoffverbindungen Nitrit und Ammoniak/Ammonium nicht aus dem System entfernt werden, sondern sich anreichern.

Die Denitrifikation (Endprodukte Distickstoffoxid oder Stickstoff) findet dagegen in fast allen Meerwasseraquarien statt. Grundvoraussetzung hierfür ist ein anaerobes Milieu. Dabei bedeutet „anaerob" sauerstoffarm. Die Bakterien, die die Denitrifikation durchführen, haben nämlich die Fähigkeit entwickelt, den für die Lebenserhaltung und das Wachstum notwendigen Sauerstoff aus Nitrat und Nitrit zu gewinnen. Sie können damit unabhängig vom im Wasser gelösten Sauerstoff überleben. Vielmehr hemmt dieser Sauerstoff sogar die Denitrifikation. Somit findet die Nitratumsetzung zum Stickstoff ausschließlich in sauerstoffarmen Bereichen des Aquariums statt. Die genannten Bakterien leben natürlicherweise z. B. im Inneren des Dekorationsmaterials, in den Lebenden Steinen oder in bestimmten Bereichen des Bodengrundes. Auch gibt es Filtersysteme (so genannte Denitrifikationsfilter), die speziell für den Nitratabbau entwickelt wurden (siehe Seite 63 ff.). In den meisten Meerwasseraquarien werden solche Denitrifikationsfilter allerdings nicht benötigt. Die biologische Filterwirkung der Dekoration in Verbindung mit einem effektiven Abschäumer und dem regelmäßigen Teilwasserwechsel gewährleistet eine ausreichend niedrige Nährstoffkonzentration.

Der Phosphorkreislauf

Mit Phosphor und seinen Verbindungen verhält es sich wie mit zahlreichen anderen Substanzen und Elementen in der Natur: Einerseits sind sie von enormer Bedeutung für alle Prozesse des Lebens, andererseits können sie ab einer bestimmten Konzentration schädlich oder sogar toxisch sein. Phosphor (chemisches Symbol: P) ist z. B. als zentrales Element des Erbmaterials (DNS) einer der unersetzlichen Bausteine des Lebens. Phosphat (chemische Zusammensetzung PO_4^{3-}) ist essenzieller Nährstoff für Pflanzen und Algen. Bei Überdüngung (Eutrophierung) von Gewässern kann Phosphat in hohen Konzentrationen aber auch zu einem vermehrten Algenwuchs und daraus resultierend zum „Kippen" der Gewässer führen.

> Verbindungen, die Phosphor enthalten, findet man im Meerwasser in gelöster und partikulärer Form (MILLERO 1996). Für den Riffaquarianer ist in erster Linie das gelöste Phosphat von Bedeutung, obwohl man die partikulären Verbindungen z. B. als Nährstoff für Algen und Bakterien nicht vernachlässigen darf. Sie werden in der Fachliteratur als POP bezeichnet (POP = particulate organic phosphate = an Partikel gebundenes organisches Phosphat).
>
> Die gelösten Phosphorverbindungen kann man wiederum in anorganische und organische Substanzen unterteilen, je nachdem, ob das Phosphoratom an Kohlenstoffverbindungen (organisch) gekoppelt ist oder nicht (anorganisch). Die Ersteren, zu denen z. B. Phospholipide, Phosphonukleotide und Phospho-Zuckerverbindungen zählen, werden in der Fachsprache DOP genannt (dissolved organic phosphate = gelöstes organisches Phosphat). Über das Schicksal dieser Verbindungen im Meerwasser (z. B. Recycling oder Umsatz etc.) ist zurzeit allerdings nur recht wenig bekannt, sie sollen daher an dieser Stelle nicht weiter betrachtet werden.

Im Detail

Die gelösten anorganischen Phosphate, die in der Fachsprache als DIP (= dissolved inorganic phophate = gelöstes anorganisches Phosphat) bezeichnet werden, sind die wichtigsten Phosphorverbindungen für den Meerwasseraquarianer. Sie bestehen vollständig aus den Zersetzungsprodukten der Phosphorsäure (H_3PO_4). In der wissenschaftlichen und aquaristischen Literatur gibt es zahlreiche Angaben über die Phosphat-Konzentration im natürlichen Meerwasser. Die publizierten Werte decken dabei einen Bereich von 3–580 µg/l ab. Die meisten davon sind jedoch für die Meerwasseraquaristik wenig aussagekräftig, da sie Mittelwerte über die verschiedensten Lebensräume darstellen und nicht spezifisch für Korallenriffe sind. Die für uns Aquarianer interessantesten Angaben findet man bei Sorokin (1995). Er listet für anorganisches Phosphat folgende Konzentrationen auf: Oberflächenwasser in tropischen Bereichen 38–580 µg/l, in den Lagunen verschmutzter Riffe 15,2–129,2 µg/l, in den Lagunen von Atollen 2,9–76 µg/l, in den Lagunen von Barriereriffen 1,9–66,5 µg/l und in den Riffen von Ost- und Westaustralien 2,9–171 µg/l. Ergänzen kann man diese Daten von Sorokin durch Werte, die von D'Elia & Wiebe (1990) publiziert wurden. Als mittlere anorganische Phosphat-Konzentration geben sie für zahlreiche Riffgebiete einen Wert von weniger als 38 µg/l an.

Aus Feldstudien kann man rückschließen, dass die Phosphat-Konzentration in den für uns Aquarianer interessanten Korallenriffbiotopen unter 100 µg/l liegt. Diesen Grenzwert sollte man meines Erachtens auch im Aquarium nicht überschreiten. Was passiert aber nun, wenn die Phosphat-Konzentration höher steigt? Dies ist sicherlich vom jeweiligen Aquarientyp abhängig. Ich kenne reine Fischaquarien, die eine Phosphat-Konzentration von mehr als 5 mg/l aufweisen und in denen die Fische dennoch keine gesundheitlichen Beeinträchtigungen zeigen. Auch Aquarien mit Lederkorallen werden sicherlich eine leicht erhöhte Phosphat-Konzentration vertragen können, ohne dass ich hierzu konkrete Angaben machen kann. Anders gestaltet sich die Situation dagegen bei Riffaquarien mit Steinkorallenbesatz. Hier kann man die Korallen nach meinen Erfahrungen in verschiedene Klassen einteilen (Brockmann 2006b):
1. Steinkorallen, die gegen hohe Phosphat-Konzentrationen sehr empfindlich reagieren und dann recht schnell absterben (z. B. *Acropora*-Steinkorallen aus der *A.-gemmifera*-Gruppe)
2. Steinkorallen, die weniger empfindlich sind (*Acropora*-Steinkorallen aus der *A.-formosa*-Gruppe und der *A.-prostata*-Gruppe, *Seriatopora hystrix* aus der Familie Pocilloporidae); bei diesen Korallen sterben zwar z. T. Bereiche des Gewebes ab, doch kann sich die Koralle regenerieren, wenn man die Phosphat-Konzentration schnell absenkt.
3. Korallen, denen ein kurzer, pulsartiger Phosphat-Anstieg nichts auszumachen scheint. Hierzu gehörten z. B. *Turbinaria* spp., *Mycedium* spp., *Pocillopora damicornis* und *Favia* spp. Auch Weichkorallen (*Sinularia* spp. und *Xenia* spp.) wurden nicht geschädigt.

Wichtig ist bei diesen Beobachtungen anzumerken, dass es sich um eine pulsartige Veränderung der Phosphat-Konzentration handelte, also einen schnellen Anstieg gefolgt von einem schnellen Abfall, was nicht länger als vier Wochen dauerte. Differenzierter können dagegen die Auswirkungen auf Korallen sein, wenn die Phosphat-Konzentration langsam ansteigt und über einen längeren Zeitraum bei erhöhter Konzentration verbleibt. Hierzu wurden bereits 2001 von Koop et al. sehr interessante Ergebnisse aus Freilandexperimenten publiziert. Die Autoren erhöhen im One-Tree-Island-Riff (ein Korallenriff im südlichen Teil des Großen Barriereriffes, Australien) die Phosphat-Ausgangskonzentration von 47 µg/l zunächst für ein Jahr auf 219 µg/l und beobachteten während dieses Zeitraums die Auswirkungen u. a. auf die Steinkorallen *Acropora aspera*, *A. longicyathus* und *Pocillopora damicornis*. In diesem ersten Experiment ergab sich im Vergleich zu Kontrollgruppen keine erhöhte Sterblichkeit bei den eben genannten Korallen, allerdings wurde die Fortpflanzung der Korallen gehemmt. Bei *A. longicyathus* nahm die Befruchtungsrate ab, und sowohl *A. aspera* und *A. longicyathus* entwickelten weniger Embryonen. Vergleichbare Ergebnisse erhielten die Autoren übrigens bei erhöhten Ammonium/Nitrat-Konzentrationen. Erhöhten die Wissenschaftler im weiteren Verlauf des Experiments die Phosphat-Konzentration für ein weiteres Jahr auf 484 µg/l, beobachteten sie nun zusätzlich eine deutlich

Gerade kleinpolypige Steinkorallen, hier *Acropora* sp., vertragen keine hohen Phosphat-Konzentrationen. Will man bei ihrer Pflege Erfolg haben, sollte die Phosphat-Konzentration 0,1 mg/l nicht überschreiten.

erhöhte Sterblichkeitsrate, insbesondere bei *Pocillopora damicornis*, und paradoxerweise einen Anstieg der Kalzifizierungsrate bei Steinkorallen, der mit einer Verminderung der Skelettdichte und damit einer erhöhten Brüchigkeit der Korallen einherging. An dieser Stelle muss man noch betonen, dass in der beschriebenen Versuchsreihe die Phosphat-Konzentration zweimal täglich pulsartig erhöht wurde. Diese pulsartige Erhöhung führte dazu, dass die Phosphat-Konzentration im ersten Experiment nach Setzen des Pulses auf 219 µg/l anstieg, um dann im Verlaufe des Tages bis zur Gabe des zweiten Pulses auf 47 µg/l abzusinken. Im zweiten Experiment betrugen die entsprechenden Grenzwerte 484 µg/l und 228 µg/l. Fasst man diese Beobachtungen nun zusammen, kann man eindeutig schließen, dass schon eine Erhöhung der Phosphat-Konzentration auf 220 µg/l Auswirkungen auf Steinkorallen hat. Die Auswirkungen sind abhängig von der einzelnen Art, der tatsächlichen Höhe der Phosphat-Konzentration und der Art und Weise, wie die Phosphat-Konzentration ansteigt. Die Ergebnisse von KOOP et al. (2001) lassen zudem die Spekulation zu, dass die in vielen Riffaquarien leicht erhöhte Phosphat-Konzentration (und/oder Stickstoff-Konzentration) vielleicht auch dafür verantwortlich sein könnte, dass sich Steinkorallen dort nicht geschlechtlich vermehren.

Interessant in den Experimenten von KOOP et al. (2001) ist die Beobachtung, dass sich Kalzifizierungsrate und Skelettdichte bei erhöhten Phosphat-Konzentrationen ändern. Dieses Ergebnis steht in Übereinstimmung mit einer Hypothese von SIMKISS aus dem Jahr 1964, nach der das Phosphat ein Kristallisationsgift und damit ein potenter Hemmer der Kalzifizierung ist. SIMKISS mutmaßt, eine der Aufgaben der Zooxanthellen sei es, die Phosphat-Konzentration in der unmittelbaren Umgebung der Korallen zu senken, um eine geregelte Kalzifizierung zu ermöglichen. Diese Theorie kann jedoch nicht erklären, warum bestimmte Korallenarten bei einem sprunghaften Anstieg der Phosphat-Konzentration großflächig absterben. Hierfür müssen andere Mechanismen verantwortlich sein.

Es stellt sich nun die Frage nach den wichtigsten Quellen für Phosphat in der Meerwasseraquaristik. Aus rein pragmatischen Gesichtspunkten kann man zwischen solchen Quellen unterscheiden, die im Aquarium dauerhaft vorhanden sind, und solchen, die dem System von außen zugefügt werden (BROCKMANN 2006a). Erstere stellen den gesamten Stoffumsatz im Aquarium dar. Bakterielle Abbautätigkeiten, Ausscheidungen der Fische und Wirbellosen, absterbende Organismen und Algen, all dies sind Phosphatquellen, die vom Aquarianer kaum zu kontrollieren und manipulieren sind, es sei denn, er reduziert den Besatz und damit die Fütterung der Fische und Wirbellosen.

Die Menge des von außen dem System zugefügten Phosphats ist deutlich größer als der interne Umsatz, jedoch kontrollierbar und manipulierbar. Äußere Phosphatquellen sind z. B. das Nachfüllwasser, das Futter für die Fische und Wirbellosen und neu mit Korallenkies bestückte Kalkreaktoren. Nimmt man als Nachfüllwasser für das verdunstete Volumen unbehandeltes Leitungswasser, so wird man – je nach Wohnort – mehr oder weniger Phosphat regelmäßig in sein Aquarium geben.

> **Im Detail**
>
> Ein Beispiel soll verdeutlichen, wie durch Nachfüllen mit unbehandeltem Leitungswasser Phosphat ins Aquarium eingetragen werden kann. Im Jahre 2000 betrug die mittlere Phosphat-Konzentration des Leitungswassers an meinem damaligen Wohnort 0,23 mg/l (gesetzlich zugelassen waren nach TVO 1990 6,7 mg/l). Geht man davon aus, dass täglich 5 l Nachfüllwasser in das Aquarium gegeben werden, beträgt die absolute Phosphatmenge, die täglich in das Aquarium gelangt, 1,15 mg. Durch den Verdünnungseffekt führt dies in einem 500-l-Aquarium zu einem täglichen Phosphatanstieg von 2,3 µg/l. Das sieht auf den ersten Blick sehr wenig aus. Hätte man allerdings keinen Phosphataustrag (was glücklicherweise niemals der Fall ist), würde das aber langsam und unweigerlich zu einem Phosphatanstieg in gefährliche Konzentrationen führen.

Es ist klar, dass die Phosphat-Konzentration des Leitungswassers je nach Wohnort und Belastung durch Industrieabwässer, landwirtschaftliche Nutzung oder auch Bodenbeschaffenheit variiert. Um die Phosphat-Konzentration seines Ausgangswassers und des Aquarienwassers zu bestimmen, kann man auf die im Aquaristikhandel angebotenen Messreagenzien zurückgreifen. Es gilt nur darauf zu achten, Reagenzien mit geeignetem Messbereich zu kaufen. Phosphat-Konzentrationen unterhalb von 0,1 mg/l sollten noch nachweisbar sein.

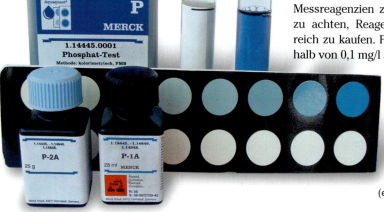

Die Phosphatkonzentration sollte insbesondere in Riffaquarien regelmäßig überprüft werden. Hierbei gilt es darauf zu achten, Reagenzien mit geeignetem Messbereich zu kaufen. Phosphat-Konzentrationen unterhalb von 0,1 mg/l sollten noch nachweisbar sein. Im linken Reagenzglas ist kein Phosphat nachweisbar, im rechten eine hohe Phosphat-Konzentration (erkenntlich an der dunkelblauen Farbe).

Eine sehr große Phosphatquelle ist Frostfutter. Beim Auftauen werden enorme Phosphatmengen freigesetzt, wie in der Abbildung unten dargestellt ist. In dem gezeigten Experiment wurden handelsübliche Frostfuttersorten aufgetaut, anschließend wurde im abgetropften Auftauwasser die Phosphat-Konzentration bestimmt. Im Fall des *Artemia*-Frostfutters lag sie bei 1.000 mg/l, bei *Mysis* immerhin noch knapp über 400 mg/l.

Frostfutter spülen
Wird Frostfutter unaufgetaut zur Fütterung der Fische in das Aquarium gegeben, kommt es schnell zu einer Phosphatanreicherung. Durch kräftiges Spülen des Futters mit Süßwasser kann man dies aber leicht verhindern.

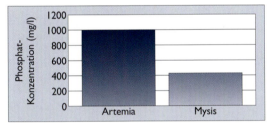

Phosphat-Konzentration (in mg/l) im Auftauwasser von Tiefkühlfutter: Handelsübliches Frostfutter (*Mysis* ca. 2 g, Artemien 3–4 g) wurde bei Raumtemperatur aufgetaut, um anschließend in einigen Millilitern Auftauwasser die Phosphat-Konzentration zu bestimmen. Der dunkelblaue Balken repräsentiert das Auftauwasser der Artemien, der hellblaue das der *Mysis*.

An dieser Stelle muss auch der Kalkreaktor, der in Riffaquarien zum Nachdosieren von Kalzium und Karbonaten verwendet wird (siehe Seite 96 ff.), als kurzzeitige Phosphatquelle angesprochen werden. Sein Füllsubstrat besteht häufig aus Korallenmaterial. Darin sind Phosphate eingelagert, die durch Zugabe von Kohlensäure freigesetzt werden. Wird ein Kalkreaktor also zum ersten Mal eingeschaltet oder mit neuem Füllmaterial bestückt, kann es – nach Anstellen der Kohlendioxid-Dosierung – anfänglich über mehrere Tage zu einer Freisetzung von Phosphat kommen. Dieses Phosphat gelangt dann mit dem Wasser des Kalkreaktors ins Aquarium und führt hier zu problematischen Konzentrationen mit allen weiter oben beschriebenen Konsequenzen. Bei Neubestückung oder Erstgebrauch eines Kalkreaktors ist es also wichtig, in den ersten Tagen regelmäßig die Phosphat-Konzentration des Auslaufwassers zu bestimmen. Überschreitet sie 0,2–0,3 mg/l, muss der Reaktor vom Aquariensystem abgekoppelt und sollte unter Kohlendioxid-Zufuhr so lange mit Süßwasser gespült werden (das Auslaufwasser darf nicht in das Aquarium gelangen!), bis die Konzentration des Phosphats deutlich gesunken ist. Zum Spülen, was in Abhängigkeit von der Qualität des Füllmaterials mehrere Tage dauern kann, lasse ich das Süßwasser von einem Eimer aus in den Reaktor fließen; das Auslaufwasser, das den Kalkreaktor tropfenweise verlässt, wird weggeschüttet. Bei einer Bestückung mit „künstlichen" Materialien aus Kalziumkarbonat tritt diese Phosphat-Anreicherung in der Regel nicht auf.

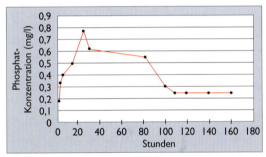

Freisetzung von Phosphat aus Korallenkies: ein Kalkreaktor wurde mit 1,2 kg Korallenkies einer Körnung von durchschnittlich 10 mm gefüllt. Anschließend wurde Kohlendioxid (55 Blasen pro Minute) in den Kalkreaktor eingeleitet und zu den angegebenen Zeiten die Phosphat-Konzentration im Auslaufwasser gemessen. Der Wasserdurchfluss durch den Kalkreaktor betrug 67 Tropfen pro Minute.

Phosphat: das Wichtigste auf einen Blick
Maximale Phosphat-Konzentration:
• in Steinkorallen-Aquarien unter 0,1 mg/l
• in Fischaquarien und Aquarien mit Leder- und Weichkorallen darf sie leicht erhöht sein

Regelmäßige Arbeiten:
Bestimmung der Phosphat-Konzentration alle vier Wochen. Es ist auf die Verwendung des richtigen Tests zu achten, der noch Konzentrationen unterhalb 0,1 mg/l nachweist.

Was tun, wenn die Phosphat-Konzentration die Grenzwerte überschreitet?
• Einsatz eines Phosphat-Adsorbers (siehe Seite 58)
• Ursachenanalyse (ggf. falsche Aufbereitung des Frostfutters oder Neubestückung eines Kalkreaktors)

Filter für das Meerwasseraquarium

Dass Aquarienwasser durch eine Filterung aufbereitet werden muss, steht nach den eben kurz beschriebenen Stickstoff- und Phosphorkreisläufen außer Frage. Die Art der Filterung ist jedoch nach wie vor ein kontrovers diskutiertes Thema unter erfahrenen Meerwasseraquarianern. Prinzipiell gibt es zwei Filtertypen mit unterschiedlichen Wirkprinzipien: 1. mechanisch/physikalische Filter und 2. biologische Filter. Mechanische Filter entfernen organische Substanzen aus dem Wasserkreislauf, bevor sie bakteriell in Nitrat und Phosphat umgesetzt werden, oder sie nehmen anorganische Nährstoffe (z .B. Phosphat) aus dem System heraus – ohne weitere biologische Umsetzungen. Dazu gehören z. B. Abschäumer oder phosphatadsorbierende Materialien. Bei der biologischen Filterung dagegen werden organische Substanzen in andere umgebaut, die je nach technischer Ausstattung des Aquariums in der einen oder anderen Form im System verbleiben können. Beispiele für die biologische Filterung sind Rieselfilter, Algenfilter, Denitrifikationsfilter, Deep-Sand-Bed oder auch das Jaubert-System. Beide Filtertypen haben ihre Vor- und Nachteile, aber beide führen unter Einhaltung bestimmter Voraussetzungen zum gewünschten Erfolg in der Pflege von Fischen und Wirbellosen. Daneben kommt nach wie vor der Teilwasserwechsel zur Anwendung, der ebenfalls zu einer Schadstoffverminderung führt, aber auch noch andere Vorteile aufweist. Der Teilwasserwechsel wird auf Seite 85 ff. vorgestellt.

Angereicherte Schmutzstoffe (Adsorbat) im Auffangbehälter eines Abschäumers.

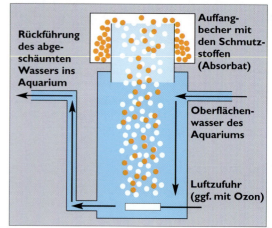

Schematischer Aufbau und Funktionsweise eines Gegenstromabschäumers. Die Luftblasen sind als weiße Punkte gekennzeichnet, organische Partikel als orange Punkte. Die Fließrichtung des Wassers ist durch Pfeile angezeigt.

Die physikalische Filterung

Der Abschäumer

Ein Abschäumer entfernt organische Substanzen aus dem Aquarienwasser, bevor sie durch Bakterien in die anorganischen Nährstoffe Nitrat und Phosphat umgesetzt werden. Die Funktionsweise des Abschäumers ist schnell erklärt: In einem Kontaktrohr werden Wasser und Luft kräftig gemischt. An die Luftblasen lagern sich die im Wasser gelösten organischen Substanzen (Eiweißmoleküle) aufgrund elektrostatischer Wechselwirkungen an. Es kommt zur Schaumbildung an der Oberfläche des Kontaktrohres. Dabei entstehen zwei Arten von Schaum: Der Normalschaum im unteren Bereich besteht aus kleinen, einheitlich großen und sich schnell auflösenden Blasen. Oberhalb des Normalschaums entsteht ein bräunlicher Schaum – der Erweißschaum. Er enthält diejenigen Substanzen, die aus dem Aquariensystem entfernt werden sollen. Aufgrund des nachdrängenden Normalschaums wird der Eiweißschaum immer weiter nach oben gedrückt, bis er schließlich in ein Auffanggefäß gelangt. Hier fällt er zusammen und bildet eine dicke, dunkelbraune Flüssigkeit, die man Adsorbat nennt und die in hochkonzentrierter Form aus den organischen Verunreinigungen des Aquarienwassers besteht. Das Adsorbat darf niemals zurück in das Aquarium gelangen. Ein positiver Nebeneffekt des Abschäumers ist die Anreicherung des Aquarienwassers mit Sauerstoff.

Je nach Herstellung des Luft-Wasser-Gemisches unterscheidet man mehrere Abschäumertypen. Standard in der Riffaquaristik ist nach wie vor der Gegenstrom-Abschäumer (siehe Schemazeichnung links). In diesem Typ gelangt das Wasser von oben in ein Kontaktrohr, während die Luft z. B. durch einen Ausströmer aus Lindenholz im unteren Ende des Kontaktrohres eingespeist wird.

Kurz angesprochen werden sollen außerdem der Venturi-Abschäumer, der Nadelradabschäumer und der Rotationsabschäumer.

Der Venturi-Abschäumer

Dieser Abschäumertyp besitzt eine bestimmte Art von Düse zur Herstellung des Luft-Wasser-Gemisches. Das Aquarienwasser wird mit Hilfe einer starken Pumpe durch diese Düse gedrückt. Dabei entsteht an einem Engpass der Düse ein Unterdruck, durch den Raumluft über ein Rückschlagventil in das Wasser gezogen wird. Aquarienwasser und Luft werden stark verwirbelt, es kommt zu dem weiter oben beschriebenen Abschäumeffekt.

Der Nadelradabschäumer

Nadelradabschäumer werden ebenfalls mit einer Pumpe betrieben. Allerdings ist bei diesen Pumpen das normale Schaufelrad gegen ein so genanntes Nadelrad ausgetauscht, das zahlreiche nebeneinander angeordnete „Stifte" besitzt. Durch die Rotation des Nadelrads entsteht ein leichter Unterdruck, der über ein Rückschlagventil Raumluft in die Pumpe zieht. Das Nadelrad zerschlägt nun diese Luft, es kommt zu einem Luft-Wasser-Gemisch mit sehr feinen Luftblasen. Je nach Größe des Nadelradabschäumers wird allerdings eine zweite Pumpe benötigt, um das Wasser in den Reaktorraum zu fördern.

Der Rotationsabschäumer

Im Gegensatz zu den bisher beschriebenen Modellen haben Rotationsabschäumer nur ein sehr kurzes Kontaktrohr. Die für eine effektive Abschäumung benötigte Kontaktzeit zwischen Wasser und Luft wird dadurch gewonnen, dass der Wasserstrahl durch eine Düse in kreisförmigen Wirbeln durch das Kontaktrohr gedrückt wird. Hierzu wird eine leistungsstarke Rotationspumpe benötigt. Die Luft gelangt wiederum durch eine Düse in den Abschäumer, die dafür sorgt, dass ein feinperliges Luft-Wasser-Gemisch entsteht.

Ein Abschäumer ist meines Erachtens ein Muss für jeden Einsteiger in die Meerwasseraquaristik – unabhängig vom jeweiligen Aquarientyp. Er ist das einzige Filtersystem, das organische Substanzen aus dem Wasser entfernt, bevor sie biologisch umgesetzt werden können. Dies ist unbestritten der große Vorteil des Abschäumers und sicherlich dafür verantwortlich, dass er sich als Hauptfiltersystem in der Meerwasseraquaristik durchgesetzt hat. Für welchen Abschäumertyp man sich nun letztendlich aber entscheidet, ist von verschiedenen Faktoren abhängig, u. a. vom verfügbaren Platz. Leistungsstark sind sie alle, und alle sorgen dafür, dass man im Endeffekt das gewünschte nährstoffarme Wasser erhält.

Abschäumer: das Wichtigste auf einen Blick

Funktion:
Entfernen organischer Substanzen aus dem Aquarienwasser, bevor sie biologisch in anorganische Nährstoffe umgesetzt werden können

Anwendungsbereich:
Wesentliches Filterelement für alle Aquarientypen

Regelmäßige Arbeiten:
Wöchentliches Entfernen des Adsorbats und Reinigen des oberen Bereiches des Kontaktrohres. Je nach verwendetem Abschäumertyp: Bei Rückgang der Schaumbildung oder Verminderung der Luftleistung müssen der Abschäumer gereinigt und/oder die Ausströmersteine gewechselt werden.

Was tun, wenn keine Schaumbildung auftritt?
- Luftleistung, Wasserzufuhr und Einstellungen des Abschäumers gemäß Beschreibung des Herstellers überprüfen. Frisch angesetztes Meerwasser zeigt keine Schaumbildung, gereinigte Abschäumer benötigen ebenfalls einige Stunden, bis sie wieder mit der Schaumbildung beginnen.
- Wenn das Adsorbat zu dünnflüssig ist, muss die Luftzufuhr gedrosselt werden.
- Nach der Fütterung mit Muschelfleisch und anderen Tiefkühlfuttersorten ist häufig ein Zusammenbrechen der Schaumbildung zu beobachten. Dies ist normal, die Schaumbildung wird nach einigen Stunden wieder beginnen.

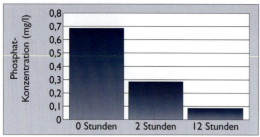

Ausfällung von Phosphat aus Meerwasser durch Kalkwasser: Meerwasser mit einer Ausgangsphosphat-Konzentration von 680 µg/l wurde mit Kalkwasser versetzt und die Phosphat-Konzentration zu den angegebenen Zeitpunkten bestimmt.

Die physikalische Phosphat-Entfernung

Die Schädlichkeit hoher Phosphat-Konzentrationen in Wirbellosenaquarien wurde schon auf Seite 52 beschrieben. Misst man also hohe Phosphat-Konzentrationen in seinem Aquarium, muss man geeignete Methoden anwenden, um sie wieder zu reduzieren. Das älteste routinemäßig von Riffaquarianern angewendete Verfahren ist sicherlich der Einsatz von Kalkwasser (siehe Seite 92 ff.).

Im Detail Wie in der Abbildung oben gezeigt ist, fällt Kalziumhydroxid, die Ausgangssubstanz für das Kalkwasser, Phosphate aus dem Meerwasser aus. Im dargestellten Experiment wurde Meerwasser mit einer Ausgangs-Phosphat-Konzentration von 680 µg/l mit Kalkwasser versetzt. Schon zwei Stunden später betrug die Phosphat-Konzentration nur noch 280 µg/l, weitere zehn Stunden später lediglich 80 µg/l.

Allerdings muss uns klar sein, dass im Aquarium das Kalkwasser nur im geringen Maß Phosphate ausfällt, denn die Ausfällung ist unmittelbar von der Menge an Kalkwasser abhängig, die man täglich in sein Aquarium geben kann.

Die effektivste Methode, um Phosphat aus dem Aquarienwasser zu entfernen, sind so genannte Phosphat-Adsorber (hier RowaPhos der Firma Rowa). Richtig angewendet (siehe Text rechts), kann die Phosphat-Konzentration in kürzester Zeit drastisch gesenkt werden.

Und die ist ja aus verschiedenen Gründen limitiert. Weiterhin entsteht das Problem, dass das Kalkwasser zwar Phosphat ausfällt, dieses aber als Depot in der Dekoration und im Bodengrund verbleibt. Es wird also nicht aus dem System entfernt, sondern steht verschiedenen Algen, die in der Lage sind, die ausgefällten Phosphate zu lösen, als Nährstoff weiterhin zur Verfügung. Diese Tatsache könnte eine Erklärung dafür sein, warum in einigen mit Kalkwasser betriebenen Aquarien Algenplagen auftreten, obwohl in der Wassersäule nur niedrige Nährstoffkonzentrationen (Phosphat und Nitrat) zu messen sind.

Die effektivste Methode, Phosphat aus dem Kreislauf zu entfernen, sind die so genannten Phosphatadsorber. Sie dienen als Bindemittel, an denen sich das Phosphat anlagert. Durch die Adsorber wird das Phosphat – vergleichbar zum Kalkwasser - aus dem Wasserkreislauf entfernt. Im Gegensatz zum Kalkwasser schlägt sich das Phosphat aber nicht in der Dekoration und dem Bodengrund nieder, sondern ist an dem Adsorber „gefangen". Es steht damit den Algen im Aquarium nicht zur Verfügung.

Im Detail Wie groß die Effizienz solcher Adsorber ist, zeigt zeigt die Abbildung auf Seite 59. Ein 800-l-Aquarium, das eine Phosphat-Konzentration von 1,9 mg/l aufwies, wurde mit ca. 100 ml Phosphatadsorber (RowaPhos) behandelt. Der Phosphatadsorber wurde dazu in einem Säckchen in einen motorbetriebenen Außenfilter eingebracht, damit das Aquarienwasser das Material effizient umspülen konnte. Innerhalb nur eines Tages sank die Phosphat-Konzentration des Aquarienwassers auf weniger als die Hälfte, nach einer Woche lag sie bei einem zumindest für einen kurzen Zeitraum tolerierbaren Wert von 0,25 mg/l. Nach 16 Tagen war die Phosphat-Konzentration so weit gesenkt, dass für Steinkorallen keine unmittelbare Gefahr mehr bestand.

Entscheidend ist bei dieser Methode die richtige Anwendung des Phosphatadsorbers. Das Aquarienwasser muss über das Adsorbermaterial fließen, damit es effizient arbeiten kann. Dabei kann die Menge an Phosphatadsorber durchaus gering sein, wie obiges Beispiel zeigt. Beutel mit Adsorber, die einfach in das Aquarienwasser hineingehängt werden, zeigen praktisch keine Wirkung. Sie führen nur sehr langsam, wenn überhaupt, zu einer Verminderung der Phosphat-Konzentration. Einen Richtwert, wie häufig solche Adsorber ausgetauscht werden sollen, gibt es nicht. Hier hilft nur das regelmäßige Messen der Phosphat-Konzentration. Sollte sie ansteigen, ist die Adsorptionsfähigkeit des Materials erschöpft, und es sollte ausgetauscht werden.

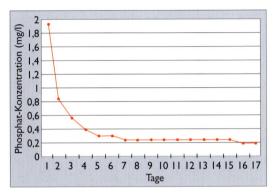

Entfernung von Phosphat aus dem Meerwasser durch Phosphat-Absorber: Ein 800-l-Aquarium mit einer Phosphat-Konzentration von 1,9 mg/l wurde mit ca. 100 ml RowaPhos-Phosphat-Adsorber behandelt. Zu den angegebenen Zeitpunkten wurde die Phosphat-Konzentration bestimmt.

Physikalische Phosphatentfernung: das Wichtigste auf einen Blick

Funktion:
Phosphatentfernung

Anwendungsbereich:
alle Aquarientypen

Maximale Phosphat-Konzentration:
• In Steinkorallenaquarien unter 0,1 mg/l
• In Fischaquarien und Aquarien mit Leder- und Weichkorallen kann sie leicht erhöht sein.

Regelmäßige Arbeiten:
Bestimmung der Phosphat-Konzentration alle vier Wochen (es ist auf die Verwendung des richtigen Testes zu achten, der auch Konzentrationen unterhalb 0,1 mg/l nachweist).

Was tun, wenn die Phosphat-Konzentration die Grenzwerte überschreitet?
• Einsatz eines Phosphat-Adsorbers (siehe Seite 58). Dabei ist auf die richtige Anwendung des Adsorbermaterials zu achten.
• Ursachenanalyse (ggf. falsche Aufbereitung des Frostfutters oder Neubestückung eines Kalkreaktors)

Aktivkohlefilterung

Mit zunehmender Laufzeit reichert sich das Aquarienwasser mit Substanzen organischen Ursprungs an, die nur schwierig abzuschäumen sind. Hierzu zählen z. B. die Gelbstoffe, die das Aquarienwasser – wie der Name schon sagt – gelblich einfärben. Dies hat zur Folge, dass sich für die Tiere sowohl die zur Verfügung stehende Lichtqualität als auch die Lichtquantität zum Negativen verändern. Außerdem verschlechtert sich für den Betrachter der optische Gesamteindruck, denn das Aquarienwasser erhält eine einheitlich bräunliche Färbung.

> Ausgangsverbindungen der Gelbstoffe sind z. B. Phenole, die von Algen in das Wasser abgegeben werden. Hier wandeln sie sich in Polyphenole um, die mit anderen Substanzen (u. a. Kohlenhydrate und stickstoffhaltige Verbindungen, die sowohl von Algen als auch Tieren in das Wasser freigesetzt werden) zu Gelbstoffen reagieren (SPOTTE 1979).

Die einfachste Methode, diese Gelbstoffe zu entfernen, ist die Aktivkohlefilterung. Alternativ kann auch Ozon angewendet werden. (siehe Seite 76 ff.). Für die Aktivkohlefilterung bringt man eine geringe Menge an Aktivkohle in das Filtersystem ein und leitet das Aquarienwasser darüber. Die organischen Substanzen lagern sich dabei physikalisch an die Aktivkohle an und werden aus dem Aquarienwasser entfernt. Es wird wieder farblos und sehr klar.

Die Menge an Aktivkohle, die eingesetzt werden muss, hängt natürlich von der Beckengröße und der Belastung des Aquarienwassers ab. Sie sollte jedoch so gering wie möglich sein. In meinem 840-l-Korallenriffaquarium verwende ich 100–150 g. Die Qualität der Aktivkohle muss sehr hochwertig sein, sie sollte neutral reagieren und keine Phosphate an das Aquarienwasser abgeben.

Aktivkohle ist ein gutes Mittel, um das Aquarienwasser klar zu halten und die Anreicherung von Gelbstoffen zu verhindern.

Manche Weichkorallenarten wie diese *Xenia* sp. reagieren sehr empfindlich auf den Einsatz großer Mengen Aktivkohle. Aktivkohle sollte daher nur in Maßen verwendet werden (siehe Text Seite 59 ff.).

Der Einsatz bzw. Austausch sehr großer Mengen an Aktivkohle ist unbedingt zu vermeiden. Qualitativ hochwertige Aktivkohlen besitzen eine dermaßen hohe Adsorptionsfähigkeit, dass sie dem Aquarienwasser schlagartig viele organische Verbindungen entziehen. Da sich viele Spurenelemente an diese organischen Verbindungen anlagern, kann es zu einem sprunghaften Mangel an Spurenelementen kommen. Insbesondere *Xenia*-Weichkorallenbestände können bei Einsatz großer Mengen Aktivkohle in kurzer Zeit zusammenbrechen, Steinkorallen können sehr schnell ausbleichen.

Die Aktivkohle muss regelmäßig ausgewechselt werden, da sich ihre Adsorptionsfähigkeit erschöpft. Das Austauschintervall hängt natürlich von der Wasserbelastung mit Gelbstoffen ab. Sie sollte spätestens dann gewechselt werden, wenn sich das Aquarienwasser wieder gelblich einzufärben beginnt. Am besten hält man jedoch einen regelmäßigen Austauschrhythmus von z. B. 6–8 Wochen ein. Wird die Aktivkohle nicht ausgetauscht, funktioniert sie wie ein biologischer Filter, der Eiweiße in Nitrat umwandelt (siehe hierzu Seite 61 ff.).

Effektive Aktivkohlefilterung

Aktivkohle einfach in einem Beutel in den Wasserkreislauf zu hängen – wie es häufig in der Literatur empfohlen wird –, ist extrem ineffektiv. Hierbei werden nur die Gelbstoffe adsorbiert, die durch den Wasserstrom unmittelbar an die Aktivkohlekörner transportiert werden, die sich am äußeren Rand des Beutels befinden. Der Wasserstrom gelangt nicht in das Innere des Beutels. Sehr viel effizienter ist die Aktivkohlefilterung, wenn das Aquarienwasser durch den Beutel strömen muss, etwa in einem motorgetriebenen Außenfilter oder der Filteranlage des Aquariums. Diese Art der Filterung kann sehr gut mit Phosphat-Adsorbern kombiniert werden (58 ff.).

Aktivkohlefilterung: das Wichtigste auf einen Blick

Funktion:
Entfernung von Gelbstoffen aus dem Aquarienwasser

Anwendungsbereich:
jeder Aquarientyp

Menge der Aktivkohle:
abhängig von der Beckengröße und der Belastung des Aquarienwassers (Richtwert 10–20 g auf 100 l Wasser)

Regelmäßige Arbeiten:
Wechseln der Aktivkohle ca. alle 6–8 Wochen

Was tun, wenn nach Einsatz frischer Aktivkohle die Korallen Unwohlsein anzeigen (z. B. Steinkorallen ausbleichen und *Xenia*-Bestände in sich zusammenfallen)?
- sofortiges Abstellen des Aktivkohlefilters
- ggf. Teilwasserwechsel
- ggf. Spurenelemente-Nachdosierung mit kommerziell erhältlichen Präparaten
- wenn sich die Korallenbestände wieder erholt haben, Aktivkohlefilterung mit einer deutlich geringeren Menge an Aktivkohle neu beginnen

Die biologische Filterung

Ziel der biologischen Filterung ist, komplexe organische Substanzen, die im Aquarium durch die Fütterung und andere Prozesse in gelöster Form vorliegen, mit Hilfe von Bakterien oder Algen abzubauen bzw. aus dem Aquariensystem zu entfernen. Dies geschieht in zwei Stufen: in sauerstoffreichen (= aeroben) biologischen Filtern erfolgt der Umsatz bis zum Nitrat, in sauerstoffarmen (= anaeroben) biologischen Filtern, die auch als Denitrifikationsfilter bezeichnet werden, der Umsatz von Nitrat zu Stickstoff, der gasförmig aus dem System verschwindet (siehe auch Seite 46 ff.). Es sei an dieser Stelle angemerkt, dass beide Prozesse nicht nur in Filtern stattfinden, sondern auch in der Dekoration und dem Bodengrund des Aquariums. Folgerichtig kann man das gesamte Aquariensystem als biologisches Filtersystem betrachten.

In Aquarien, die mit sauerstoffreichen biologischen Filtern betrieben werden, kann man häufig eine Nitratanreicherung beobachten. Dies ist der große Unterschied zum Abschäumer: Während bei der mechanischen Filterung im Abschäumer organische Substanzen vollständig aus dem Aquariensystem entfernt werden, setzen aerobe biologische Filter sie nur um, mit der Konsequenz der Nitratanreicherung. Angesichts der Tatsache, dass im Aquarium bereits die notwendigen biologischen Umsetzungen erfolgen, stellt sich für ein sinnvoll besetztes Becken die Frage, ob ein zusätzlicher biologischer Filter überhaupt nötig ist. In Aquarien mit Abschäumer, in denen viele zooxanthellate Korallen und nur wenige Fische gepflegt werden, ist ein zusätzlicher biologischer Filter überflüssig. In reinen Fischaquarien, in denen sehr stark gefüttert werden muss und in denen die bakterielle Umsetzung der Stickstoffverbindungen überfordert ist, sind Nitrifikationsfilter (z. B. Tropffilter) in Verbindung mit einem Abschäumer durchaus sinnvoll, denn in diesen Becken gilt es vor allem die giftigen Zwischenverbindungen Ammoniak/Ammonium und Nitrit möglichst schnell in das ungefährliche Nitrat umzuwandeln, bevor sie sich anreichern, und auch in Wirbellosenaquarien, in denen viele futterintensive Fische gepflegt werden (z. B. Schwalbenschwänzchen, *Chromis viridis*, oder *Anthias*-Arten), kann ein zusätzlicher Einsatz von Nitrifikations- und Denitrifikationsfilter notwendig sein, um die Nährstoffkonzentration in tolerierbaren Grenzen zu halten.

Es gibt im Prinzip zwei Arten der biologischen Filterung: 1. Bakterienfilter und 2. Algenfilter. Alle heute auf dem Markt befindlichen biologischen Filtertypen kann man in eine dieser Kategorien einordnen.

Bakterienfilter

Bakterienfilter funktionieren in zwei voneinander getrennten, jedoch aufeinander abgestimmte Stufen, der sauerstoffreichen Stufe (Nitrifikation, Umsetzung in Anwesenheit von molekularem Sauerstoff) und der sauerstoffarmen Stufe (Denitrifikation, Umsetzung in Abwesenheit von molekularem Sauerstoff). Bei der aeroben Umsetzung ist das Endprodukt Nitrat, bei der anaeroben Umsetzung Stickstoff (siehe Seite 46 ff.).

Beide Stufen werden in getrennten Filtersystemen durchlaufen und können auch unabhängig voneinander eingesetzt werden. So besitzen reine Fischbecken meist nur Nitrifikationsfilter, während man für Riffaquarien mit vielen Fischen auf einen Nitrifikationsfilter verzichten, jedoch einen Denitrifikationsfilter einsetzen kann.

Nitrifikationsfilter

In Nitrifikationsfiltern werden in Anwesenheit von ausreichend Sauerstoff die organischen Verbindungen zuerst in Nitrit und mit Hilfe einer zweiten Bakterien-Gattung in Nitrat umgesetzt (siehe Seite 46 ff.). Die Tropf- oder Rieselfilter sind hierfür das klassische Beispiel. Außerhalb des Aquariums wird den Bakterien in einer speziellen Filterkammer eine große Siedlungsfläche angeboten, z. B. in Form von so genannten Biobällen, über die das Aquarienwasser tropfenweise (daher der Name Tropf- oder Rieselfilter) geleitet wird, immer in Anwesenheit von ausreichend Luftsauerstoff. Die auf den Biobällen siedelnden Bakterien setzen nun die organischen Substanzen zuerst in Nitrit und dann in Nitrat

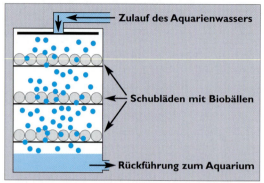

Schema eines Tropf- oder Rieselfilters, gefüllt mit Biobällen. Dieser Nitrifikationsfiltertyp eignet sich hervorragend, um in dicht mit Fischen besetzten Aquarien die schnelle Umsetzung giftiger Stickstoffverbindungen in das ungiftige Nitrat zu gewährleisten. Die Fließrichtung des Wassers ist durch Pfeile gekennzeichnet.

um. Wichtig ist eine ausreichende Besiedlungsfläche für die Bakterien, denn nur Bakterien, die auf einem Substrat leben, können den Stoffumsatz effizient durchführen. Bakterien, die frei im Wasser treiben, sind dazu nicht imstande.

Die ausreichende Versorgung mit Sauerstoff ist zwingend erforderlich für diesen Filtertyp. Denn nur, wenn die Bakterien uneingeschränkt Zugriff zum Sauerstoff haben, ist die Umsetzung zum Nitrat gewährleistet. Eine adäquate Sauerstoffversorgung erreicht man dadurch, dass das Wasser in einem so genannten „offenen System" tropfenweise über das Siedlungssubstrat läuft, die Biobälle also niemals vollständig mit Wasser bedeckt sind.

Prinzipiell ist es gleich, welches Füllmaterial der biologische Filter aufweist. Doch haben sich die Biobälle durchgesetzt, da sie den Bakterien eine sehr große Besiedlungsoberfläche bieten. Außerdem kommt es aufgrund ihrer Form zu einer sehr lockeren Packung im Filter, da sich viele Lücken zwischen den einzelnen Biobällen ergeben. Dadurch ist eine ausreichende Luftversorgung gewährleistet, sauerstoffarme Zonen entstehen nicht.

Wie kommen nun die nitrifizierenden Bakterien überhaupt in den Filter? Hier gibt es mehrere Möglichkeiten. Hat man ausreichend Geduld, siedeln sich früher oder später selbsttätig Bakterien an. Sie stammen aus dem Bodengrund oder der Dekoration des Aquariums und werden mit dem Aquarienwasser zufällig in den Filter gespült, wo sie sich dann auf den Biobällen vermehren. Ins Aquarium gelangen die Bakterien durch Einbringen von Lebendgestein (siehe Seite 104 ff.), Wirbellosen, die auf Substratgestein leben, oder Bodengrund, den man aus einem anderen Aquarium bekommen hat. Man nennt diesen Prozess das „Animpfen des Aquariums". Man kann den Biofilter aber auch direkt animpfen, indem man geringe Mengen Filtermaterial aus einem anderen Aquarium in den Biofilter einbringt und hier verteilt. Dies ist eine sehr effektive Methode, da man sofort funktionierende Bakterienkulturen erhält und der Filter praktisch unverzüglich anläuft, obwohl es noch geraume Zeit dauert, bis er effizient arbeitet. Wichtig ist an dieser Stelle, dass das Material, mit dem man seinen Filter animpfen will, aus einem gut funktionierenden Aquarium stammt. Darin sollten z. B. keine Schmier- oder Fadenalgenplagen herrschen und auch keine Glasrosen, Feueranemonen oder Plattwürmer leben, da man sich sonst solche Plagen, die man eigentlich vermeiden will, in sein Aquarium einschleppt.

Eine weitere Möglichkeit, den Nitrifikationsfilter anzuimpfen, besteht darin, Bakterienpräparate zu kaufen. Man gibt sie direkt in den Rieselfilter, wo sich die Bakterien dann ansiedeln. Diese Art des Animpfens dauert in der Regel aber erheblich länger als bei Verwendung einer aktiven Bakterienkultur aus einem funktionierenden Becken. Denn in den käuflichen Präparaten liegen die Bakterien oft „in einem ruhenden Stadium" vor und müssen erst wieder aktiviert werden und sich vermehren, um effizient Stickstoffverbindungen abbauen zu können.

Kann das produzierte Nitrat nicht im Aquarium oder in einem speziellen Denitrifikationsfilter weiter zu molekularem Stickstoff umgesetzt werden – dies ist in den Tropf- oder Rieselfiltern nicht möglich –, führen solche aerob arbeitenden Filtersysteme zwangsläufig zu einer Nitratanreicherung im Aquarienwasser. Dies bestätigen die

Hohe Nährstoffkonzentrationen (Nitrat und/oder Phosphat) führen unweigerlich zu verstärktem Algenwuchs, wie an dieser Aquarienscheibe gut zu erkennen ist.

Klassische Denitrifikationsfilter und der Wodka-Filter

In den letzten Jahren werden in der Meerwasseraquaristik verstärkt Denitrifikationsfilter zum Nitratabbau eingesetzt (BROCKMANN 2007b). Ziel dieser Denitrifikationsfilter ist die bakterielle Umsetzung von Nitrat zu Stickstoff und/oder Distickstoffoxid, die gasförmig aus dem Aquariensystem entweichen (als Zusammenfassung siehe ZUMFT 1997).

Messergebnisse zahlreicher Aquarianer, die ihre Becken mit Rieselfiltern betreiben. Wird man dieses Nitrat dann nicht durch die eine oder andere Methode los, kann sich das Aquarienmilieu dauerhaft verschlechtern, was z. B. durch massiven Fadenalgen- oder Cyanobakterienwuchs sichtbar wird. Konsequenterweise muss man sich daher Methoden überlegen, um das Nitrat aus dem Aquariensystem zu entfernen. Hierfür bieten sich Denitrifikationsfilter oder einfach auch ein Teilwasserwechsel (siehe Seite 85 ff.) an.

> Das Prinzip der Denitrifikationsfilter ist recht einfach: In ihnen herrscht ein extrem sauerstoffarmes (= anaerobes) Milieu. Die denitrifizierenden Bakterien benötigen jedoch Sauerstoff für ihren eigenen Stoffwechsel. Da nun aber unter anaeroben Verhältnissen den Bakterien kein im Wasser gelöster Sauerstoff zur Verfügung steht, entnehmen sie ihn aus dem Nitrat, oder anders ausgedrückt: Die denitrifizierenden Bakterien reduzieren das Nitrat zum Stickstoff und verwenden den dabei gewonnenen Sauerstoff zur eigenen Atmung. Zahlreiche Bakteriengattungen und -arten können diese Reaktion durchführen, u. a. *Pseudomonas denitrificans, P. aeruginosa, Paracoccus denitrificans* oder auch *Bacillus licheniformis*.

Im Detail

Voraussetzung für diesen Denitrifikations-Filtertyp ist ein geringer Wasserdurchfluss: Je nach Größe, Volumen und Herstellertyp kann der Wasserdurchfluss einige wenige Liter pro Stunde bis hin zu 30 l/h betragen. Dieser geringe Durchsatz ist nötig, um das sauerstoffarme Milieu im Filter zu gewährleisten. In vielen Denitrifikationsfiltern herrscht weiterhin eine interne Umwälzung, die für ein gleichmäßiges sauerstoffarmes Milieu sorgt. Die meisten der an diesem Prozess beteiligten Bakterien sind heterotroph, benötigen also organische Nährstoffe in Form von Kohlenstoffverbindungen. In den klassischen Denitrifikationsfiltern wurde der Kohlenstoff häufig in Form von Lactose (Milchzucker) regelmäßig dosiert. Heute werden als Füllung der Denitrifikationsfilter vermehrt die so genannten Deniballs verwendet, die aus einem Buttersäurederivat (Polybetahydroxibuttersäure) bestehen. Sie sind zugleich Siedlungssubstrat und Kohlenstoffquelle. Werden Deniballs als Substrat eingesetzt, entfällt die „Fütterung" der Bakterien mit

Nitrifikationsfilter: das Wichtigste auf einen Blick

Funktion:
Umsetzung organischer Verbindungen zum Nitrat

Anwendungsbereich:
Reine Fischaquarien und Wirbellosenaquarien mit futterintensiven Fischen. Hier soll durch Nitrifikationsfilter eine Anreicherung des giftigen Ammoniaks/Ammoniums und Nitrits verhindert werden.

Regelmäßige Arbeiten:
- Regelmäßige Reinigung eines geringen Teils der Biobälle (in Abhängigkeit der Wasserbelastung mit organischen Substanzen ca. alle acht Wochen); es dürfen niemals alle Biobälle gleichzeitig gereinigt werden
- Alle vier Wochen Messung der Nitratkonzentration (siehe Seite 48 ff.)

Was tun, wenn der Nitratwert kontinuierlich ansteigt?
- Verbesserung der Abschäumleistung; ggf. Abschalten des Nitrifikationsfilters
- Auf die richtige Anordnung Abschäumer/Nitrifikationsfilter achten. Der Nitrifikationsfilter darf niemals dem Abschäumer vorgeschaltet sein (siehe Seite 72 ff.)
- ggf. Inbetriebnahme eines Denitrifikationsfilters

Moderne Denitrifikationsfilter werden mit solchen Deniballs gefüllt. Sie sind zur gleichen Zeit Siedlungssubstrat und Nahrung für nitratabbauende Bakterien.

z. B. Lactose. Man muss nur die „verbrauchten" Deniballs in bestimmten Abständen ersetzen.

Eine Variante dieser Denitrifikationsfilter ist der sogenannte Wodka-Filter (SEBRALLA 2000, BROCKMANN 2007b). Der einzige Unterschied ist die zur Fütterung der Bakterien verwendete Kohlenstoffquelle: Alkohol (Ethanol, C_2H_5OH), der in Form von Wodka in den Denitrifikationsfilter gegeben wird. Ethanol ist für die Bakterien eine der am leichtesten zu verarbeitenden Kohlenstoffquellen.

Theoretisch könnte man den Wodka-Filter auch mit Methanol betreiben, dem einfachsten aller Alkohole. Da Methanol jedoch giftig ist, ist von seiner Anwendung dringend (!) abzuraten. Eine andere Möglichkeit ist die Verwendung von reinem Ethanol. In diesem Fall muss man allerdings darauf achten, unvergällten Ethanol zu bekommen, der jedoch sehr teuer ist. Im vergällten Ethanol sind giftige Substanzen enthalten, um ihn für den menschlichen Verbrauch ungenießbar zu machen. Solche Substanzen dürfen auf gar keinen Fall in das Aquarium gelangen!

Die korrekte Einstellung eines Wodka-Filters ist recht aufwendig. SEBRALLA (2000) empfiehlt nach Animpfen mit einer entsprechenden Bakterienpopulation eine Durchflussrate von 0,5 l Aquarienwasser pro Stunde und Liter Filtermaterial (in diesem Fall Siporax). Die Anfangsdosierung des Wodkas direkt in den Filter sollte bei einem Filtervolumen bis 6 l nur 1 ml betragen. Anschließend soll nach Angaben des Autors die Wodkamenge, die mindestens in zwei Dosen über den Tag verteilt werden sollte, soweit angehoben werden, dass das Auslaufwasser des Wodka-Filter möglichst lange nitratfrei bleibt.

Durch den Umsatz der Bakterien im Wodka-Filter wird die Nitrat-Konzentration des Aquarienwassers langsam abnehmen. Dies hat zur Folge, dass auch die Wodka-Dosierung reduziert werden kann. Hier gilt es mit häufigen Messungen der Nitrat-Konzentration die richtige Wodkadosierung zu erarbeiten, so dass bei minimaler Wodka-Dosierung das Auslaufwasser des Filters nitratfrei ist. Auch langfristig wird man um die regelmäßige Bestimmung der Nitrat-Konzentration des Aquarien- und des Filterauslaufwassers nicht herumkommen, denn die Belastung des Aquarienwassers mit Stickstoffverbindungen ist stetigen Veränderungen unterworfen. Eine regelmäßige Nachjustierung des Wodka-Filters durch Anpassen der Alkoholdosierung ist somit wahrscheinlich notwendig.

Die Anwendung eines Wodka-Filters erfordert seitens des Aquarianers sehr viel Aufmerksamkeit. Da in der Anfangsphase die denitrifizierenden Bakterien noch nicht richtig arbeiten, kann am Auslauf des Filters ein leichter Nitritanstieg gemessen werden. Hier muss man aufpassen, dass es nicht zu einer Anreicherung dieser für Fische giftigen Verbindung im Aquarium kommt. Auch sollte der Wodka nicht direkt in das Aquarium gelangen, da sonst innerhalb kurzer Zeit eine starke Bakterienvermehrung einsetzt (siehe weiter unten). Dies hat eine Eintrübung des Aquarienwassers zur Folge. Außerdem benötigen die Bakterien im Aquarium viel Sauerstoff, und somit kann ein Sauerstoffdefizit entstehen.

Wodka-Filter sind nicht wartungsfrei. Ein Teil des Siedlungssubstrats für die Bakterien muss regelmäßig ausgetauscht werden.

Schwefelnitratfilter mit Schwefelnachfüllpack. In solchen Filtern wird Nitrat bakteriell zu Stickstoff abgebaut, wobei gleichzeitig Schwefelsäure entsteht. Die Schwefelsäure kann durch Kalziumkarbonat neutralisiert werden, entweder in einer zweiten Stufe oder als Mischbett.

> **Denitrifikationsfilter:
> das Wichtigste auf einen Blick**
>
> Funktion:
> Abbau des anorganischen Nährstoffs Nitrat zu Stickstoff
>
> Anwendungsbereich:
> alle Aquarientypen bei starker Belastung mit Nitrat (siehe Seite 87)
>
> Regelmäßige Arbeiten:
> in Abhängigkeit vom Filtertyp:
> - regelmäßige Dosierung der Kohlenstoffquelle (Lactose) nach den Vorgaben des Herstellers oder zweimal täglich Dosierung des Wodkas oder regelmäßige Ergänzung der Deniballs
> - regelmäßige Bestimmung der Nitratkonzentration des Beckenwassers zur Einstellung der benötigten Dosierung der Kohlenstoffquelle
>
> **Was tun, wenn** der Nitratwert im Aquarium nicht sinkt?
> - Bestimmung der Nitrat-Konzentration im Auslaufwasser des Filters zur Kontrolle der Funktionalität
> - ggf. Durchflussrate durch den Filter optimieren
> - ggf. Dosierung der Kohlenstoffquelle optimieren
>
> **Was tun, wenn** im Auslaufwasser des Denitrifikationsfilters der Nitritwert ansteigt?
> Dies sollte höchstens während der Einlaufphase des Filters beobachtet werden. Tritt eine erhöhte Nitritkonzentration im Auslaufwasser auf, ist auf jeden Fall darauf zu achten, dass es nicht zu einem gefährlichen Nitritanstieg im Aquarienwasser kommt (siehe Seite 48). Die Einstellungs- und Betriebsparameter für den Denitrifikationsfilter sind zu überprüfen und ggf. zu korrigieren.

Der Schwefelnitratfilter

Ein weiterer Denitrifikationsfiltertyp ist der Schwefelnitratfilter (BROCKMANN 2007b). Er ist mit Schwefelperlen (Schwefel mit einem Reinheitsgrad von 99,9 %) gefüllt, die gleichzeitig Siedlungssubstrat und Reaktionspartner für die Bakterien sind. Unter sauerstoffarmen Bedingungen (niedriger Wasserdurchsatz durch den Filter, je nach Hersteller sogar nur 1 Tropfen pro Minute) siedeln sich im Schwefelnitratfilter so genannte Schwefelbakterien an, z. B. *Thiobacillus denitrificans* oder *Thiomicrospira denitrificans*. Sie reduzieren Nitrat zu Stickstoff und oxidieren dabei gleichzeitig Schwefel zu Sulfat (DARBI et al. 2002).

Auch beim Schwefelnitratfilter besteht die Möglichkeit, dass während seiner Einfahrphase Nitrit im Auslaufwasser nachweisbar ist. In diesem Fall muss der Wasserdurchsatz reduziert werden. Ein Nitritanstieg im Aquarienwasser ist unbedingt zu vermeiden. Auch ist das Auslaufwasser, wie leicht durch entsprechende Tests nachzuweisen ist, stark sauer (Entstehung von Schwefelsäure). Zur Neutralisierung der Schwefelsäure besitzen einige Schwefelnitratfilter daher eine zweite Stufe, die mit Kalziumkarbonat gefüllt ist. Die Schwefelsäure löst das Kalziumkarbonat auf, was einerseits zur Neutralisation der Säure führt, andererseits zu einem Anstieg der Kalzium-Konzentration im Aquarium, was im Prinzip in Riffaquarien durchaus wünschenswert ist. In anderen Modellen werden die Schwefelperlen und das Kalziumkarbonat als Mischbett eingesetzt, was den Vorteil hat, dass das saure Milieu, das im Filter herrscht und die Aktivität der Schwefelbakterien hemmt, direkt neutralisiert wird.

Die einzige Wartungsarbeit bei Schwefelnitratfiltern – außer der regelmäßigen Kontrolle der Nitrit- und Nitratkonzentration im Auslaufwasser – ist das Nachfüllen der verbrauchten Schwefelperlen und des Kalziumkarbonat-Granulats. Auch entfällt die regelmäßige Dosierung einer Kohlenstoffquelle in Form von Milchzucker oder Alkohol. Problematisch scheint mir dagegen zurzeit noch die zu erwartende Anreicherung des Aquarienwassers mit Sulfat-Ionen zu sein. Inwieweit dies über Jahre eine Verschlechterung des Aquarienmilieus zur Folge hat oder wie das Sulfat abgebaut wird, ist meines Wissens noch nicht im Detail untersucht. Hier werden wir auf zukünftige wissenschaftliche Ergebnisse warten müssen.

Schwefelnitratfilter:
das Wichtigste auf einen Blick

Funktion:
Abbau des anorganischen Nährstoffs Nitrat zu Stickstoff

Anwendungsbereich:
alle Aquarientypen bei starker Belastung mit Nitrat (siehe Seite 87)

Regelmäßige Arbeiten:
- Nachfüllen der Schwefelperlen und des Kalziumkarbonat-Granulats
- regelmäßige Bestimmung der Nitrat- und Nitritkonzentration des Auslauf- und Beckenwassers zur Überprüfung der Funktionalität des Schwefelnitratfilters

Was tun, wenn der Nitratwert im Aquarium nicht sinkt?
ggf. Durchflussrate durch den Filter optimieren, laut Vorgaben des Herstellers

Was tun, wenn im Auslaufwasser des Schwefelnitratfilters der Nitritwert ansteigt?
Dies sollte höchstens während der Einlaufphase des Filters beobachtet werden. Tritt eine erhöhte Nitritkonzentration im Auslaufwasser auf, ist auf jeden Fall darauf zu achten, dass es nicht zu einem gefährlichen Nitritanstieg im Aquarienwasser kommt (siehe Seite 48). Die Durchflussrate durch den Filter muss ggf. reduziert werden.

Zwei weitere biologische Filtersysteme, die in letzter Zeit immer häufiger in Deutschland zu finden sind, seien hier kurz vorgestellt: das Jaubert-System und das „Deep Sand Bed".

Jaubert-System

Dieses recht einfache biologische Filtersystem, das auch unter dem Namen „Natürliche Nitratreduktion (NNR)" bekannt ist, wurde nach seinem Erfinder benannt, Dr. Jean Jaubert von der Universität von Nizza, Frankreich, der es in einigen Aquarien des Ozeanografischen Instituts von Monaco einführte. Beim Jaubert-System macht man sich zunutze, dass in einem hohen Bodengrund sowohl Nitrifikation als auch Denitrifikation stattfinden. Zusätzliche Filtersysteme – außer einem Abschäumer, den ich jedem Anfänger dringend empfehle – werden nicht benötigt.

Grundlage des Jaubert-Systems ist eine Lage aus Korallensand, in dem Mikroorganismen für die Umsetzung des biologischen Materials verantwortlich sind (als Zusammenfassung siehe DELBEEK & SPRUNG 2005). Zum Aufbau wird ca. 3 cm über der Bodenplatte des Aquariums eine zweite, mit zahlreichen feinen Löchern perforierte Kunststoffplatte installiert. Sie muss sehr stabil sein und je nach Beckengröße mehrfach abgestützt werden, da sie die gesamte Last der Dekoration und des mehrere Zentimeter dicken Bodengrunds trägt. Die Löcher in der perforierten Plastikplatte müssen so fein sein, dass der Bodengrund nicht hindurchrieseln kann. Man hat also im Prinzip in einem Jaubert-Aquarium drei Ebenen (von oben nach unten): das Aquarienwasser, den Bodengrund und eine etwa 3 cm dicke Wasserschicht, die Plenum genannt wird, unter dem Bodengrund. Durch diesen Aufbau erhält man einen Sauerstoffgradienten: sauerstoffreiches Wasser im Aquarium, das im oberen Bereich des Bodengrundes die Ansiedlung nitrifizierender Bakterien erlaubt, und eine sauerstoffarme Zone im Plenum, die im unteren Bereich des Bodengrundes die Ansiedlung heterotropher, denitrifizierender Bakterien unterstützt. Dadurch erhält man einen sehr guten biologischen Stoffumsatz. Im oberen Bereich des Bodengrundes werden Stickstoffverbindungen zu Nitrat umgesetzt, im unteren Bereich wird Nitrat weiter zu Stickstoff abgebaut.

Die besten Erfahrungen bezüglich des Nitratabbaus macht man mit einem Bodengrund von 8–10 cm Stärke und einer Korngröße von 3–6 mm. Ist die Höhe des Bodengrunds geringer als 8 cm, funktioniert der Nitratabbau nur unzureichend. Man wird in diesem Fall immer eine erhöhte Nitrat-Konzentration im Aquarienwasser messen können. Wird eine geringere Korngröße

Technische Grundausstattung der Meerwasser-Aquariums

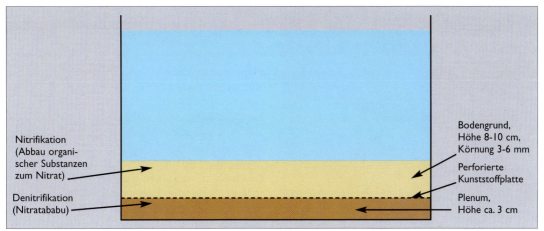

Schematischer Aufbau eines Sandfilters zum Abbau organischer Verbindungen nach dem Jaubert-Prinzip

verwendet, kann es zeitweise – insbesondere in der Einfahrphase des Bodengrundes – zur Bildung giftigen Schwefelwasserstoffs kommen. Dieses Phänomen sollte aber im Laufe der Zeit verschwinden, da es durch ein funktionierendes Plenum scheinbar verhindert wird.

Ursprünglich ging man davon aus, dass die biologischen Prozesse, die im Bodengrund stattfinden und dazu führen, dass sich Kalzium-Ionen aus dem Bodengrund lösen, ausreichen, um den Kalziumbedarf der Aquarientiere zu decken. In Aquarien, die nur mit Lederkorallen und Fischen besetzt sind, mag dies stimmen. In Korallenriffaquarien dagegen, in denen große Mengen an Steinkorallen wachsen, reicht die so gewonnene Menge an Kalzium-Ionen nicht aus. Hier müssen zusätzliche Verfahren zur Nachdosierung des Kalziums eingesetzt werden (siehe Seite 90 ff.).

Die Dekoration eines Aquariums, das mit dem Jaubert-System betrieben werden soll, ist schwierig. In der Regel können dazu nur sehr geringe Mengen an Steinen verwendet werden. Dies liegt einerseits daran, dass die perforierte Plastikplatte nur selten schwere Steinaufbauten tragen kann, andererseits aber auch – und dies ist der wichtigere Punkt –, dass man eine ausreichend große Fläche an freiem, nicht bedecktem Bodengrund benötigt, damit Nitrifikation und Denitrifikation hinreichend funktionieren.

Jaubert-System: das Wichtigste auf einen Blick

Funktion:
Abbau organischer Substanzen und anorganischer Nährstoffe

Anwendungsbereich:
alle Aquarientypen

Aufbau des Systems:
- Höhe des Plenums 3 cm
- Höhe des Bodengrundes 8–10 cm
- Körnung des Bodengrundes 3–6 mm

Regelmäßige Arbeiten:
- In den ersten Monaten kann es aufgrund der großen Nährstoffkonzentration zu sehr starkem Algenwuchs kommen. Die Algen müssen mindestens einmal in der Woche abgeerntet werden. Außerdem sind algenfressende Organismen (Doktorfische, *Zebrasoma* spp., der Gestreifte Schleimfisch, *Salarias fasciatus*, und/oder Seeigel) in das Aquarium einzusetzen.
- Regelmäßige Bestimmung der Nitrat-Konzentration zur Kontrolle der Funktionalität des Jaubert-Systems

Was tun, wenn die Nitrat-Konzentration nicht sinkt?
- Das biologische System ist noch nicht gereift. Eine Abnahme der Nitrat-Konzentration sollte spätestens nach sechs Monaten zu beobachten sein.
- Große grabende Organismen (z.B. die Goldkopf-Sandgrundel, *Valencienna strigata*) zerstören die anaeroben Bereiche des Jaubert-Systems. Dies verhindert den Nitratabbau. Entweder müssen die grabenden Organismen entfernt werden, oder man schützt die tieferen Schichten des Bodengrundes durch eine Art Gitter vor der grabenden Tätigkeit bestimmter Tiere.
- Das biologische Filtersystem ist durch den Futtereintrag überfordert und muss durch einen effektiven Abschäumer unterstützt werden.

Technische Grundausstattung des Meerwasser-Aquariums

Sandfilter werden von einer Unmenge an Organismen besiedelt. Hier haben Muschelsammlerinnen aus der Familie Chaetopteridae ihre Wohnhöhlen im Sand gebaut.
Foto: D. Knop

Deep Sand Bed (DSB)

Das Deep Sand Bed (DSB) ist eigentlich nur für sehr hohe Aquarien geeignet. Kennzeichnend ist ein sehr hoher Bodengrund, in dem die darin lebenden Mikroorganismen und Bakterien organische Substanzen abbauen und z. T. recyclen. (als Zusammenfassung siehe DELBEEK & SPRUNG 2005). Prinzipiell ist das DSB noch einfacher aufgebaut als das eben beschriebene Jaubert-System. Es verwendet kein Plenum, jedoch eine sehr hohe (16 cm und höher) Kalksandschicht mit einer Korngröße von ca. 0,125 mm. Das am häufigsten empfohlene Material ist der Oolit-Kalksand, der hauptsächlich von den Bahamas importiert wird.

Die Korngröße ist von entscheidender Bedeutung für das Funktionieren des DSB. Ist der Sand feiner als 0,125 mm, kann er stark zusammenbacken, was einen guten biologischen Stoffumsatz verhindert. Zu grobes Material (2 mm und größer) scheint dagegen die Pufferkapazität des Aquarienwassers nicht ausreichend zu unterstützen. Außerdem funktioniert dann offenbar der Abbau des Phosphats nicht ausreichend, da Becken mit einer Sandschicht in dieser Körnung häufig eine höhere Phosphat-Konzentration aufweisen. Wichtig ist das richtige Animpfen des DSB. Hierzu verwendet man den so genannten Lebenden Sand, der aus dem Meer stammt und mittlerweile in vielen Zoofachgeschäften angeboten wird, oder man greift auf Bodengrund aus Aquarien zurück, die mit dem gleichen System betrieben werden. Über die Menge des Materials, das man zum Animpfen verwendet, gibt es unterschiedliche Meinungen. SHIMEK (1998), einer der Urväter dieser Methode, empfiehlt, dass etwa 10 % des Gesamtbodengrundes aus dem Lebenden Sand bestehen sollten. Ob dies wirklich nötig ist, scheint mir fraglich. Jedoch ist klar, dass das DSB umso schneller voll funktionsfähig ist, je mehr Lebender Sand verwendet wird.

Ähnlich problematisch wie beim Jaubert-System ist auch das Dekorieren von Aquarien, die mit DSB betrieben werden. Die Hauptfläche des Bodens muss dem Sand vorbehalten sein. Denn nur dadurch ist ein ausreichender Stoffumsatz gewährleistet. Große Steinaufbauten sind auf dem hohen Bodengrund schwierig. Häufig wird er nachgeben, was zum Verrutschen der Dekoration führt. Sinnvoll scheint hier ein entsprechender Unterbau zu sein, z. B. aus einer PVC-Verrohrung, auf der die Steindekoration aufgebaut wird. Damit hat man den Platz unterhalb des Steinaufbaus für den Sand gewonnen, und gleichzeitig ist ein Verrutschen der Dekoration nicht möglich.

Der unbestrittene Vorteil des DSB ist, dass es sehr kostengünstig ist. Auf teure Abschäumer kann man verzichten, wenn die Aquarien angemessen und sparsam mit Fischen besetzt sind. Dem gegenüber stehen aber auch einige Nachteile. Da ist zuerst einmal der ästhetische Gesichtspunkt. In beiden Systemen, Jaubert und DSB, geht ein großer Teil der Höhe des Aquariums für den Bodengrund verloren, was eine ansprechende Dekoration erschwert – es sei denn, man möchte z. B. einen Seegrasbiotop mit den entsprechenden Fischen und Wirbellosen nachahmen. Außerdem muss man in DSB-Aquarien auf grabende Fische verzichten, die den Bodengrund nach Futter durchwühlen, denn sie fressen viele der Organismen aus dem Sand, die für den biologischen Grundumsatz verantwortlich sind. Die Folge davon kann eine Anreicherung von Nährstoffen im Aquarium sein. Eine Lösung zur Beseitigung diese Schwierigkeiten besteht darin, die Filtersysteme (DSB und Jaubert-System) in Filteraquarien – so genannten Refugien – einzurichten, die an das eigentliche Schaubecken über einen Wasserkreislauf angeschlossen sind. Nachteile hier sind wiederum die Kosten und die aufwändige Technik, um das Zweitaquarium zu betreiben, sowie der zusätzliche Platzbedarf.

Ein weiteres großes Problem bei hohen Bodengründen – dies betrifft wiederum das Jaubert-System und das DSB – ist der große Sauerstoffverbrauch durch die Mikroorganismen. Damit es insbesondere nachts nicht zu einem Sauerstoffdefizit kommt, an dem sowohl Fische als auch Wirbellose sterben können, ist immer für eine gute Bewegung der Wasseroberfläche zu sorgen, die einen effizienten Gasaustausch gewährleistet. Problematisch ist die Situation bei einem Stromausfall. Hier sind batteriebetriebene Durchlüfterpumpen hilfreich, um Sauerstoffdefizite zu vermeiden. Ist das DSB in einem Refugium installiert, ist dieses bei Stromausfall sofort vom Hauptaquarium zu trennen. Dadurch verhindert bzw. verlangsamt man ein Sauerstoffdefizit im Hauptaquarium und damit den Verlust von Tieren.

Deep Sand Bed (DSB): das Wichtigste auf einen Blick

Funktion:
Abbau organischer Substanzen und anorganischer Nährstoffe

Anwendungsbereich:
Alle Aquarientypen

Aufbau des Bodengrundes:
- 16 cm und höher
- Körnung des Bodengrundes: 0,125 mm
- Animpfen des Bodengrundes mit lebendem Sand (10 % des Bodengrundes)

Regelmäßige Arbeiten:
- In manchen Aquarien, die mit DSB betrieben werden, reichen die Mikroorganismen im Sand nicht zum vollständigen Stoffumsatz aus. Es kommt zu verstärktem Wachstum von Algen, die regelmäßig entfernt werden müssen. Außerdem sind algenfressende Organismen (Doktorfische, der Schleimfisch *Salarias fasciatus* und/oder Seeigel) zur Algenkontrolle in das Aquarium einzusetzen.
- Ein regelmäßiges Auswechseln des Sandes scheint nicht nötig zu sein. Jedoch muss der Sand regelmäßig nachgefüllt werden, da er sich durch die biochemischen Prozesse im Sandbett auflöst.
- Regelmäßige Bestimmung der Konzentrationen von Nitrat und Phosphat zur Kontrolle der Funktionalität des DSB

Was tun, wenn die Nitrat-Konzentration nicht sinkt?
- Das DSB kann durch zu starken Futtereintrag überfordert sein. Entweder muss der Fischbesatz reduziert oder ein leistungsstarker Abschäumer installiert werden.
- Auf Fische, die ihre Nahrung im Bodengrund suchen, muss man verzichten, da sonst die Organismen, die für den Stoffumsatz verantwortlich sind, gefressen werden und der biologische Nährstoffabbau nicht mehr ausreichend funktioniert.
- Das biologische Filtersystem ist durch den Futtereintrag überfordert und muss durch einen effektiven Abschäumer unterstützt werden.

Was tun, wenn es zu einem Sauerstoffdefizit kommt?
- Insbesondere nachts ist für eine gute Bewegung der Wasseroberfläche zu sorgen, die einen effizienten Gasaustausch gewährleistet.
- Bei Stromausfall können batteriebetriebene Durchlüfterpumpen eingesetzt werden, um ein Sauerstoffdefizit zu vermeiden.
- Sollte das DSB in einem Refugium installiert sein, ist dieses bei Stromausfall sofort vom Hauptbecken abzukoppeln. Dadurch kann ein zu starker Sauerstoffmangel im Hauptbecken verhindert werden.

Algenfilter

Im Algenfilter werden – im Gegensatz zu Denitrifikationsfiltern – anorganische Nährstoffe, also Nitrat und Phosphat, nicht in andere Substanzen umgewandelt und wieder in das Aquarienwasser abgegeben, sondern vielmehr in den Stoffwechsel der Algen einbezogen und durch ihr Wachstum und ihre Vermehrung in pflanzliche Masse umgesetzt. Es entsteht also Biomasse. Das bedeutet, dass man die Algen in diesem Filtertyp regelmäßig abernten muss. Hierbei müssen insbesondere die älteren Algen entfernt werden, denn bei ihnen besteht immer die Gefahr, dass sie absterben und damit die z. T. großen Mengen an gespeicherten Nährstoffen wieder in das Aquarium abgeben.

Als Algenfilter werden Zweitaquarien eingesetzt, die in den Wasserkreislauf des Hauptaquariums eingebunden sind. Die Aquarien werden flach gehalten und sehr gut beleuchtet, um den Algen das nötige Licht zum Wachstum zu bieten. Als einziges Dekorationsmaterial verwendet man Bodengrund (ca. 1 cm Höhe; die Körnung ist von untergeordneter Bedeutung), auf dem die Algen siedeln. Verschiedene Arten können verwendet werden, z. B. Fadenalgen, Grünalgen der Gattung *Chaetomorpha* und Kriechsprossalgen *Caulerpa* spp. Jedoch rate ich von den Fadenalgen ab, da sie früher oder später den Weg ins Hauptaquarium finden und hier zu Plagen heranwachsen können. Gut geeignet sind dagegen Kriechsprossalgen (z. B. *Caulerpa prolifera, C. racemosa*) und *Chaetomorpha*-Grünalgen. Sie wachsen recht schnell und nehmen dabei große Mengen an anorganischen Nährstoffen auf.

> **Algen-Nachtarbeit**
> Ein guter Trick ist, die Algenfilter zeitversetzt zum Hauptaquarium zu beleuchten, d. h. nachts. Dadurch wird einerseits der pH-Wert stabilisiert und andererseits der Sauerstoffgehalt des Aquarienwassers konstant hoch gehalten.

Problematisch ist bei diesem Filtertyp, dass er bei Aquarien, die einen konstant niedrigen Nährstoffgehalt aufweisen, nicht gut funktioniert, die Algen also nicht gut wachsen. Dies liegt einfach daran, dass der Nährstoffgehalt zu niedrig ist. Allerdings stellt sich in solchen Aquarien prinzipiell die Frage, ob überhaupt ein zusätzliches Filtersystem notwendig ist.

> **Algenfilter: das Wichtigste auf einen Blick**
> Funktion:
> Entfernen anorganischer Nährstoffe
>
> Anwendungsbereich:
> Alle Aquarientypen; Vorsicht: Durch eine medikamentöse Behandlung der Fische können die Algen absterben. Deshalb sollte bei Anwendung von Medikamenten das Algenfilterbecken vom Hauptaquarium abgekoppelt werden.
>
> Regelmäßige Arbeiten:
> Abernten der Algen in Abhängigkeit von ihrer Wachstumsgeschwindigkeit. Dabei sollten nur die alten Algen aus dem Filterbecken entfernt werden. Auf jeden Fall muss ein Vordringen der Algen in das Hauptaquarium vermieden werden.
>
> **Was tun, wenn** die Algen im Algenfilter nicht wachsen?
> - Bestimmung der Nitrat-Konzentration des Aquarienwassers. Wahrscheinlich ist die Nährstoffkonzentration (Nitrat, Phosphat) für ein gutes Algenwachstum zu niedrig. In diesem Fall ist die Notwendigkeit eines Algenfilters zu hinterfragen.
> - Bei **hoher** Nitrat-Konzentration: Ggf. kann durch das Dosieren von Spurenelementen (siehe Seite 9 ff.) das Wachstum der Algen angeregt werden.
> - Bei **hoher** Nitrat-Konzentration: Ggf. ist die Beleuchtungsstärke nicht ausreichend und muss durch Installieren einer weiteren Leuchtstoffröhre verbessert werden.

Algenfilter, hier mit der Kriechsprossalge *Caulerpa prolifera*, werden gelegentlich in Großanlagen zur Wasserreinigung eingesetzt. Für normale Liebhaberaquarien sind sie nicht notwendig.

Es gibt zahlreiche Methoden, um die Wasserbelastung mit Stoffwechselprodukten im Meerwasseraquarium zu minimieren. Die für den Einsteiger in das Hobby einfachste Methode ist nach wie vor der Abschäumer. Das Foto zeigt einen Ausschnitt aus dem 11.000-l-Riffaquarium von David Saxby, London.

Direkte Alkoholdosierung in das Aquarium

In den letzten Jahren ist eine weitere Methode zur Reduktion der Nitrat- und Phosphat-Konzentration im Meerwasseraquarium populär geworden: Die direkte Alkoholdosierung in das Aquarium (also nicht über einen anaeroben Filter, siehe Seite 63 ff., MRUTZEK & KOKOTT 2004, 2006). Vergleichbar zu den Algenfiltern wird auch bei diesem Verfahren eine Verminderung anorganischer Nährstoffe im Aquarienwasser durch Aufbau von Biomasse erreicht – jedoch nicht durch Algen, sondern durch Bakterien. Der Alkohol wird in Form von Wodka in das Aquarium gegeben.

Das Prinzip ist sehr einfach: Durch die Wodkadosierung stimulieren wir das Wachstum der Bakterien. Gesteuert wird dieser Prozess, indem wir den Bakterien eine einfach zu verarbeitende Kohlenstoffquelle zur Verfügung stellen, den Alkohol (Ethanol) im Wodka. Durch den Aufbau der Biomasse sinken die Nitrat- und Phosphat-Konzentrationen im Aquarienwasser. Im Gegensatz zu Denitrifikationsfiltern, in denen die anaeroben Bakterien ebenfalls mit einer Kohlenstoffquelle versorgt werden, geschieht dies bei der direkten Wodkadosierung ins Aquarium hauptsächlich mit den aeroben. Damit ist der Abbauweg von Nitrat- und Phosphat ein gänzlich anderer. Bei den anaeroben Denitrifikationsfiltern entsteht aus Nitrat Stickstoff, der aus dem System entweicht, bei der direkten Alkoholdosierung in das Aquarium wächst Biomasse in Form von (hauptsächlich) aeroben Bakterien, die im Aquarium verbleiben.

Das Wachstum der Bakterien erkennt man z. B. an einer Trübung des Aquarienwassers oder an Bakterienschleimen, die sich in bestimmten Bereichen im Aquarium absetzen können. Eine der Konsequenzen, die daraus resultieren, wurde bereits weiter oben angesprochen: Bei starkem Wachstum benötigen Bakterien große Mengen an Sauerstoff. Bei Anwendung der direkten Wodkadosierung ist also unbedingt darauf zu achten, dass kein Sauerstoffdefizit im Aquarium entsteht.

Eine weitere Konsequenz dieser Methode liegt auf der Hand. Die Anzahl der unterschiedlichen Bakterienarten und -gattungen, die in einem Aquarium leben, ist sehr groß. Die Zusammensetzung der Bakterienpopulation wird von Aquarium zu Aquarium variieren. Durch die Wodkamethode stimulieren wir, wie eben beschrieben, aber alle im Aquarium lebenden Bakterienspezies. Damit besteht z. B. das Risiko, dass darunter auch Arten sind, die bestimmte Giftstoffe abgeben. Durch diese Theorie kann man erklären, warum einige Aquarien, die mit dieser Methode betrieben wurden, einen schlechten Allgemeinzustand aufwiesen und teilweise Ausfälle von Fischen und Wirbellosen zu beklagen waren.

Die Einstellung der richtigen Dosierung des Wodkas ist relativ aufwändig. Die weiter oben genannten Autoren empfehlen in den ersten drei Tagen eine Dosierung von 0,1 ml auf 100 l Aquarienwasser. In den Tagen 4–6 soll die Dosierung auf 0,2 ml/100 l erhöht werden. Anschließend wird die Gesamtdosierung nach MRUTZEK & KOKOTT an den Tagen 7–10, 11–14 und 15–21 um jeweils weitere 0,5 ml gesteigert. Solche pauschalen Empfehlungen können meines Erachtens allerdings nur Richtwerte sein. Ausschlaggebend sollte der Verlauf der Nitratentwicklung des jeweiligen Aquariums sein. Beginnt die Nitrat-Konzentration zu sinken, sollte auch die Wodkadosierung reduziert werden. Hier hilft also nur die regelmäßige Nitrat- und Phosphatmessung, um die Wodkadosierung möglichst exakt einstellen zu können. Auch bei dieser Methode muss das Ziel lauten, möglichst wenig Alkohol (= Wodka) in das Aquarium zu geben.

Direkte Alkoholdosierung in das Aquarium: das Wichtigste auf einen Blick

Funktion:
Entfernen anorganischer Nährstoffen

Anwendungsbereich:
Alle Aquarientypen

Regelmäßige Arbeiten:
- tägliche Dosierung von Wodka
- wöchentliche Bestimmung der Nitrat- und Phosphat-Konzentration zur Optimierung und Einstellung der Wodkadosierung

Was tun, wenn die Nitrat-Konzentration nicht sinkt?
Langsame Erhöhung der Wodka-Dosierung

Was tun, wenn die Nitrat-Konzentration sinkt?
Verminderung der Wodka-Dosierung

Was tun, wenn Fische und Korallen Anzeichen von Unwohlsein zeigen?
- sofortiger Stopp der Alkoholzugabe
- Aquarienwasser kräftig durchlüften, um einem Sauerstoffdefizit zu begegnen
- Möglichst vollständige Entfernung der schleimartigen Bakterienpopulationen, die sich an verschiedenen Stellen im Aquarium gebildet haben können

---

Zusammenfassend lässt sich festhalten, dass der Betrieb biologischer Filter, obgleich sie zum gewünschten Erfolg führen können, durchaus aufwändiger und fehleranfälliger ist als die Verwendung eines Abschäumers. Daher empfehle ich insbesondere dem Anfänger in der Meerwasseraquaristik die Verwendung eines Abschäumers als zentrales Filtersystem.

Die Kombination mechanisch/physikalischer und biologischer Filtern

Es ist durchaus möglich und unter bestimmten Voraussetzungen auch sinnvoll, mechanische Filter (Abschäumer, physikalische Phosphatentfernung) und biologische Filter zu kombinieren. Jedoch sollte man sich genau überlegen, ob und wann dies überhaupt nötig ist. Hat man in Wirbellosen- und Fischaquarien dauerhaft Nitratwerte unter 20 mg/l und Phosphatwerte unter 0,1 mg/l, ist ein Denitrifikationsfilter nicht nötig. Außerdem ist es fraglich, ob bei einem effizient arbeitenden Abschäumer ein Rieselfilter Sinn ergibt, denn mit dem Abschäumer entfernen wir ja alle die Substanzen, die überhaupt erst zu Nitrat und Phosphat umgesetzt werden könnten. Durch eine überlegte Konzeption des Aquariums kann man sich viel Ärger und auch viel Geld sparen, das man später besser in Tiere investiert.

Die Kombination mehrerer Filtertypen kann durchaus sinnvoll sein, insbesondere wenn die Wasserbelastung sehr hoch ist. Allerdings ist immer auf die korrekte Anordnung der Filter zu achten. Auf dem Foto sind mehrere biologische Filter mit unterschiedlichen Filtermaterialien in Reihe geschaltet.

Technische Grundausstattung der Meerwasser-Aquariums

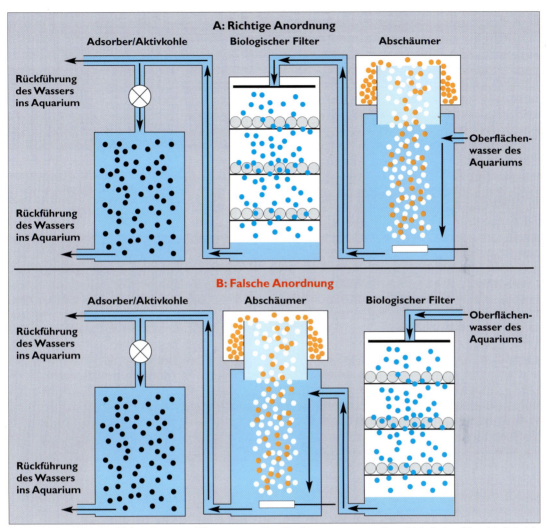

Richtige (A) und falsche (B) Anordnung von Filtersystemen. Der Abschäumer muss vor einem biologischen Filter (als Beispiel wurde hier ein Rieselfilter angegeben) geschaltet werden, da es sonst zu einer Nitratanreicherung kommt. Adsobermaterialien sollten entweder in einem separaten Kreislauf oder am Ende des Systems betrieben werden. Man beachte, dass nur ein Teil des Wassers durch das Adsorbermaterial geleitet wird, der Rest gelangt direkt wieder in das Aquarium. Die Fließrichtung des Wassers ist durch Pfeile gekennzeichnet. Das Schema ist nicht maßstabsgerecht.

Kommt man dennoch zu dem Schluss, verschiedene Filtersysteme kombinieren zu wollen, oder erfordert der Tierbesatz dies, so ist ihre korrekte Anordnung wichtig. Will man z. B. einen Abschäumer und einen Nitrifikationsfilter in Reihe schalten und den Wasserdurchsatz nicht unabhängig voneinander betreiben, muss das Wasser **zuerst** durch den Abschäumer strömen und danach durch den biologischen Filter (siehe A, Abbildung oben). Umgekehrt würden die Bakterien des biologischen Filters alle organischen Substanzen in Nitrat umbauen. Und Nitrat kann nicht abgeschäumt werden, der Abschäumer wäre also ineffektiv, und es käme zu einer Nitratanreicherung. Gelangt das Wasser jedoch zuerst durch den Abschäumer und fließt dann in einen biologischen Filter, kann man argumentieren, dass alle die Substanzen, die nicht durch den Abschäumer entsorgt wurden, im biologischen Filter umgesetzt werden. Häufig sieht man jedoch nach wie vor die entgegengesetzte Anordnung, und die Betreiber dieser Anlagen wundern sich, dass es trotz erheblichen Filteraufwandes zu einer Anreicherung von Nitrat und Phosphat kommt.

Temperatur – Heizung und Kühlung

Der optimale Temperaturbereich für ein tropisches Riffaquarium liegt zwischen 24 und 26 °C. Temperaturen unter 24 °C werden zwar von den meisten Bewohner der Korallenriffe kurze Zeit toleriert, doch wird man hier früher oder später mit Problemen rechnen müssen. Auch werden Temperaturen bis 29 °C durchaus von den Fischen und Korallen ausgehalten, ja sie sind solche Werte z. T. aus den Korallenriffen gewohnt. Jedoch sinkt bei dieser Temperatur die Sauerstoffsättigung des Wassers schon beträchtlich. Werte über 29 °C sind problematisch. Es gibt Berichte, die nachweisen, dass Korallen bei 29 °C auszubleichen beginnen (als Zusammenfassung siehe BROCKMANN 2000). Bei diesem Ausbleichen (dem Coral Bleaching) sterben die Zooxanthellen in den Korallen ab oder werden von den Korallen als Schutzmechanismus ausgestoßen. Dies bedeutet für einige Korallen unweigerlich den Tod (GROTTOLI et al. 2006). Ab 30 °C ist auf jeden Fall mit dem Ausbleichen insbesondere der Steinkorallen zu rechnen. Diese Temperatur sollte möglichst nie erreicht und schon gar nicht überschritten werden.

Der optimale Temperaturbereich für ein tropisches Riffaquarium liegt zwischen 24 und 26 °C. Temperaturen über 29–30 °C sind zu vermeiden, da sie zum Ausbleichen und Absterben von Korallen führen können.

Für den Aquarianer bedeutet dies, die Temperatur in seinem Aquarium genau einzustellen und täglich zu kontrollieren. Um die geeignete Temperatur aufrecht zu erhalten, benötigt man in den Wintermonaten zumeist einen meerwassertauglichen Heizstab, wobei die Wattzahl der Heizung, also die Heizleistung, von der Beckengröße bestimmt wird.

> **Nimm 2**
> Es empfiehlt sich, zwei Heizungen mit niedriger Wattzahl anstelle einer mit größerer Wattzahl einzusetzen. Kommt es zu einem Defekt bei einer der Heizungen, wird das Aquarium nicht überhitzt, und Verluste an Tieren aufgrund einer zu hohen Temperatur treten nicht auf.

Im Sommer kann das Einhalten der optimalen Temperatur – insbesondere bei Verwendung von HQI-Strahlern als Beleuchtung, die große Hitze produzieren – schwierig sein. Ein Anstieg bis auf 28 °C ist durchaus noch tolerierbar. Klettert die Temperatur über diesen Grenzwert, muss man entsprechende

Technische Grundausstattung der Meerwasser-Aquariums

Bei Temperaturen über 30 °C bleichen Korallen aus und sterben wie diese *Acropora* sp. in der Lagune von Madang, Papua-Neuguinea.

Gegenmaßnahmen ergreifen. Eine sehr einfache Methode ist die Verwendung eines oder mehrerer Ventilatoren, die so ausgerichtet werden, dass der Luftzug über die Wasseroberfläche streicht. Dadurch verdunstet zwar mehr Aquarienwasser, aber die für die Verdunstung benötigte Energie führt zu einer Temperaturverminderung im Aquarium. Selbst bei hohen Temperaturen bringt dies 1–2 °C. Eine Weiterentwicklung dieser sehr einfachen Methode sind die sehr stromsparenden und damit im Betrieb kostengünstigen Verdunstungskühlgeräte, die seit einiger Zeit auf dem Markt sind. Bei ihnen wird das Aquarienwasser über einen Sprüharm verregnet. Durch seitlich am Sprühkopf angebrachte Lüfter wird Luft im Gegenstrom durch den Sprühkopf geblasen. Die dadurch entstehende Verdunstung reduziert die Wassertemperatur. Die gewünschte Wassertemperatur kann durch einen entsprechenden Temperaturregler eingestellt werden.

Reichen diese Verfahren nicht aus, was in sehr warmen Dachgeschosswohnungen oder Wintergärten im Sommer durchaus der Fall sein kann, muss man auf ein Kühlaggregat zurückgreifen. In diesem Fall sollte man sich von einem entsprechenden Fachhändler über Größe und Art des Kühlaggregats beraten lassen.

> **Temperatur: das Wichtigste auf einen Blick**
> Optimaler Temperaturbereich:
> 24–26 °C (alle tropischen Aquarientypen)
>
> Regelmäßige Arbeiten:
> tägliche Temperaturkontrolle
>
> **Was tun, wenn** die Temperatur zu niedrig ist?
> Kontrolle der Heizung. Bei Einstellung der falschen Temperatur entsprechende Korrektur. Ggf. Erhöhung der Heizleistung durch Einsatz eines weiteren Heizstabes.
>
> **Was tun, wenn** die Temperatur zu hoch ist?
> Kontrolle der Heizung. Bei Einstellung der falschen Temperatur entsprechende Korrektur. Ggf. Einsatz eines Ventilators oder eines Kühlaggregats.

Zusatzaggregate

Neben den eben beschriebenen Geräten, die zur technischen Grundausstattung eines jeden Aquariums gehören, gibt es noch einige Zusatzaggregate, die unter bestimmten Umständen bei dem Betrieb des einen oder des anderen Aquarientyps hilfreich sein können. Hierzu gehören das Ozongerät, die UV-Lampe sowie der Kalkreaktor. Diese Geräte sind beim Einstieg in die Meeresaquaristik nicht nötig. Ihre Anschaffung sollte vielmehr bei Bedarf und in Abhängigkeit vom Aquarientyp erfolgen.

Das Ozongerät

Im Lauf der Zeit reichern sich im Aquarium bestimmte Substanzen an, die durch Abschäumung und biologische Filterung nicht oder nur schwer abgebaut werden können. Hierzu zählen z. B. die Gelbstoffe, die das Aquarienwasser – wie der Name schon sagt – gelb einfärben (siehe auch Seite 59 ff.). Dies hat zur Folge, dass sich einerseits für die Tiere sowohl die zur Verfügung stehende Lichtqualität als auch die Lichtquantität zum Negativen verändern und sich das Aquarium andererseits für den Betrachter gelblich/bräunlich einfärbt.

Die Entfernung der Gelbstoffe gelingt einerseits durch eine Filterung des Aquarienwassers über Aktivkohle (siehe Seite 59 ff.) oder dadurch, dass man in die Luftzufuhr des Abschäumers Ozon einspeist. Ozon ist ein Gas, das aus drei Sauerstoffatomen besteht. Es ist ein sehr starkes Oxidationsmittel, das organische Moleküle zu Ammoniak und Nitrit zu Nitrat aufoxidiert. In der Meerwasseraquaristik wird Ozon einerseits zur Zerstörung der Gelbstoffe eingesetzt, andererseits aber auch, um den Wirkungsgrad des Abschäumers zu erhöhen. Schon geringe Ozondosen von 2–5 mg pro Stunde reichen aus, um die Abschäumung kleinster Mengen eiweißhaltiger Substanzen zu ermöglichen und die Ansprechempfindlichkeit der herkömmlichen Abschäumer unter 0,05 mg kolloidaler Substanzen pro Liter Meerwasser zu drücken (WILKENS 1973; DELBEEK & SPRUNG 1994). Zu hohe Ozonmengen (über 10 mg/Stunde) sind jedoch zu vermeiden, da hier die organischen Substanzen so schnell aufoxidiert werden, dass sie nicht mehr effektiv abgeschäumt werden können. Ein positiver Nebeneffekt der Ozonisierung ist die gute Sauerstoffanreicherung des Aquarienwassers. Schon leichte stundenweise Ozonisierung führt zu einer Sauerstoffübersättigung von 110–130 % (WILKENS 1973), was insbesondere für Fischaquarien und Aquarien mit sauerstoffzehrenden Filtersystemen (z. B. Deep Sand Bed) vorteilhaft sein kann.

Das Ozon sollte in den Luftstrom des Abschäumers eingespeist werden. Eine Einleitung direkt in das Aquarienwasser ist zwar möglich, aber aufgrund seiner starken oxidierenden Wirkung auch sehr gefährlich. Sie sollte daher unbedingt vermieden werden! Zur Herstellung von Ozon gibt es im Fachhandel so genannte Ozonisatoren oder Ozonreaktoren in unterschiedlichen Leistungsstufen, die auf bestimmte Beckengrößen ausgerichtet sind. Sie werden in die Luftzufuhr des Abschäumers geschaltet. Will man Ozon in seinem Abschäumer einsetzen, sollte man mit einer sehr niedrigen Dosierung beginnen und erst bei mangelndem Erfolg die Dosierung über Wochen schrittweise erhöhen. Eine übermäßige Dosierung (zumeist über 10 mg pro Stunde) erkennt man daran, dass die Abschäumertätigkeit nachlässt, das Adsorbat nur noch eine helle Farbe aufweist und die Nitrat-Konzentration ggf. ansteigt. In diesen Fällen muss die Ozonzufuhr wieder gedrosselt werden. Wichtig ist, dass nicht jeder Abschäumertyp (z. B. viele Rotationsabschäumer) für den Gebrauch mit Ozon geeignet ist. Bei Verwendung solcher Abschäumertypen ist die Anschaffung eines Ozongerätes sinnlos. In diesen Fällen können die Gelbstoffe jedoch über die einfachere Methode der Aktivkohlefilterung aus dem Wasserkreislauf entfernt werden.

Da Ozon auch für den Menschen schädlich ist, darf Ozongeruch niemals in der Wohnung festzustellen sein. Nimmt man dennoch den charakteristischen Geruch von Ozon wahr, muss die Leistung des Ozonisators sofort gedrosselt werden.

**Das Ozongerät:
das Wichtigste auf einen Blick**
Funktionen:
- Verfügbarmachung der Gelbstoffe für die Abschäumung
- Verbesserung der Effektivität der Abschäumung
- Sauerstoffanreicherung des Aquarienwassers

Anwendungsbereich:
- gezielte Anwendung z. B. bei stark besetzten Fischaquarien oder Aquarien mit Sauerstoff zehrenden Filtersystemen
- Ozon sollte niemals direkt in das Aquarium eingeleitet werden, sondern immer nur über den Abschäumer.

Was tun, wenn die Nitrat-Konzentration in Aquarien mit Ozongeräten ansteigt?
Reduzierung der Ozondosierung

Was tun, wenn die Gelbstoffe nicht abnehmen?
- ggf. schrittweise Erhöhung der Ozondosierung (10 mg pro Stunde sollten in herkömmlichen Aquarien möglichst nicht überschritten werden)
- ggf. Einsatz von Kohlefilterung

Was tun, wenn der charakteristische Ozongeruch in der Wohnung wahrnehmbar ist?
sofortige Reduzierung der Ozondosierung

Die UV-Lampe

UV-Lampen dienen dazu, das Wasser von Krankheitskeimen zu befreien. Sie geben eine Strahlung im UV-C-Bereich ab (Wellenlänge ca. 253 nm), die Mikroorganismen (Schwebealgen, Schwärmerstadien von Fischparasiten etc.) verklumpt und abtötet (siehe Seite 30 ff.). Dazu wird ein Wasserstrom aus dem Aquarium dicht an der Strahlungsquelle vorbeigeführt. UV-Lampen haben eine begrenzte Lebensdauer, die der Gebrauchsanweisung zu entnehmen ist. Ihre Anwendung ist für Aquarien empfehlenswert, die mit empfindlichen, krankheitsanfälligen Fischen besetzt sind.

**Die UV-Lampe:
das Wichtigste auf einen Blick**
Funktion:
- Abtöten potenziell schädlicher Mikroorganismen
- Abtöten von Schwebealgen

Anwendungsbereich:
Aquarien mit empfindlichen, krankheitsanfälligen Fischen

Das Meerwasser

Für unsere Aquarien benötigen wir Meerwasser, das dem natürlichen Wasser in den Korallenriffen möglichst weitgehend entspricht. Die Herstellung dieses „künstlichen Meerwassers" ist heute sehr einfach geworden: Ein spezielles Salzgemisch, das man in Aquaristikfachgeschäften kaufen kann, wird mit Süßwasser versetzt, bis man eine Meersalzlösung mit der korrekten Dichte hat. In diesem Kapitel möchte ich auf die Herstellung des Meerwassers und einige Begriffe, die in diesem Zusammenhang eine wichtige Rolle spielen, eingehen.

Meerwasser ist eine komplexe Flüssigkeit mit gelösten Salzen. Diese liegen im Wasser in ionischer Form vor, sie sind also entweder positiv oder negativ geladen. Alle zusammen machen durchschnittlich etwa 34,7 g/l Meerwasser aus. Alternativ sagt man dazu auch, dass der durchschnittliche Salzgehalt oder die Salinität des Meerwassers 34,7 ‰ beträgt.

Man geht heute davon aus, dass alle bekannten Elemente im Meerwasser gelöst sind. Von ihnen sind einige von großer Bedeutung für die marinen Organismen, andere haben dagegen nach heutigem Kenntnisstand keinerlei Funktion. Aufgrund der Konzentration dieser Elemente kann man sie in zwei Untergruppen klassifizieren: 1. die Hauptelemente und 2. die Spurenelemente. Als Einteilungskriterium wird die Konzentration eines Elementes verwendet: Hat ein Element einen entscheidenden Anteil an dem Salzgehalt des Meerwassers, wird es zu den Hauptelementen gezählt, andernfalls rechnet man es zu den Spurenelementen (SPOTTE 1979). Die Grenze zwischen beiden Gruppen beträgt 1 mg/kg Meerwasser: Oberhalb dieser Konzentration handelt es sich um ein Hauptelement, darunter um ein Spurenelement. An dieser Stelle sei angemerkt, dass die Zugehörigkeit eines Elementes zu einer der beiden Gruppen nichts über dessen Bedeutung für den einen oder anderen marinen Organismus aussagt.

Die Qualität des künstlichen Meerwassers ist von entscheidender Bedeutung für den Erfolg in der Meerwasseraquaristik, insbesondere wenn man so empfindliche Tiere wie den Fahnenbarsch *Pseudanthias bimaculatus* pflegen möchte.

Hauptelemente bzw. -ionen des Meerwassers (nach SPOTTE 1979)

Element/Ion	Chemisches Symbol	Konzentration in g/kg Meerwasser (bei eine Salinität von 35 ‰)
Chlorid	Cl^-	19,354
Sulfat	SO_4^{2-}	2,712
Bromid	Br^-	0,0673
Fluorid	F^-	0,0013
Bor	B	0,0045
Natrium	Na^+	10,770
Magnesium	Mg^{2+}	1,290
Kalzium	Ca^{2+}	0,4121
Kalium	K^+	0,399
Strontium	Sr^{2+}	0.0079

Zu den Hauptelementen zählen – geordnet gemäß ihrer Konzentration – Chlorid (Cl^-), Natrium (Na^+), Sulfat (SO_4^{2-}), Magnesium (Mg^{2+}), Kalzium (Ca^{2+}), Kalium (K^+), Bromid (Br^-), Strontium (Sr^{2+}), Bor (B) und Fluorid (F^-). Die Konzentrationen sind der Tabelle oben zu entnehmen.

Wichtige Spurenelemente sind z. B. Kupfer (Cu), Jod (I) oder Eisen (Fe). Die Konzentrationen einiger Spurenelemente und Beispiele ihrer biologischen Funktionen sind in der Tabelle unten zusammengefasst (siehe auch Seite 99 ff., BROCKMANN 2006/2007, 2007c).

Dichte

Um den Salzgehalt eines Meerwassers anzugeben, wird meistens der Begriff der Dichte verwendet. Im Falle des Meerwassers ist sie definiert als die Masse aller gelösten Salze (in Gramm) pro Milliliter Wasser. Die Dichte ist abhängig von der Temperatur. Daher ist eine Dichteangabe ohne gleichzeitige Temperaturangabe für uns Meerwasseraquarianer wertlos. Hierfür ein kurzes Beispiel: Löst man 33 g Meersalz in 1 l Wasser (der Salzgehalt ist 33 ‰), so erhält man bei einer Temperatur von 20 °C eine Dichte von 1,0231 g/ml, bei einer Temperatur von 22 °C hat dieselbe Lösung dagegen eine Dichte von 1,0227 g/ml und bei 25 °C eine Dichte von 1,0220 g/ml. Dieses Beispiel macht deutlich, welchen Einfluss die Temperatur auf die Dichte hat und wie wichtig es für den Aquarianer demzufolge ist, die Dichte mit Messgeräten, die auf die richtige Temperatur geeicht sind, zu bestimmen und einzustellen. Verwendet man Geräte,

Einige Spurenelemente und ihre Funktionen (nach TAIT 1971; SPOTTE 1979; JUNGERMANN & MÖHLER 1980)

Spuren-element	Chemisches Symbol	Konzentration im natürlichen Meerwasser (µg/l)	Funktionen
Jod	I	60	Wachstum von Braunalgen, Bestandteil des Hormons Thyroxin
Molybdän	Mo	10	Nitratassimilation und -reduktion, Bestandteil von Redoxenzymen
Zink	Zn	4,9	Umsetzung der Erbinformation in Pflanzen und Tieren, Stabilisierung von Proteinen
Vanadium	V	2,5	Wachstum der Algen; Bestandteil des Blutfarbstoffs der Ascidien
Eisen	Fe	2	Chlorophyllproduktion, Redox-Prozesse in Algen, Sauerstofftransport, Bestandteil von Redoxenzymen
Kupfer	Cu	0,5	Photosynthese; Bestandteil mancher Blutfarbstoffe, Bestandteil von Redoxenzymen
Mangan	Mn	0,2	Chlorophyllsynthese, Photosynthese, Enzymaktivierung
Kobalt	Co	0,05	Bestandteil des Vitamins B12

die nicht auf die im Aquarienwasser eingestellte Temperatur geeicht sind, kann die Dichte fehlerhaft eingestellt sein und schnell in für Fische und Wirbellose ungünstige Bereiche gelangen.

Für die meisten Meerwasseraquarien empfiehlt sich eine Dichte von 1,022–1,024 g/ml bei 25 °C. Dies entspricht einem Salzgehalt von etwa 33–35,7 ‰ (entsprechend 33–35,7 g Salz pro einem Liter Wasser).

Bestimmung der Dichte des Meerwassers

Es gibt heute viele geeignete Geräte, um die Dichte des Meerwassers zu bestimmen. Die einfachste und preisgünstigste Variante ist nach wie vor der Dichtemesser oder, wie er auch genannt wird, das Aräometer. Ein handelsübliches Aräometer ist in der Abbildung unten dargestellt. Zur Messung des Salzgehaltes wird es einfach in eine strömungsschwache Stelle des Aquariums gegeben. Wenn das Aräometer sich eingependelt hat, wird die Dichte an der Skalierung des Aräometers genau an der Wasseroberfläche abgelesen. Entscheidend ist, dass das Aräometer auf die Wassertemperatur geeicht ist. Da in der Regel die Wassertemperatur um 24–26 °C liegen sollte, wird man ein Aräometer kaufen, das auf diese Temperatur geeicht ist.

Dichtemessgerät nach dem Schwingnadel-Prinzip. Man beachte, dass das abgebildete Messgerät die Salinität und die spezifische Dichte angibt, die in die Dichte umgerechnet werden müssen. Zu Einzelheiten siehe den Text unten.

Andere Dichtemesser funktionieren nach dem Schwingnadel-Prinzip (siehe Foto oben). Bei diesem Messgerät füllt man Meerwasser in ein Gefäß, in dem sich eine Schwingnadel befindet. Diese pendelt sich auf die jeweilige **spezifische** Dichte ein, die man nun an einer Skalierung ablesen kann.

Man beachte, dass das oben abgebildete Messgerät die spezifische Dichte angibt, die niedriger als die Dichte ist. Zur Ermittlung der Dichte muss die spezifische Dichte daher mit Hilfe einer Tabelle letztendlich noch in die Dichte umgewandelt werden. Eine entsprechende Tabelle findet sich in GLASER (2008).

Die Dichte des Meerwassers kann mit einem Aräometer bestimmt werden. Dazu wird die Dichte einfach an der Skalierung des Aräometers abgelesen. Da die Dichte von der Temperatur abhängt, sollte das Aräometer auf die Temperatur im Aquarium geeicht sein.

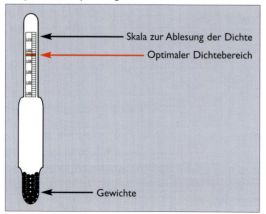

Dichte: das Wichtigste auf einen Blick

Optimale Dichte für ein Meerwasseraquarium:
1,022–1,024 g/ml bei 25 °C

Regelmäßige Arbeiten:
wöchentliche Kontrolle der Dichte

Was tun, wenn die Dichte zu niedrig ist?
Langsames Anheben der Dichte (über mehrere Tage) indem man Nachfüllwasser mit erhöhter Dichte verwendet. Hierbei ist die ständige Kontrolle der Dichte im Aquarium notwendig.

Was tun, wenn die Dichte zu hoch ist?
Absaugen des Aquarienwassers und ersetzen durch Süßwasser. Hierbei ist die ständige Kontrolle der Dichte im Aquarium notwendig. Auch bei einer zu hohen Dichte sollte der richtige Wert über Tage eingestellt werden.

Ansetzen des Meerwassers

Das korrekte Ansetzen des Meerwassers hat eine große Bedeutung. Denn wenn man hier einige grundlegende Bedingungen einhält, kann man sich viele Folgeprobleme im Aquarium ersparen. Für das Ansetzen des Meerwassers sollte man folgende Schritte einhalten:

Schritt 1: Testen des Leitungswassers, das als Ausgangswasser zur Herstellung des Meerwassers verwendet werden soll
Schritt 2: ggf. die Aufbereitung des Leitungswassers, um es als Ausgangswasser für das Meerwasser brauchbar zu machen.
Schritt 3: Herstellung des Meerwassers
Schritt 4: endgültige Einstellung der korrekten Dichte

Schritt 1:
Testen des Ausgangswassers

In den meisten Gebieten Deutschlands besitzt das Leitungswasser eine so hohe Qualität, dass es bedenkenlos als Ausgangswasser für das Meerwasser verwendet werden kann. Allerdings sollten drei Substanzen – allesamt Nährstoffe – in sehr niedrigen Konzentrationen vorliegen, um spätere Algenprobleme weitgehend zu vermeiden. Hierbei handelt es sich um Nitrat, dessen Konzentration unter 20 mg/l liegen sollte, Phosphat, dessen Konzentration unter 0,2 mg/l liegen sollte, und Silikat, dessen Konzentration unter 5 mg/l liegen sollte. Um sicherzustellen, dass diese Grenzwerte im Leitungswasser nicht überschritten werden, kann man sich entweder eine Analyse vom zuständigen Wasserwerk zukommen lassen oder das Leitungswasser mit entsprechenden Testkits selber analysieren. Die Wasserwerke geben, wenn man sein Anliegen vorträgt, in der Regel gerne Auskunft. Viele Wasserwerke haben entsprechende Analysen auch bereits auf ihrer Homepage abrufbar. Liegen die oben angesprochenen Verbindungen in akzeptablen Grenzen, kann man sein Meerwasser direkt mit dem Leitungswasser ansetzen. Schritt 2 kann dann übersprungen werden.

Manche Aquarianer möchten auf eigenes Brunnenwasser als Ausgangswasser für ihr Meerwasser zurückgreifen, in der Annahme, das Brunnenwasser sei qualitativ hochwertiger als Leitungswasser. Das ist leider häufig nicht der Fall. Vorsicht ist insbesondere in landwirtschaftlichen Bereichen oder in Gegenden geboten, in denen viele Industrieunternehmen angesiedelt sind. Hier können immer wieder Verunreinigungen ins Wasser gelangen, die später im Aquarium zu Problemen führen. Daher gilt hier das Gleiche wie im vorherigen Absatz: Vor der Verwendung sollte zumindest die Nitrat-, Phosphat- und Silikat-Konzentration bestimmt werden. Erst wenn sich hier entsprechend niedrige Werte zeigen, kann das Wasser unaufbereitet verwendet werden.

Schritt 2:
Aufbereiten des Ausgangswassers

Sind im Leitungswasser Nitrat, Phosphat und Silikat zu hoch konzentriert, sollte es aufbereitet werden. Das einfachste und geeignetste hierfür zur Verfügung stehende Verfahren ist die Umkehrosmose. Dabei wird das Leitungswasser durch eine Membran mit extrem kleinen Löchern geleitet, durch die nur die Wassermoleküle hindurch kommen. Moleküle, die größer als Wassermoleküle sind, werden zurückgehalten. Hierzu gehören Nitrat, Phosphat und Silikat, aber auch so wichtige Substanzen wie Kalzium oder auch die Karbonate. Je nach Qualität der Membran werden bis 97 % des Nitrats, 99 % des Phosphats und 86 % des Silikats entfernt. Am Ende der Umkehrosmoseanlage erhalten wir zwei Wassersorten: 1. das Reinwasser, das wir für die Herstellung das Meerwassers verwenden, und 2. das „Abfallwasser", in dem die anorganischen Nährstoffe und Salze angereichert sind. Dieses Abfallwasser kann man für andere Zwecke verwenden, z. B. zum Gießen der Blumen etc.

Der eigentlichen Membran sind in der Regel Vorfilter vorgeschaltet, um Grobpartikel, die die Membran verstopfen können, oder schädliche Verbindungen, die die Membran zerstören (z. B. Chlor), zu entfernen. Dennoch hat eine solche Membran nur eine begrenzte Lebensdauer. Sie muss daher regelmäßig ausgetauscht werden.

Das Meerwasser

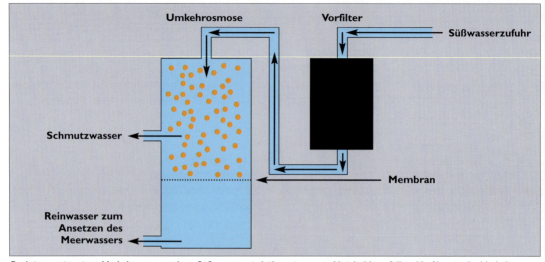

Funktionsweise einer Umkehrosmoseanlage: Süßwasser wird über einen mit Aktivkohle gefüllten Vorfilter in die Umkehrosmoseanlage geleitet. Hier wird mittels einer Membran das Reinwasser von dem mit Verunreinigungen und schädlichen Ionen angereicherten Schmutzwasser getrennt. Das Reinwasser wird zum Ansetzen des Meerwassers verwendet, das Schmutzwasser kann z. B. zum Gießen der Blumen eingesetzt werden. Die Verunreinigungen sind durch orange Punkte symbolisiert, der Wasserfluss ist durch Pfeile gekennzeichnet.

Wer die Kosten für Anschaffung einer Umkehrosmoseanlage scheut oder keinen Platz dafür zur Verfügung hat, kann aufbereitetes Wasser auch im Aquaristikfachhandel erstehen. Während dies für die erste Füllung recht aufwändig ist (man denke nur an den Transport des Wassers), kann es für das Nachfüllen von verdunstetem Wasser und für die Herstellung des Wassers für einen Teilwasserwechsel eine gute Alternative sein.

An dieser Stelle soll der Vollständigkeit halber noch erwähnt werden, dass es weitere Methoden zur Aufbereitung des Ausgangswassers gibt, z. B. die Verwendung von destilliertem Wasser. Diese Verfahren sind aber teurer und aufwändiger als die Umkehrosmose und werden daher heute nur noch selten von Meerwasseraquarianern eingesetzt.

Schritt 3:
Herstellung des Meerwassers

Hat man qualitativ hochwertiges Ausgangswasser, kann man daraus das Meerwasser herstellen. Ausgangsprodukt ist ein handelsübliches Meersalzgemisch, das man von verschiedenen Herstellern im Aquaristikfachmarkt erwerben kann. Man erhält heute zwei Arten von Meersalz: 1. das „normale Salz", das nach Auflösung im Ausgangswasser eine Zusammensetzung gleich dem natürlichen Meerwasser ergibt, und 2. angereicherte Meersalze. In Letzteren ist die Konzentration einiger Ionen erhöht, z. B. die des Kalziums, um in Spezialaquarien, in denen viele Kalk verbrauchende Organismen leben (z. B. Steinkorallen), Kalzium länger in ausreichend hoher Konzentration zur Verfügung zu haben. Diese angereicherten Spezialsalze wurden speziell für Korallenaquarien entwickelt. Für den Einsteiger in die Meerwasseraquaristik sind sie nicht von Interesse. Er sollte vielmehr zu den Normalsalzen greifen.

Hat man nun Salz und Ausgangswasser in ausreichenden Mengen zur Verfügung, kann man sich an die Herstellung des Meerwassers machen. Bei der Erstbefüllung (**nicht** bei Teilwasserwechseln) kann das Meerwasser direkt im Aquarium angesetzt werden. Hat man sich für eine Dekoration aus trockenen (also nicht aus Lebenden Steinen) entschieden, kann man das Aquarium vor der Erstbefüllung vollständig de-

Das Meerwasser

Eine Voraussetzung zur erfolgreichen Pflege von Riffaquarien ist ein auf die korrekte Dichte eingestelltes Meerwasser, das aus Süßwasser guter Qualität und Markenmeersalzen, die im Aquaristikfachhandel erhältlich sind, hergestellt wird. Bei dem Ansetzen des Meerwassers sollte man sehr sorgfältig und akkurat vorgehen, denn eine falsche Dichte führt unweigerlich zu großen Problemen im Meerwasseraquarium.

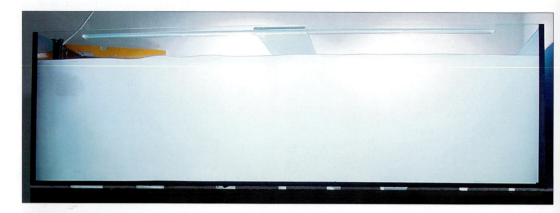

Frisch angesetztes Meerwasser ist aufgrund chemischer Prozesse immer trüb. Es sollte erst verwendet werden (z. B. bei Teilwasserwechseln), wenn es völlig klar ist.

korieren. Nur auf den Bodengrund sollte man aus praktischen Erwägungen verzichten. Das Dekorieren eines leeren Aquariums ist viel einfacher, als wenn es vollständig mit Wasser gefüllt ist. Bodengrund sollte man deshalb noch nicht einfüllen, da sich dieser mit dem Meersalz vermischt, das dann schwerer in Lösung geht. Will man sein Aquarium dagegen mit Lebenden Steinen dekorieren, muss das Aquarium mit Wasser einer entsprechenden Dichte gefüllt und richtig temperiert sein, bevor die Lebenden Steine in das Aquarium eingesetzt werden.

Zur Erstbefüllung des Aquariums geht man wie folgt vor: Zuerst berechnet man das Leervolumen nach der Formel Länge x Breite x Höhe. Hierbei müssen unbedingt die Innenmaße und die vorgesehene Füllhöhe in die Formel eingesetzt werden, da ansonsten eine zu hohe Literzahl zustande kommt und das Aquarienwasser nachher eine zu hohe Dichte hat. Auch muss man das Dekorationsmaterial vom Wasservolumen abziehen. Dies muss man allerdings schätzen. Da hierbei in der Regel ungenaue Werte herauskommen, muss man später eine Nachjustierung der Dichte vornehmen.

Nun ein Beispiel: Ein Aquarium hat die Innenmaße 137 x 57 cm (Länge x Tiefe) und eine Füllhöhe von 57 cm. Dies ergibt ein Volumen von 137 x 57 x 57 = 445.113 cm^3. Dividiert man diese Zahl durch 1.000 so erhält man die Literzahl (in unserem Beispiel ca. 445 l). Nun muss man hiervon noch die Dekoration abziehen. Wir schätzen, dass das Dekorationsmaterial etwa 50 l ausmacht. Um nun auf das Nettowasservolumen zu kommen, zieht man von den 445 l die 50 l ab, was 395 l ergibt. Das Aquarium wird, wenn es vollständig dekoriert ist, also etwa 395 l Wasser enthalten.

Das Aquarienwasser soll später eine Dichte von 1,0228 g/ml (bei 25 °C) aufweisen. Dies entspricht einem Salzgehalt von 34 ‰ oder 34 g des Salzes auf 1 l Wasser. Wir benötigen also zur Erstbefüllung 34 g x 395 Liter = 13.430 g bzw. 13,4 kg des Meersalzes.

Zum Lösen des Salzes kann man es entweder direkt in das Aquarium geben und anschließend das Wasser einfüllen oder eine hochkonzentrierte Salzlösung in einem Eimer herstellen, die man dann direkt ins Aquarium gibt, um anschließend den Rest des Wassers zuzugeben. Befinden sich

Wasser und Salz im Aquarium, werden die Strömungspumpen zur vollständigen Lösung des Salzes und die Heizung angestellt, um die endgültige Temperatur zu erreichen.

Schritt 4:
Einstellung der richtigen Dichte

Meistens wird die Dichte nicht exakt stimmen, wenn man das Verfahren, das in Schritt 3 besprochen wurde, anwendet. Häufig wird sie etwas zu hoch sein, da man das Volumen der Dekoration nicht richtig abgeschätzt hat. Ein bis zwei Tage nach der Erstbefüllung wird daher die Dichte des Aquarienwassers mit einem Aräometer bestimmt und bei zu hohem Salzgehalt etwas Aquarienwasser gegen Süßwasser ausgetauscht bzw. bei zu niedrigem Salzgehalt weiteres Salz im Aquarium gelöst. Meistens ist nur ein ein- bis zweimaliges Nachjustieren nötig, bis man die gewünschte Dichte erreicht hat. Hat man die Dichte korrekt eingestellt, kann man den Bodengrund in das Aquarium einfüllen.

Auffüllen von verdunstetem Wasser

Aus dem Aquarium verdunstet ständig Wasser, ob es nun abgedeckt ist oder offen betrieben wird. An dieser Stelle ist es wichtig zu wissen, dass nur reines Wasser verdunstet, während das im Wasser gelöste Salz im Aquarium verbleibt. Dies bedeutet, dass die Dichte ständig etwas zunimmt. Nicht nur aus ästhetischen Gesichtspunkten muss das verdunstete Wasser daher regelmäßig nachgefüllt werden, am besten in offenen Aquarien täglich, um Dichteschwankungen so weit wie möglich zu reduzieren. Bei Aquarien, die abgedeckt sind, ist das Nachfüllen entsprechend seltener nötig. Beim Nachfüllen des verdunsteten Aquarienwassers durch Süßwasser muss man unbedingt darauf achten, dass es durch die Strömung im Aquarium nicht direkt auf Korallen getrieben wird. Dies kann zu osmotischen Schocks und zum Verenden empfindlicher Korallen führen. Das Süßwasser wird also langsam an einer strömungsstarken Stelle in das Aquarium gegeben, um ein möglichst schnelles Vermischen zu gewährleisten. Zum Nachfüllen des verdunsteten Wassers darf also **nur Süßwasser** verwendet werden, auf keinen Fall Meerwasser! Viele Aquarianer bereiten das Süßwasser noch zum so genannten Kalkwasser auf, das dann nachts tröpfchenweise in das Aquarium gegeben wird. Zur Herstellung, den Vorteilen und der Verwendung des Kalkwassers siehe Seite 92 ff.

Verdunstetes Wasser darf niemals durch Meerwasser ersetzt werden, sondern immer nur durch Süßwasser oder aufbereitetes Kalkwasser. Da ausschließlich reines Wasser verdunstet und die Salze im Aquarienwasser verbleiben, würde die Verwendung von Meerwasser zum Ergänzen des verdunsteten Wassers zwangsläufig zu einer Erhöhung der Dichte führen.

Teilwasserwechsel

Viele Meerwasseraquarianer führen regelmäßig einen so genannten Teilwasserwechsel durch, bei dem ein Teil des Meerwassers abgesaugt und durch frisches Meerwasser ersetzt wird. Sinn des Teilwasserwechsels ist einerseits, die Konzentration von Stoffwechselendprodukten wie Nitrat oder dem giftigen Nitrit zu reduzieren und damit die Entlastung der Filtersysteme (siehe Seite 56 ff.), andererseits aber auch die Nachdosierung von Spurenelementen. Während man den Effekt des Teilwasserwechsels auf die Konzentration der Spurenelemente im Aquarienwasser nur sehr schwer messen kann, lässt sich sein

Zum Teilwasserwechsel können mittels eines Schlauches Mulmreste und Detritus aus dem Aquarium abgesaugt werden.

Effekt auf z. B. die Reduzierung der Nitrat-Konzentration direkt bestimmen und auch ausrechnen. Hierzu ein Beispiel: Ein Aquarium mit einem Nettoinhalt von 200 l hat eine Nitrat-Konzentration von 30 mg/l. Nun führen wir einen 10%igen Teilwasserwechsel (entsprechend 20 l) durch, wobei das Frischwasser eine Nitrat-Konzentration von 0 mg/l hat. Nach dem Teilwasserwechsel weist das Aquarienwasser dann eine Nitrat-Konzentration von 27 mg/l aus. An dieser Stelle sei angemerkt, dass solche Teilwasserwechsel natürlich nur dann Sinn ergeben, wenn das als Ausgangswasser verwendete Süßwasser von hervorragender Qualität ist (siehe Seite 81 ff.). Hat das Süßwasser schon eine Nitratkonzentration von 20 mg/l, ist ein Teilwasserwechsel unter dem Gesichtspunkt der Schadstoffverminderung natürlich sinnlos. Es empfiehlt sich also, die Qualität des Süßwassers zu überprüfen.

Erfahrungsgemäß sollte ein Teilwasserwechsel in Riffaquarien bei 10–20 % des Gesamtaquarienvolumens im Monat liegen (in reinen Fischaquarien kann er durchaus deutlich höher sein, mit bis 50 %). Erheblich niedrigere Mengen haben kaum einen Einfluss auf das Wassermilieu, Werte über 20 % dagegen bewirken in Riffaquarien häufig eine kurzfristige Verschlechterung des Milieus, was an verstärktem Algenwachstum sichtbar wird.

Der Teilwasserwechsel sollte regelmäßig durchgeführt werden. Dabei saugt man mit einem Schlauch altes Wasser aus dem Aquarium ab, ggf. können hierbei auch Mulm aus dem Bodengrund und der Dekoration sowie Algen mit entfernt werden. Anschließend stellt man in einem Eimer (Vorsicht, der Eimer darf keine giftigen Stoffe abgeben!) Meerwasser der benötigten Dichte her (siehe weiter vorne), das dann portionsweise in das Aquarium gegeben wird. Damit wartet man so lange, bis sich alles Salz im Eimer gelöst hat (regelmäßig umrühren) und das Wasser klar ist. Es wird nun an einer Stelle ins Aquarium gegeben, an der die Strömung sehr stark ist und das frische Meerwasser direkt verwirbelt wird. Allerdings muss man dabei aufpassen, dass es die Strömung nicht direkt auf empfindliche Wirbellose drückt.

Nach meinen Erfahrungen führen regelmäßige Teilwasserwechsel zu einem deutlich besseren Aquarienmilieu, Korallen stehen besser und wachsen schneller, viele Fische sind vitaler. Ich empfehle daher jedem Aquarianer nachdrücklich den Teilwasserwechsel, wie er weiter vorne beschrieben ist.

**Teilwasserwechsel:
das Wichtigste auf einen Blick**
Funktion:
- Reduzierung der anorganischen Nährstoffe (Nitrat und Phosphat)
- Ergänzung von Spurenelementen

Anwendungsbereich
alle Aquarientypen: in Riffaquarien ca. 10–20 % im Monat auf vier Chargen (also 2,5% pro Woche) verteilt;
in reinen Fischaquarien kann der Teilwasserwechsel bis zu 50 % im Monat betragen

Regelmäßige Arbeiten:
Überprüfen der Qualität des Süßwassers; ggf. muss zu Umkehrosmosewasser (siehe Seite 81 ff.) gegriffen werden.

Die wichtigsten Wasserwerte, ihre Kontrolle und Aufrechterhaltung

In der Meerwasseraquaristik ist es wichtig, bestimmte Wasserparameter regelmäßig zu messen, um einer Verschlechterung des Wassermilieus und damit dem Verlust von Fischen und Wirbellosen vorzubeugen. In diesem Zusammenhang wurden die Dichte (siehe Seite 79 ff.), die Temperatur (siehe Seite 74 ff.), die Nitrat- und die Phosphat-Konzentration (siehe Seiten 49 ff. und 51 ff.) schon angesprochen. Ihre optimalen Werte sind in der Tabelle unten noch einmal zusammengefasst. Weitere Werte, die kontrolliert werden müssen, sind der pH-Wert, die Karbonathärte und der Kalziumgehalt. Auf sie soll nachfolgend detailliert eingegangen werden.

pH-Wert

Vereinfacht ausgedrückt ist der pH-Wert ein Maß dafür, ob das Aquarienwasser (oder irgendeine andere Lösung) sauer oder basisch bzw. alkalisch reagiert.

> **Im Detail**
>
> Wasser setzt sich aus den Elementen Wasserstoff (chemisches Symbol H) und Sauerstoff (chemisches Symbol O) zusammen: aus zwei Molekülen Wasserstoff und einem Molekül Sauerstoff entsteht ein Molekül Wasser (H_2O). Das Wasser kann sich aber bei Zugabe von Salzen in Wasserstoff-Ionen (H^+) und Hydroxid-Ionen (OH^-) zersetzen. Überwiegt die Anzahl der Wasserstoff-Ionen, spricht man davon, dass das Wasser sauer ist, überwiegt die Konzentration von Hydroxid-Ionen, ist das Wasser basisch bzw. alkalisch.

Beim pH-Wert handelt es sich um nichts anderes als eine Konzentrationsangabe der Wasserstoff-Ionen im Wasser, die man durch einfache Verfahren messen kann: Das Wasser ist sauer bei einem pH-Wert von 0 (stark sauer) bis 6,9 (schwach sauer), alkalisch dagegen ist es bei einem pH-Wert von 7,1 (schwach basisch oder schwach alkalisch) bis 14 (stark basisch oder stark alkalisch). Bei einem pH-Wert von 7 reagiert das Wasser neutral, es hat eine gleiche Anzahl von Wasserstoff- und Hydroxid-Ionen. Wer sich weitergehend über den pH-Wert und seine mathematischen Grundla-

Optimale Wasserparameter und Messzeitintervalle			
Messwert	Chemisches Symbol	Optimaler Bereich	Messzeitintervall
Temperatur		24–26 °C (alle tropischen Aquarientypen)	täglich
Dichte		1,022–1,024 g/ml (25 °C)	wöchentlich
pH-Wert		tageszeitliche Schwankungen von 7,8–8,5	alle 2 Wochen
Karbonathärte		7–10 °KH	alle 2 Wochen
Kalzium-Konzentration	Ca^{2+}	420 mg/l	• Riffaquarien: alle 2 Wochen • Fischaquarien: alle 2–3 Monate
Nitrit	NO_2^-	< 0,1 mg/l	• Einfahrphase: wöchentlich • Fischaquarien: wöchentlich • Riffaquarien: alle 4 Wochen
Nitrat	NO_3^-	• Fischaquarien: < 40 mg/l • Riffaquarien: < 10 mg/l	alle 4 Wochen
Phosphat	PO_4^{3-}	• Fischaquarien: < 1 mg/l • Riffaquarien (Steinkorallen): < 0,1 mg/l	alle 4 Wochen

gen informieren möchte, der sei an dieser Stelle an FOSSÅ & NILSEN (2001) verwiesen.

Der pH-Wert des Oberflächenmeerwassers in den Korallenriffen liegt durchschnittlich bei 8,2 +/- 0,1 (MILLERO 1996). Jedoch kann dieser Wert durchaus schwanken, je nachdem, welchen Biotop man sich anschaut. Ebbetümpel oder Lagunen mit starkem Bewuchs an Seegras haben aufgrund des Kohlendioxid-Verbrauchs durch die Fotosynthese der Algen und Seegräser teilweise höhere pH-Werte (8,2–8,9), wohingegen er in 1.000 m Tiefe aus verschiedenen Gründen durchaus bei nur 7,5 liegen kann.

In unseren Meerwasseraquarien wird sich in der Regel automatisch der gewünschte durchschnittliche pH-Wert von 8,1–8,2 einstellen. Jedoch ist dieser Wert nicht konstant, sondern unterliegt tageszeitlichen Schwankungen: Vor dem Anschalten des Lichtes kann er durchaus bei 7,8–7,9 liegen, kurz vor Abschalten der Beleuchtung bei 8,5. Diese Schwankungen sind normal und geben keinen Anlass zur Beunruhigung. Sie kommen dadurch zustande, dass während der Beleuchtungsphase die Karbonate durch die Fotosynthese der Algen verbraucht werden und während der Dunkelheit durch die Atmung der Tiere Kohlendioxid entsteht, das sich mit Wasser zu Kohlensäure verbindet, die das Wasser ansäuert.

Der pH-Wert kann im Meerwasseraquarium zwischen 7,9 (morgens, vor dem Anschalten der Beleuchtung) und 8,5 (abends, bevor die Beleuchtung ausgeht) schwanken. Er wird am leichtesten durch Tropftests bestimmt, wobei die Farbe des Wassers im Reagenzglas mit einer Farbschablone abgeglichen wird.

pH-Wert: das Wichtigste auf einen Blick
optimaler pH-Wert für ein Meerwasseraquarium: 8,1–8,2; tageszeitliche Schwankungen von pH 7,8 (vor Anschalten der Beleuchtung) bis pH 8,5 (vor Abschalten der Beleuchtung) sind normal und geben keinen Anlass zur Besorgnis.

Regelmäßige Arbeiten:
Messen des pH-Wertes alle zwei Wochen

Was tun, wenn der pH-Wert dauerhaft unter 7,8 fällt?
• Teilwasserwechsel zur Verbesserung der Wasserqualität
• Überprüfung der Karbonathärte und ggf. Erhöhung der Pufferkapazität (siehe Seite 89 ff.)
• Bei Verwendung eines Kalkreaktors kann zu viel Kohlensäure in das Aquarium gelangen. In diesem Fall muss die Kohlendioxiddosierung in den Reaktor verringert werden.

Was tun, wenn der pH-Wert dauerhaft über 8,6 ansteigt?
• Teilwasserwechsel zur Verbesserung der Wasserqualität
• Überprüfung der Karbonathärte und ggf. Erhöhung der Pufferkapazität (siehe Seite 89 ff.)
• Wuchern im Aquarium zahlreiche Algen, kann es aufgrund ihrer Fotosynthese zu einem starken Anstieg des pH-Werts kommen. In diesem Fall müssen die Algen ausgedünnt werden.

Für den relativ konstanten pH-Wert des Meerwassers ist sein Puffersystem verantwortlich. Es bewirkt, dass es bei Zugabe von Säuren und Basen, die z. B. durch bakterielle Tätigkeiten entstehen, oder den Verbrauch von Karbonaten (z.B. durch die Fotosynthese), nicht zu Schwankungen des pH-Werts kommt. Das Puffersystem, das im Meerwasser für die Stabilität des pH-Wertes sorgt, ist das Hydrogenkarbonat/Karbonat-System. Jedoch kann ein Puffersystem nicht unbegrenzt Säuren und Basen neutralisieren. Hier kommt nun die Pufferkapazität ins Spiel.

Grundbaustein des Hydrogenkarbonat/Karbonat-Puffersystems ist das Kohlendioxid (CO_2) der Luft. Das CO_2 löst sich im Meerwasser und bildet dort Kohlensäure (H_2CO_3). Die Kohlensäure ist jedoch nicht stabil und zerfällt in Hydrogenkarbonat (HCO_3^-) und Karbonat (CO_3^{2-}). Die entsprechenden chemischen Reaktionsgleichungen sehen wie folgt aus:

$$CO_2 + H_2O \rightarrow H_2CO_3$$
$$H_2CO_3 \leftrightarrow H^+ + HCO_3^- \leftrightarrow 2\,H^+ + CO_3^{2-}$$

Die wichtigsten Wasserwerte, ihre Kontrolle und Aufrechterhaltung

> Die Endprodukte der Zersetzung bzw. das Verhältnis der Produkte Hydrogenkarbonat zu Karbonat sind abhängig vom pH-Wert des Wassers. Bei einem pH-Wert von 8,2, wie er in vielen Meeresaquarien vorherrscht, liegen 90 % des gelösten Kohlendioxids als Hydrogenkarbonat, 9,4 % als Karbonat und etwa 0,6 % als freie Kohlensäure vor (SPOTTE 1979). Die puffernde Wirkung kommt nun dadurch zustande, dass Hydrogenkarbonat einerseits mit Säuren unter Bildung von Kohlensäure reagieren kann, andererseits mit Basen unter Bildung von Wasser zu Karbonat. Dadurch bleibt der pH-Wert des Aquarienwassers unter Einfluss von Säuren und Basen recht konstant.

Pufferkapazität, Karbonathärte und Alkalinität

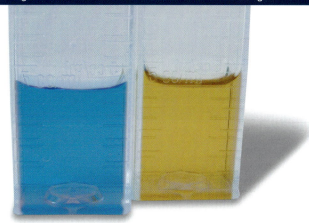

Die Karbonathärte ist ein Maß für die Pufferkapazität des Meerwassers. Sie sollte am besten zwischen 7 und 10 °KH liegen. Gemessen wird die Karbonathärte durch einen Tropftest, wobei die Anzahl der benötigten Tropfen bis zu einem Farbumschlag von Blau (links) nach Gelb (rechts) der gemessenen Karbonathärte entspricht. Zum Beispiel: Es werden 8 Tropfen Reagenz bis zum Farbumschlag benötig. Dies entspricht einer Karbonathärte von 8 °KH.

Die Pufferkapazität ist ein Maß dafür, welche Mengen an Säuren oder Basen in das Aquarienwasser gelangen können, ohne dass sich der pH-Wert ändert. Aquarienwasser hat eine hohe Pufferkapazität, wenn es bei Zusatz von Säuren oder Basen zu keinen pH-Wert-Schwankungen kommt, und eine niedrige Pufferkapazität, wenn schon geringe Säure- oder Basenmengen zu deutlichen Veränderungen des pH-Werts führen. Meerwasseraquarien sind bei einer hohen Pufferkapazität sehr viel stabiler als bei einer niedrigen. Ziel muss es daher sein, in seinem Aquarium eine dem natürlichen Meerwasser vergleichbare Pufferkapazität zu erhalten.

Die Pufferkapazität beruht im Meerwasser auf einer Reihe von Verbindungen. An erster Stelle sind hier die Karbonate zu nennen, in weitem Abstand gefolgt von der Borsäure. Fasst man die puffernde Wirkung aller dieser Verbindungen zusammen, so spricht man von der Alkalinität bzw. Gesamtalkalinität oder dem Säurebindungsvermögen. Die Maßeinheit hierfür ist meq/l.

In der Meerwasseraquaristik hat sich zum Abschätzen der Pufferkapazität die Messung der Karbonathärte durchgesetzt. Sie spiegelt die Pufferkapazität der Hydrogenkarbonat- und Karbonationen wider, vernachlässigt dabei aber die puffernde Wirkung z. B. der Borsäure. Im eigentlichen Sinne spricht man also von der Karbonat-Alkalinität (FOSSÅ & NILSEN 2001). Die Maßeinheit hierfür ist °KH. Eine Umrechnung der Karbonathärte in die Alkalinität ist mit Hilfe folgender Gleichung möglich: Karbonathärte : 2,8 = Alkalinität. Hierzu zwei Beispiele:
(1) Das Aquarienwasser hat eine Karbonathärte von 8 °KH. Wie groß ist die Alkalinität? 8 : 2,8 = 2,85 meq/l
(2) Das Aquarienwasser hat eine Alkalinität von 1,5 meq/l. Wie groß ist die Karbonathärte? 1,5 x 2,8 = 4,2 °KH

Die Bestimmung der Karbonathärte ist völlig ausreichend, um die Pufferkapazität abzuschätzen. In der Praxis erfolgt sie mittels einfacher Tropftests, die man im Fachhandel erwerben kann. Die Karbonathärte sollte mindestens alle zwei Wochen gemessen werden.

Wie hoch sollte die Karbonathärte nun im Aquarienwasser sein? Als Richtwert gilt die Karbonathärte, wie man sie im Meer vorfindet. Nach SPOTTE (1979) variiert diese im Oberflächenwasser zwischen 5,9 und 7 °KH. In der Meerwasseraquaristik hat sich dagegen eine leicht erhöhte Karbonathärte zwischen 7 und 10 °KH bewährt.

In vielen Meerwaseraquarien liegt die Pufferkapazität in dem optimalen Intervall zwischen 7 und 10 °KH. Ein Ansteigen in für Wirbellose gefährliche Höhen (15 °KH und mehr; unter diesen Bedingungen werden z. B. Steinkorallen einheitlich braun und sterben dann ab) findet unter normalen Bedingungen nicht statt. Solche überhöhten Werte treten nur auf, wenn Karbonate falsch nachdosiert wurden (siehe Seite 94 ff.). Ein Absinken der Karbonathärte in reinen Fischaquarien ist dagegen häufig zu beobachten. Dies liegt daran, dass die hohe Konzentration an biologischen Abbauprodukten die Pufferkapazität verbraucht. Auch in Aquarien, die mit Kalkwasser betrieben werden (siehe Seite 92 ff.), kann die Karbonathärte auf 5 °KH und weniger absinken. In solchen Becken muss die Pufferkapazität durch geeignete Verfahren erhöht werden, um gefährlichen Schwankungen des pH-Werts zu begegnen. Diese Verfahren werden nachfolgend beschrieben.

Erhöhung der Karbonathärte durch Natriumhydrogenkarbonat/ Natriumkarbonat

Eine recht einfache Methode zur Erhöhung der Karbonathärte ist die Verwendung eines Gemisches aus Natriumhydrogenkarbonat und Natriumkarbonat in wässriger Lösung im Verhältnis 5 : 1 (WILKENS 1973). Eine solche Lösung besitzt einen pH-Wert von 8,0 und in Abhängigkeit von der Menge der gelösten Karbonate eine sehr hohe Karbonathärte. Zur Erhöhung der Karbonathärte des Beckenwassers gibt man geringe Mengen der Lösung vorsichtig in sein Aquarium, bevorzugt an einer Stelle mit einer starken Strömung, um eine schnelle Verteilung im Aquarium zu erreichen. Während der Dosierung der Karbonatlösung sollte die Karbonathärte des Aquarienwassers regelmäßig gemessen werden, um einen Anstieg über 10 °KH zu vermeiden. Auf diese Weise bewirkt man eine vorübergehende Steigerung der Karbonathärte, meist ist sie aber nach wenigen Tagen wieder abgefallen, und die Nachdosierung der Lösung muss wiederholt werden. Diese Methode eignet sich vor allem, um in reinen Fischaquarien die Pufferkapazität zu erhalten. Für Aquarien mit Korallen ist sie dagegen nicht geeignet, da mit ihr nur Karbonate, aber keine Kalziumionen zugefügt werden (siehe Seite 94 ff.).

Weitere Möglichkeiten, um die Pufferkapazität zu erhöhen, sind die Kalkreaktor- und die Kalziumchlorid/Natriumhydrogenkarbonat-Methode, die auf Seite 96 ff. bzw. 94 ff. vorgestellt werden.

> **Karbonathärte und Alkalinität: das Wichtigste auf einen Blick**
>
> Optimale Karbonathärte für ein Meerwasseraquarium: 7–10 °KH entsprechend einer Alkalinität von 2,5–3,6 meq/l
>
> Regelmäßige Arbeiten:
> Messen der Karbonathärte alle zwei Wochen
>
> **Was tun, wenn** die Karbonathärte zu niedrig (5 °KH) ist?
> • Fischaquarien: Erhöhen der Karbonathärte mit Hilfe einer Natriumkarbonat/Natriumhydrogenkarbonat-Lösung; hierbei ist eine häufige Bestimmung der Karbonathärte während der Dosierung der Lösung notwendig, um überhöhte Karbonathärten zu vermeiden.
> • Riffaquarien: Einsatz der Kalziumchlorid/Natriumhydrogenkarbonat-Methode (siehe Seite 94 ff.) oder eines Kalkreaktors (siehe Seite 96 ff.)
>
> **Was tun, wenn** die Karbonathärte zu hoch (über 15 °KH) ist?
> • Eine zu hohe Karbonathärte tritt in Meerwasseraquarien nur auf, wenn Methoden zu ihrer Erhöhung fehlerhaft eingesetzt werden. Diese Methoden sind sofort zu überprüfen. Das Nachdosieren der Natriumkarbonat/Natriumhydrogenkarbonat-Lösung bzw. der Kalziumchlorid/Natriumhydrogenkarbonat-Reagenzien ist sofort einzustellen, der Kalkreaktor ist ggf. abzustellen, bis die Karbonathärte wieder im Bereich von 7–10 °KH liegt. Dies geht in der Regel relativ schnell. Gegebenenfalls kann man auch einen Teilwasserwechsel durchführen, um die Karbonathärte zu verringern.

Kalziumgehalt

Kalzium spielt im Meerwasser eine entscheidende Rolle. Es ist zusammen mit Karbonat Strukturelement in Korallen und vielen Algen, baut diese also wesentlich mit auf. Steinkorallen haben z. B. ein Skelett aus Kalziumkarbonat, und viele Weichkorallen besitzen Skelettelemente aus demselben Material. Auch Kalkrotalgen produzieren, wie der Name schon sagt, große Mengen an Kalziumkarbonat. Dies bedeutet, dass alle diese Organismen große Mengen an Kalzium und Karbonat benötigen und verbrauchen (siehe auch Seite 10). In den Korallenriffen stellt dieser Verbrauch kein Problem dar, denn es gibt aufgrund des riesigen Wasserreservoirs ausreichen-

Kalzium ist ein wichtiges Element im Meerwasser. Es ist z. B. Grundbaustein für die Skelette der Steinkorallen, hier eine Geweihkoralle *Acropora* sp. Daher muss es in Riffaquarien immer in ausreichender Konzentration vorhanden sein.

de Mengen sowohl an Kalzium als auch an Karbonaten. Hinzu kommt ein Kalziumeintrag durch die Flüsse, und es gibt Prozesse, die Kalziumkarbonat auflösen, was ebenfalls den Kalziumpool wieder auffüllt. Vergleichbar verhält es sich mit den Karbonaten. Hier reicht alleine der riesige in der Luft vorhandene Kohlendioxid-Pool aus, um die verbrauchten Karbonate des Wassers wieder zu ersetzen. In den beengten Verhältnissen eines Riffaquariums verhält es sich dagegen ganz anders. In Riffaquarien, in denen insbesondere Steinkorallen, Muscheln und Algen stark wachsen, können Kalzium und Karbonate durchaus zu Mangelelementen werden, die regelmäßig nachdosiert werden müssen.

Die Kalzium-Konzentration liegt im natürlichen Meerwasser bei 420 mg/l (SPOTTE 1979). Diesen Wert sollte man auch in seinem Riffaquarium anstreben. Er muss je nach Beckentyp mehr oder weniger häufig überprüft werden, in reinen Fischaquarien etwa alle 2–3 Monate, in Riffaquarien, die mit den Korallen entsprechende Verbraucher enthalten, deutlich häufiger, mindestens alle 3–4 Wochen. Hierfür greift man auf handelsübliche Messreagenzien zurück, die hinreichend genaue Werte liefern.

Bei starkem Wachstum von Steinkorallen im Aquarium muss Kalzium regelmäßig nachdosiert werden. Diese *Pocillopora damicornis* hat innerhalb von nur drei Jahren 2,5 kg Kalk für ihrem Skelettaufbau verbraucht.

Fällt der Wert unter 400 mg/l, sollte die Kalzium-Konzentration durch Zugabe von Kalkwasser, die Kalziumchlorid/Natriumhydrogenkarbonat-Methode oder Einsatz eines Kalkreaktors (siehe Seite 92 ff.) erhöht werden.

> **Kalzium: das Wichtigste auf einen Blick**
>
> Funktion:
> Skelettelement von Korallen und Strukturelement vieler Algen
>
> Optimale Kalziumkonzentration:
> 420 mg/l
>
> Regelmäßige Arbeiten:
> Messen der Kalziumkonzentration
> • in reinen Fischaquarien alle 2–3 Monate
> • in Riffaquarien mindestens alle 3–4 Wochen
>
> **Was tun, wenn** die Kalzium-Konzentration zu niedrig ist?
> • Nachdosierung über Kalkwasser, die Kalziumchlorid/Natriumhydrogenkarbonat-Methode (siehe Seite 94 ff.) oder einen Kalkreaktor (siehe Seite 96 ff.)
>
> **Was tun, wenn** die Kalzium-Konzentration zu hoch ist?
> • Dies trifft nur auf Aquarien zu, in denen Kalzium fehlerhaft nachdosiert wird. Stellen Sie das Nachdosierungsverfahren sofort ein, bis der Kalziumgehalt wieder auf 420 mg/l abgesunken ist. Sinkt der Kalziumgehalt weiter, können Sie vorsichtig wieder mit dem erneuten Nachdosieren beginnen.

Kalkwasser

Die Zugabe von Kalkwasser ist nach wie vor eines der gängigsten Verfahren zum Nachdosieren von Kalzium. Wie wir nachfolgend jedoch sehen werden, bietet das Kalkwasser weitaus mehr Vorteile, als nur die verbrauchten Kalzium-Ionen zu ergänzen.

Die Anwendung von Kalkwasser wurde bereits von WILKENS 1973 propagiert, der unbestritten einer der Väter der modernen Korallenriffaquaristik ist. Kalkwasser ist eine gesättigte wässrige Kalziumhydroxid-Lösung (BROCKMANN 1991). Zu seiner Herstellung wird festes Kalziumhydroxid-Pulver (Ca(OH)$_2$) in Wasser aufgelöst.

> **Im Detail**
>
> Die chemische Reaktionsgleichung zur Herstellung des Kalkwassers sieht wie folgt aus:
>
> $Ca(OH)_2$ (s) + H_2O → Ca^{2+} + 2 OH^- + H_2O
>
> (s = fest)

Man füllt einen Kanister (es empfiehlt sich ein Volumen von 5 l), der am besten in der Nähe des Bodens einen Auslauf mit Tropfhahn und an der Oberseite einen Schraubverschluss enthält, mit Süßwasser und gibt einen gehäuften Teelöffel des Kalziumhydroxid-Pulvers hinzu. Der Kanister wird verschlossen und anschließend kräftig geschüttelt. Dabei wird sich ein Teil des Kalziumhydroxids lösen. Anschließend lässt man das ungelöste Kalziumhydroxid-Pulver sich absetzen und gibt den klaren Überstand, das Kalkwasser, in sein Aquarium (siehe weiter unten). Im Laufe der Zeit wird sich im Kanister ein Bodensatz bilden, der aus ungelöstem Kalziumhydroxid und Kalk besteht. Der Kalk entsteht dadurch, dass sich das Kalkwasser chemisch mit Kohlendioxid aus der Luft verbindet. Um dies möglichst lange zu verhindern, müssen Kalkwasserbehälter immer dicht geschlossen werden. Denn der Kalk, der unlöslich ist, ist zum Nachdosieren von z. B. Kalzium-Ionen unbrauchbar. Der Kalkwasserbehälter sollte regelmäßig durch kräftiges Spülen mit Süßwasser gereinigt werden, um diesen Bodensatz vollständig zu entfernen.

Die gängigste Methode, Kalkwasser ins das Aquarium zu dosieren, besteht darin, dass man das verdunstete Aquarienwasser vollständig durch Kalkwasser ersetzt. Dabei erfolgt die Kalkwassergabe entweder in der Dunkelphase über einen längeren Zeitraum verteilt („Tröpfchenmethode") oder über den gesamten Tag verteilt mittels einer Dosieranlage.

Die Menge an Kalzium-Ionen, die man mit Hilfe des Kalkwassers in sein Aquarium nachdosieren kann, ist leider bei weitem nicht so groß wie bei der Kalziumchlorid/Natriumhydrogenkarbonat-Methode (siehe Seite 94 ff.) oder bei Einsatz eines Kalkreaktors (siehe Seite 96 ff.). Praktisch kann man ja nur so viel Kalkwasser in das Aquarium geben, wie Aquarienwasser verdunstet. In 700–900 l fassenden Aquarien, die nicht abgedeckt werden, sind dies erfahrungsgemäß um 5 l/Tag. Aufgrund der geringen Löslichkeit des Kalziumhydroxids (1,26 g in 1 l Wasser bei 20 °C; HOLLEMAN & WIBERG 1976) ergeben sich daher 0,68 g Ca^{2+}-Ionen pro 1 l Kalkwasser oder, um bei

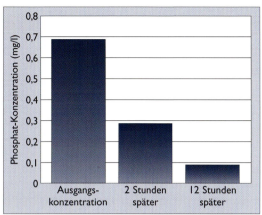

Kalkwasser erhöht nicht nur die Kalzium-Konzentration im Aquarienwasser, sondern fällt auch das unerwünschte Phosphat aus. In dem dargestellten Versuch wurde Meerwasser mit einer Ausgangskonzentration des Phosphats von 680 µg/l mit Kalkwasser versetzt. Schon zwei Stunden später betrug die Phosphat-Konzentration nur noch 280 µg/l, weitere 10 Stunden später nur noch 80 µg/l.

unserem Beispiel zu bleiben, 3,4 g pro 5 l. Gibt man 5 l Kalkwasser auf ein 700-l-Aquarium, führt dies zu einer Erhöhung der Kalzium-Konzentration von 4,8 mg/l.

Neben der Nachdosierung von Kalzium-Ionen hat das Kalkwasser zwei weitere Funktionen. Zum einen wird Phosphat aus dem Aquarienwasser ausgefällt. Dies kann man experimentell recht einfach nachweisen. In dem in der Grafik links dargestellten Versuch wurde Meerwasser mit einer Ausgangskonzentration des Phosphats von 680 µg/l mit Kalkwasser versetzt. Schon zwei Stunden später betrug die Phosphat-Konzentration nur noch 280 µg/l, weitere zehn Stunden später nur noch 80 µg/l. An dieser Stelle muss man sich jedoch darüber im Klaren sein, dass im Aquarium nur geringe Mengen Phosphate ausgefällt werden können, denn die Ausfällung hängt unmittelbar von der Dosis an Kalkwasser ab, die man täglich in sein Aquarium geben kann. Und die ist ja aus verschiedenen Gründen limitiert (siehe weiter unten). Weiterhin besteht das Problem, dass Kalkwasser zwar Phosphate ausfällt, diese Verbindungen aber als Depot in der Dekoration und dem Bodengrund verbleiben. Das Phosphat wird also nicht aus dem System entfernt, sondern steht verschiedenen Algen weiterhin als Nährstoff zur Verfügung, die in der Lage sind, die ausgefällten Phosphate zu lösen.

Die Zugabe von Kalkwasser ist ein gängiges Verfahren, um Kalzium-Ionen nachzudosieren. Es wird aus Süßwasser und Kalziumhydroxid hergestellt. Da das Kalkwasser sehr basisch ist, wird es am besten nachts langsam zugetropft.

Diese Tatsache könnte eine der Erklärungen dafür sein, dass in einigen mit Kalkwasser betriebenen Aquarien Algenplagen auftreten, obwohl in der Wassersäule nur niedrige Konzentrationen an Nährstoffen (Nitrat und Phosphat) messbar sind (BROCKMANN 2006a, 2006b).

Zum anderen sind auch die bei der Kalkwasserherstellung entstehenden Hydroxid-Ionen z. T. vorteilhaft. Sie helfen dabei, Säuren zu neutralisieren, die durch biologische Umsetzungsprozesse im Aquarium entstehen, entlasten damit also die Pufferkapazität und verhindern ein Absinken des pH-Wertes in den sauren Bereich.

Paradox scheint in diesem Zusammenhang die Tatsache zu sein, dass die Hydroxid-Ionen dem Kalkwasser auch zum Nachteil gereichen können. Frisches gesättigtes Kalkwasser hat einen pH-Wert von 12,4 (BROCKMANN 1991). Das bedeutet, dass man nicht nur sich selber (Achtung mit chemischen Lösungen insbesondere bei Kindern!) schützen muss, sondern auch die Bewohner seines Aquariums. Eine unkontrollierte, zu schnelle Dosierung des Kalkwassers in das Aquarium kann fatale Folgen haben, denn das Aquarienwasser kann je nach Pufferkapazität nur eine bestimmte Menge an Hydroxid-Ionen neutralisieren (Verbrauch von Hydrogenkarbonat und Bildung von Karbonat). Wenn die Pufferkapazität erschöpft ist und trotzdem mit der Kalkwassergabe fortgefahren wird, kommt es zu einem starken Anstieg des pH-Werts des Aquarienwassers.

Ob die Hydroxid-Ionen nun Vorteile oder Nachteile nach sich ziehen, hängt also einerseits von der Pufferkapazität des Aquarienwassers ab und andererseits von der Menge an Kalkwasser, die man in das Aquarium gibt.

Kalkwasser nur nachts!
Der alkalische pH-Wert des Kalkwassers ist dafür verantwortlich, dass es nur während der Dunkelphase und nur in kleinen Schüben („Tröpfchenmethode") in das Aquarium gegeben werden sollte. Während der Dunkelphase ist der pH-Wert im Aquarium aufgrund der Kohlendioxid-Produktion seiner Bewohner am niedrigsten, die Pufferkapazität wird gestärkt, und es wird folgerichtig nicht zu großen Schwankungen des pH-Werts kommen.

Ein praktischer Nachteil des Kalkwassers ist seine Instabilität. Kalkwasser kann auch in den dichtesten Behältern nur begrenzt gelagert werden. Aufgrund seines basischen pH-Wertes zieht die Lösung Kohlendioxid aus der Luft an und setzt sich mit ihm zum Kalk um, der ausfällt. Durch diese Reaktion wird das Kalkwasser unbrauchbar. Daher sollte das Kalkwasser möglichst jeden Tag frisch angesetzt werden.

Trotz dieser Nachteile ist Kalkwasser nach wie vor ein sehr preiswertes und effizientes Hilfsmittel in der Riffaquaristik. Seine Anwendung kann jedem Aquarianer, der Korallen pflegen möchte, uneingeschränkt empfohlen werden.

Kalkwasser: das Wichtigste auf einen Blick
Funktion:
- Nachdosieren von Kalzium-Ionen
- Ausfällen von Phosphaten
- Neutralisierung von Säuren

Anwendungsbereich:
Aquarien mit Wirbellosen, insbesondere Nesseltieren

Regelmäßige Arbeiten:
nach Möglichkeit täglich frisches Ansetzen des Kalkwassers

Was tun, wenn die Kalzium-Konzentration trotz täglicher Kalkwassergabe unter 380 mg/l sinkt?
- Überprüfen der Qualität des Kalkwassers durch Messen des pH-Wertes, der über 12 liegen sollte
- ggf. Verwendung eines weiteren Verfahrens zum Nachdosieren von Kalzium (Kalkreaktor, siehe Seite 96 ff., Kalziumchlorid/Natriumhydrogenkarbonat-Methode, siehe weiter unten)

Was tun, wenn der pH-Wert im Aquarienwasser bei der Kalkwassergabe über 8,4 ansteigt?
- Reduzieren der Kalkwassermenge, die in das Aquarium gegeben wird
- Stellen Sie sicher, dass Kalkwasser nur während der Dunkelphase in das Aquarium gelangt.
- Verlangsamung der Tropfgeschwindigkeit, mit der Kalkwasser in das Aquarium gelangt
- Bestimmen der Pufferkapazität des Aquarienwassers durch Messen der Karbonathärte (siehe Seite 89 ff.) und ggf. Erhöhen der Karbonathärte durch Einsatz eines Kalkreaktors (siehe Seite 96 ff.), durch Zugabe eines Gemisches aus Natriumkarbonat/Natriumhydrogenkarbonat (siehe Seite 90) oder der Kalziumchlorid/Natriumhydrogenkarbonat-Methode (siehe unten).

Die Kalziumchlorid/Natriumhydrogenkarbonat-Methode
Eine Weiterentwicklung des Natriumkarbonat/Natriumhydrogenkarbonat-Verfahrens (siehe

Eine sehr effiziente Methode zur Nachdosierung von Kalzium-Ionen und Karbonaten ist die Verwendung einer Kalziumchlorid-Lösung und einer Natriumhydrogenkarbonat-Lösung. Beide Lösungen sollten nacheinander oder an unterschiedlichen Stellen mit starker Strömung in das Aquarium gegeben werden, um ein Ausfällen von Kalk zu vermeiden.

Bei Lösung von Kalziumchlorid ($CaCl_2$) und Natriumhydrogenkarbonat ($NaHCO_3$) in Wasser läuft die unten genannte Reaktion ab:

$CaCl_2 + 2\,NaHCO_3 \rightarrow Ca^{2+} + 2\,HCO_3^- + 2\,NaCl$

Seite 90) ist die Kalziumchlorid/Natriumhydrogenkarbonat-Methode (siehe z.B. BROCKMANN & NILSEN 1995a, BALLING 2002). Sie hat den Vorteil, dass sie zusätzlich zur Aufpufferung des Aquarienwassers durch Hydrogenkarbonat auch zu einer Erhöhung der Kalzium-Konzentration führt. Damit ist sie insbesondere für Aquarien mit Korallen geeignet.

Ausgangspunkt dieser Methode sind die beiden Salze Kalziumchlorid ($CaCl_2$) und Natriumhydrogenkarbonat ($NaHCO_3$). Aus beiden Salzen werden Stammlösungen in Süßwasser hergestellt, von denen die benötigten Mengen in das Aquarium gegeben werden. Zur Herstellung der Kalziumchlorid-Stammlösung gibt man 73,5 g Kalziumchlorid-Dihydrat (erhältlich in der Apotheke oder in Aquaristikfachgeschäften) in einen Liter Wasser, zur Herstellung der Natriumhydrogenkarbonat-Stammlösung 84 g Natriumhydrogenkarbonat in einen Liter Wasser. Wichtig ist an dieser Stelle, dass man beide Lösungen in getrennten Behältern ansetzt, nur dann sind sie stabil, und man kann sich einen größeren Vorrat herstellen. Werden die Salze zusammen in einem Behälter gelöst, bildet sich mit der Zeit Kalk ($CaCO_3$), der für unsere Zwecke unbrauchbar ist.

Diese Lösungen sollte man nicht nach Gutdünken in sein Aquarium geben, sondern zuerst die Karbonathärte und den Kalziumgehalt bestimmen, um dann entsprechende Mengen gezielt in das Aquarium zu dosieren. Hierzu ein kurzes Beispiel: Ein Aquarium hat ein Wasservolumen von 200 l. Die Kalzium-Konzentration in natürlichem Meerwasser liegt bei 420 mg/l, in dem eben genannten Beispielaquarium ist sie auf 390 mg/l abgesunken. Wie viele Milliliter unserer Stammlösungen muss ich nachdosieren, um dieses Defizit auszugleichen? In diesem Beispiel werden 420 mg Kalzium pro Liter minus 390 mg Kalzium pro Liter = 30 mg Kalzium pro Liter Aquarienwasser benötigt, bzw. 30 x 200 = 6.000 mg Kalzium pro 200 l Aquarienwasser oder 6 g Kalzium pro 200 l Aquarienwasser. Die Kalziumchlorid-Stammlösung besitzt eine Konzentration von 73,5 g Kalziumchlorid-Dihydrat pro Liter. Dies entspricht 20,04 g Kalzium pro Liter bzw. 20,04 mg Kalzium pro ml. Auf die Umrechnung der Kalziumchlorid- auf die Kalzium-Konzentration sei an dieser Stelle nicht eingegangen. Der interessierte Leser sei vielmehr an BALLING 2002 verwiesen. Wichtig ist, dass eine Stammlösung, die 73,5 g Kalziumchlorid-Dihydrat pro Liter enthält, **immer** 20,04 g Kalzium pro Liter aufweist. Die restlichen Gewichtsanteile verteilen sich auf das Chlorid und das in den Kalziumchloridkristallen gebundene Wasser. Um nun auf die 6.000 mg Kalzium des obigen Beispiels zu kommen, müssen wir also 6.000 : 20,04 = 299 ml der Kalziumstammlösung in das Aquarium geben. Bei anderen Kalzium-Konzentrationen im Aquarienwasser verfährt man entsprechend.

Bei der ersten Nachdosierung geht man wie folgt vor: Man bestimmt die Kalzium-Konzentration und die Karbonathärte in seinem Aquarienwasser, berechnet die benötigte Kalziummenge nach obigen Beispiel und gibt anschließend so viel beider Lösungen langsam (!) in das Aquarienwasser, bis die Sollwerte (Kalzium-Konzentration 420 mg/l, KH = 7–10 °KH) erreicht sind. Wichtig ist, dass **identische** Volumina beider Lösungen in das Aquarium gegeben werden. Nur so ist gewährleistet, dass Kalzium und Hydrogenkarbonat in gleicher Teilchenzahl vorliegen, was für die Chemie des Meerwassers und die Kalksynthese wichtig ist (siehe Seite 10).

Während dieser ersten Nachdosierung wird mehrfach die Karbonathärte bestimmt, damit man den Grenzwert von 10 °KH nicht überschreitet. Wichtig ist auch, dass beide Lösungen an unterschiedlichen Stellen in das Aquarium gegeben werden, möglichst dort, wo eine starke Strömung herrscht, um eine schnelle gleichmäßige Verteilung zu gewährleisten. Dosiert man beide Lösungen an derselben Stelle, kann sich daraus Kalk bilden, der unbrauchbar ist und weder die Karbonathärte noch die Kalzium-Konzentration erhöht. Nach 2–3 Tagen misst man erneut die Karbonathärte und den Kalziumgehalt des Aquarienwassers und dosiert beide Lösungen in der benötigten Menge nach. Weitere 2–3 Tage darauf wiederholt man das Prozedere. Auf diese Weise wird man sehr schnell herausbekommen, wie viel Kalzium und Hydrogenkarbonat von den Tieren verbraucht wird und wie viel man von beiden Stammlösungen in das Aquarienwasser geben muss. Hat man dies einmal ermittelt, kann man die Messintervalle auf etwa alle 2–4 Wochen verlängern, um das Nachdosieren zu optimieren und ggf. neu zu justieren.

Leider hat die Kalziumchlorid/Natriumhydrogenkarbonat-Methode aber auch ihre Nachteile. Betrachtet man die Reaktionsgleichung Seite 95 oben, so sieht man, dass bei ihr eine große Menge an Kochsalz (NaCl) anfällt, und zwar pro Gramm Kalzium ca. 2,9 g NaCl. Da das Kochsalz aber im Gegensatz zu Kalzium und den Karbonaten nicht verbraucht wird, reichert es sich langsam im Aquarienwasser an. Dies führt einerseits zu einem allmählichen Dichteanstieg und andererseits zu einer Ionenverschiebung des Meerwassers in Richtung Natrium und Chlorid. Den Dichteanstieg kann man durch Teilwasserwechsel mit Meerwasser geringerer Dichte ausgleichen (siehe Seite 85 ff.). Bei der Ionenverschiebung, deren Auswirkung auf das Gesamtmilieu Meerwasseraquarium noch nicht wissenschaftlich untersucht ist und die daher mit einigen Risiken behaftet sein kann, ist dies leider nicht so einfach. Mittlerweile gibt es jedoch natriumchloridfreie Salze, mit denen dieser Verschiebung bei entsprechenden Teilwasserwechseln entgegengewirkt werden kann. Bei der Verwendung solcher natriumchloridfreien Salze ist unbedingt den Vorgaben der Hersteller Folge zu leisten.

> **Kalziumchlorid/Natriumhydrogenkarbonat-Methode: das Wichtigste auf einen Blick**
>
> Funktion:
> Nachdosieren von Kalzium und Karbonaten
>
> Anwendungsbereich:
> Korallen-Aquarien
>
> Regelmäßige Arbeiten:
> - Nachdosieren der Kalziumchlorid/Natriumhydrogenkarbonat-Lösungen je nach Verbrauch an Kalzium und Karbonaten im Aquarium
> - regelmäßige Messung der Kalzium-Konzentration und der Karbonathärte
>
> **Was tun, wenn** die Kalzium-Konzentration im Aquarium zu niedrig ist?
> Erhöhen der Menge der Kalziumchlorid/Natriumhydrogenkarbonat-Lösungen, die in das Aquarium gegeben werden
>
> **Was tun, wenn** die Kalzium-Konzentration zu hoch ist?
> Bei Anwendung der Kalziumchlorid/Natriumhydrogenkarbonat-Methode beruht dies auf einer Überdosierung beider Lösungen. Die Nachdosierung ist daher sofort einzustellen, bis der Kalziumgehalt wieder bei 420 mg/l liegt bzw. die Karbonathärte bei 7–10 °KH. Sinken beide Parameter weiter ab, beginnt man erneut mit der vorsichtigen Nachdosierung. Hierbei sollten anfangs die Karbonathärte und die Kalzium-Konzentration häufig überprüft werden, um Fehler bei der Nachdosierung zu vermeiden.

Der Kalkreaktor

Aquarien mit sehr stark wachsenden Steinkorallen oder Kalkrotalgen verbrauchen große Mengen an Kalzium und Karbonaten (siehe Seite 10). Die Konzentration beider Substanzen im Aquarienwasser reicht aber nur eine begrenzte Zeit aus, um diesen enormen Bedarf zu decken. Sie wird schnell sinken, was mit entsprechenden Tests leicht gemessen werden kann. Werden die

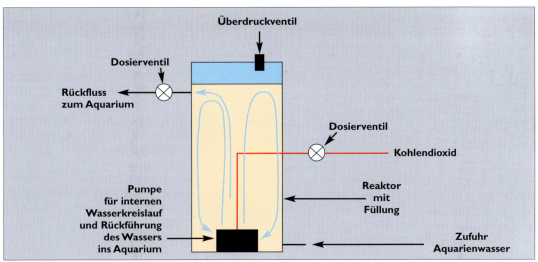

Schematische Funktionsweise eines Kalkreaktors. Die Fließrichtung des Wassers ist durch Pfeile angezeigt.

Ein Kalkreaktor in Betrieb. Gut eingestellte Reaktoren sind wartungsarm. Je nach Verbrauch müssen nur mehr oder weniger häufig das verbrauchte Füllmaterial ergänzt und die Kohlendioxidflasche ausgetauscht werden.

natürliche Kalzium-Konzentration von 420 mg/l und die Karbonathärte von 7–9 °KH deutlich unterschritten, (Grenzwerte: Kalzium-Konzentration unter 380 mg/l und Karbonathärte unter 5–6 °KH), gilt es, diese Defizite auszugleichen. Ein Verfahren hierfür, das seit einigen Jahren sehr erfolgreich in der Meerwasseraquaristik eingesetzt wird, ist der Einsatz eines Kalkreaktors (BROCKMANN & NILSEN 1995b).

Ein mit Kalziumkarbonat ($CaCO_3$, in der Regel wird Korallengrus mit einer Körnung von 5–10 mm oder ein entsprechendes „künstliches" Material verwendet) gefüllter Behälter wird in den Kreislauf zum Aquarium geschaltet. In diesen Behälter, den Reaktor, wird Kohlendioxid (CO_2) eingeleitet, das Kalziumkarbonat zu Kalziumhydrogenkarbonat ($Ca(HCO_3)_2$) auflöst und dem Aquarienwasser zuführt (siehe Reaktionsgleichung unten).

> **Im Detail**
>
> Aus Kalziumkarbonat und Kohlendioxid bildet sich in wässriger Lösung das leicht lösliche Kalziumhydrogenkarbonat. Diese chemische Reaktion produziert also beide Substanzen, die Korallen und manche Algen benötigen (siehe auch Seite 10).
>
> $CaCO_3 + CO_2 + H_2O \rightarrow Ca(HCO_3)_2$

> **Wartungsarmer Kalkreaktor**
> Kalkreaktoren sind – einmal richtig eingestellt – recht wartungsarm. Regelmäßig müssen je nach Verbrauch nur der Korallengrus nach- und die Kohlendioxid-Flasche aufgefüllt werden. Außerdem sollten regelmäßig ca. alle zwei Wochen die Kalzium-Konzentration und die Karbonathärte des Aquarienwassers bestimmt werden, um die Leistung des Kalkreaktors ggf. nachjustieren zu können.

Die unteren Grenzen der Kalziumkonzentration und der Karbonathärte wurden schon angegeben, als Obergrenze sollten eine Kalzium-Konzentration von 450 mg/l und eine Karbonathärte von 15 °KH nicht überschritten werden. Karbonathärten über 15 °KH sollte man auf jeden Fall vermeiden, da unter diesen Bedingungen Steinkorallen zuerst braun werden und dann absterben (BROCKMANN 2006c).

Ein Kalkreaktor hat aber nicht nur Vorteile, sondern auch einen großen Nachteil: Soll er richtig funktionieren, wird er auf jeden Fall zu einer Erhöhung der Kohlendioxid-Konzentration im Aquarienwasser führen, in welcher Form das Kohlendioxid auch immer vorliegen mag. Kohlendioxid dient aber wiederum als Algennährstoff. Sind dann noch andere Grundnährstoffe in hoher Konzentration vorhanden (Nitrat und Phosphat), werden wir wahrscheinlich immer mit Algenproblemen zu kämpfen haben. Daher sollte beim Betrieb eines Kalkreaktors immer darauf geachtet werden, dass die Nitrat- und Phosphat-Konzentrationen so niedrig wie möglich sind (siehe Seite 46 ff.).

Eine Neubestückung des Kalkreaktors mit Korallengrus ist oft problematisch, denn je nach Qualität des Materials können anfänglich mehr oder weniger große Mengen an Phosphat aus dem natürlichen Material freigesetzt werden (siehe Seite 55). Wird ein Reaktor neu bestückt, sollte daher nach spätestens 12 und 24 Stunden die Phosphat-Konzentration des Auslaufwassers bestimmt werden. Überschreitet sie 0,2–0,3 mg/l, sollte der Reaktor unter Kohlendioxid-Zufuhr so lange mit Süßwasser gespült werden (das Auslaufwasser darf nicht ins Aquarium gelangen!), bis die Konzentration des Phosphats unter den oben genannten Grenzwert gesunken ist.

Ein weiteres Phänomen, das man häufig in mit Kalkreaktoren betriebenen Aquarien feststellen kann, ist der am Morgen sehr niedrige pH-Wert. Nicht selten liegt er vor dem Einschalten der Beleuchtung, also gegen Ende der Dunkelphase, bei pH 7,7 oder noch niedriger. Erst mit dem Andauern der Beleuchtungsphase steigt er wieder leicht an. Dies ist auf die Kohlendioxiddosierung in den Kalkreaktor zurückzuführen, die in Verbindung mit dem Kohlendioxid, das durch die Atmung der Aquarienbewohner (Fische, Wirbellose und Pflanzen) entsteht, für den niedrigen pH-Wert verantwortlich zu machen ist. Nach meinen Erfahrungen ist ein pH-Wert von 7,7 unproblematisch. Sinkt er jedoch weiter, sollte dem entgegengewirkt werden. Einerseits kann man dazu die Menge an Kohlendioxid verringern, die in den Reaktor gegeben wird. Dies hat aber natürlich einen unmittelbaren Einfluss auf die Kalziummenge, die man nachdosiert. Andererseits kann man nachts auch Kalkwasser (siehe Seite 92 ff.) in das Aquarium geben, um dem Absinken des pH-Wertes gegenzusteuern.

> **Kalkreaktor: das Wichtigste auf einen Blick**
> Funktion:
> Nachdosieren von Kalzium und Karbonaten
>
> Anwendungsbereich:
> Aquarien mit starkem Wachstum an Steinkorallen und Kalkalgen
>
> Regelmäßige Arbeiten:
> • Nachfüllen des Kalkmaterial und Auffüllen der CO_2-Flasche
> • alle zwei Wochen Bestimmung der Karbonathärte und der Kalzium-Konzentration des Aquarienwassers zum Nachjustieren des Kalkreaktors
> • spätestens 12 und 24 Stunden nach einer Neubestückung des Kalkreaktors Bestimmung der Phosphat-Konzentration im Auslaufwasser
>
> **Was tun, wenn** die Kalzium-Konzentration und die Karbonathärte im Aquarienwasser nicht ausreichend ansteigen?
> • Überprüfen der Einstellungen des Reaktors
> • ggf. Erhöhen der CO_2-Zufuhr
> • ggf. Neubestückung des Reaktors, da der größte Teil des Füllmaterials aufgebraucht ist und nur noch unlösliche Rückstände übrig sind
> • ggf. Einsatz der Kalziumchlorid/Natriumhydrogenkarbonat-Methode (siehe Seite 94 ff.)

Was tun, wenn der pH-Wert im Aquarienwasser unter 7,7 abfällt?
- Reduzierung der CO_2-Dosierung in den Reaktor
- Reduzierung der Menge des Auslaufwassers des Reaktors, die in das Aquarium gelangt
- ggf. Einsatz von Kalkwasser (siehe Seite 92 ff.)

Was tun, wenn die Phosphat-Konzentration im Aquarienwasser ansteigt?
- Reaktor unter CO_2-Zufuhr so lange spülen, bis die Phosphat-Konzentration im Auslaufwasser unter 0,2–0,3 mg/l liegt. Erst danach darf Reaktorwasser wieder in das Aquarium gelangen!
- Einsatz von Phosphatadsorbern (siehe Seite 58 ff.)

Was tun, wenn es zu starkem Algenwuchs bei Gebrauch eines Kalkreaktors kommt?
Bestimmung der Nitrat- und Phosphat-Konzentration im Aquarienwasser. Sind diese Werte zu hoch (siehe Seite 46 ff.), Reaktor so lange abstellen, bis die Konzentration der anorganischen Nährstoffe durch geeignete Methoden (siehe Seite 56 ff.) abgesenkt wurde.

Nachdosieren von Spurenelementen

Im Zusammenhang mit dem Wasserwechsel wird immer wieder das Thema Spurenelemente heiß und vor allem kontrovers diskutiert. Es gibt Verfechter für eine regelmäßige Nachdosierung von Spurenelementen, andere dagegen lehnen dies kategorisch ab.

Wie wir in der Tabelle auf Seite 79 gesehen haben, sind Spurenelemente Substanzen, die für biologische Prozesse lebenswichtig sind. Ihre Konzentrationen sind im Meerwasser jedoch so niedrig, dass die meisten mit herkömmlichen aquaristischen Tests nicht gemessen werden können. Problematisch ist in diesem Zusammenhang die Tatsache, dass viele Spurenelemente zwar in sehr niedrigen Konzentrationen lebensnotwendig sind, in höheren Dosen jedoch giftig wirken. Als Beispiel sei hier Kupfer erwähnt. Es liegt im natürlichen Meerwasser im Bereich um 0,2 µg/l, ab einer Konzentration von 3–10 µg/l (die Angabe variiert je nach Literaturquelle) wirkt es jedoch auf die meisten von uns gepflegten Wirbellosen tödlich (BROCKMANN 2007c). Es stellen sich somit zwei Fragen: 1. Müssen Spurenelemente überhaupt nachdosiert werden?

2. Wenn sie denn nachdosiert werden müssen, in welchen Mengen?

In vielen Meerwasseraquarien ist das Nachdosieren von Spurenelementen überflüssig. Wird ein regelmäßiger Teilwasserwechsel wie auf Seite 85 ff. beschrieben durchgeführt und werden die Fische regelmäßig gefüttert, gelangen alleine durch diese Maßnahmen ausreichend Spurenelemente in das Aquarium. In reinen Fischaquarien ist das Nachdosieren von Spurenelementen ebenfalls unnötig, denn die Fische nehmen die Spurenelemente zumeist über das Futter auf. Anders kann sich dagegen die Situation in Riffaquarien gestalten, die sehr stark abgeschäumt werden und in denen ein starkes Wachstum von Steinkorallen und Kalkalgen stattfindet. Hier kann durchaus das eine oder andere Spurenelement in seiner Konzentration zu stark abnehmen. Man bemerkt dies vor allem daran, dass die Tiere ihr Wachstum verlangsamen oder ganz einstellen und die Farben verblassen. In solchen Fällen empfiehlt sich die Nachdosierung mit einer handelsüblichen Spurenelementelösung. Dabei geht man wie folgt vor: Anfangs gibt man nur etwa halb so viel von der Lösung in das Aquarium, wie auf der Verpackung empfohlen wird. Diese Prozedur wiederholt man über einige Wochen in den auf den Verpackungsbeilagen empfohlenen Intervallen. Da die Korallen nur sehr langsam auf eine Zugabe von Spurenelementen reagieren, wird man einen Effekt in der Regel also erst nach einigen Wochen bemerken. Beginnen die Tiere wieder zu wachsen und erhalten sie ihre Farbe zurück, wird man die bisher gewählte Dosis auch zukünftig regelmäßig in das Aquarium geben. Sieht man keine Verbesserung, wird man die Dosierung langsam am besten über mehrere Wochen erhöhen, bis sich ein optimales Wachstum einstellt. Jedoch sollte man die auf der Packungsbeilage empfohlene Menge auf keinen Fall überschreiten. An dieser Stelle muss jedoch klar sein, dass ein Mangel an Spurenelementen nicht der alleinige Grund für ein schlechtes Wachstum und schwache Farben bei Korallen sein kann. Hier spielen mehrere Faktoren eine Rolle, angefangen bei der Qualität der Beleuchtung bis hin zur Konzentration der anorga-

Die wichtigsten Wasserwerte, ihre Kontrolle und Aufrechterhaltung

Bei einem regelmäßigen Teilwasserwechsel benötigen die allermeisten Meerwasseraquarien keine Spurenelementdosierung, um z. B. die Farben der Korallen zu erhalten (hier die Steinkoralle *Seriatopora hystrix*). Will man dennoch Spurenelemente einsetzen, sollte man sehr vorsichtig dosieren. Eine Überdosierung kann katastrophale Folgen haben.

nischen Nährstoffe im Wasser. Eine Nachdosierung von Spurenelementen kann also in der Regel nur dann helfen, wenn alle anderen Parameter im optimalen Bereich liegen.

Nur in Spuren ...
Und noch ein weiterer Aspekt muss an dieser Stelle angesprochen werden: Spurenelemente dürfen auf keinen Fall in Aquarien gegeben werden, in denen hohe anorganische Nährstoffkonzentrationen (Nitrat und Phosphat) vorliegen. In Verbindung mit einer Nachdosierungsmethode, mit der Karbonate in das Wasser gelangen (Kalkreaktor oder die Kalziumchlorid/Natriumhydrogenkarbonat-Methode), würde dies unweigerlich zu Fadenalgenplagen führen, die man nur schwer wieder los wird. Spurenelementelösungen dürfen also nur sehr vorsichtig und nach Bedarf eingesetzt werden. Es gilt nicht das Motto „viel hilft viel"!

Nachdosieren von Spurenelementen: das Wichtigste auf einen Blick
Funktion:
Nachdosieren lebensnotwendiger Elemente

Anwendungsbereich:
Riffaquarien, die stark abgeschäumt werden und schnelles Wachstum an Korallen und Kalkalgen aufweisen

Optimale Dosis:
Man beginnt mit 50 % der Menge, die auf der Packungsbeilage angegeben ist, und erhöht die Konzentration langsam (!), bis sich wieder optimales Korallenwachstum einstellt. Dabei darf die Dosis an Spurenelementelösung, die auf der Packungsbeilage angegeben ist, nicht überschritten werden.

Was tun, wenn die Korallen trotz Nachdosierung von Spurenelementen nicht wachsen?
• Überprüfen, ob die Technik einwandfrei funktioniert und ob die Wasserqualität stimmt. Ggf. Optimierung der Technik und Verbesserung der Wasserqualität.

Was tun, wenn mit der Zugabe von Spurenelementen Fadenalgen zu wachsen beginnen?
• Sofortiger Stopp der Nachdosierung der Spurenelemente
• Überprüfen und ggf. Verbessern (Senkung der Nitrat- und/oder Phosphat-Konzentration) der Wasserqualität
• Optimieren der Abschäumung
• Einsatz algenfressender Fische (z. B. Doktorfische, *Zebrasoma* spp., Gestreifter Schleimfisch, *Salarias fasciatus*) oder algenfressender Seeigel (z. B. *Mespilia globulus*)

Einrichtung und Inbetriebnahme des Aquariums

Einrichtung und Inbetriebnahme des Aquariums können in sechs Schritte eingeteilt werden:

Schritt 1: Auswahl und Aufstellen des Aquariums (siehe 20 ff.)
Schritt 2: Installieren der Technik (siehe Seite 26 ff.)
Schritt 3: Dekorieren des Aquariums
Schritt 4: Füllen mit Meerwasser (siehe Seite 78 ff.)
Schritt 5: Animpfen des Aquariums und die endgültige Dekoration mit „Lebenden Steinen"
Schritt 6: Einfahrphase

Schritt 1:
Auswahl und das Aufstellen des Aquariums

Schritt 1 wurde bereits ausführlich auf Seite 20 ff. beschrieben. Nach dem Aufstellen des Aquariums empfiehlt sich eine Probefüllung mit Süßwasser, einerseits als Dichtigkeitstest des Aquariums und der Verrohrung, andererseits aber auch, um Rückstände z. B. aus dem Silikonkleber zu entfernen. Hat das Aquarium die Dichtigkeitsprobe bestanden, kann man die Technik installieren.

Schritt 2:
Installieren der Technik

Bevor man an das Einrichten des Aquariums geht, sollte man die benötigte Technik installieren, soweit dies möglich ist. Hierzu gehört der Einbau von Heizung und Abschäumer genauso wie das Anbringen der Filter. Nur die Strömungspumpen werden erst nach dem Dekorieren installiert. Dadurch wird sichergestellt, dass die Strömung nicht unnötig von der Dekoration gehemmt bzw. beeinflusst wird. Alle Aggregate sollten nach dem Dekorieren noch immer möglichst frei zugänglich sein, damit bei ihrer Wartung und einem eventuell nötigen Austausch keine großen Umräumaktionen im Aquarium durchgeführt werden müssen, was immer einen großen Eingriff in Biologie und Chemie des Aquariums bedeutet. Also wird man hier Kompromisse zwischen der Ästhetik und der Praktikabilität anstreben: Die Dekoration sollte einerseits die technischen Aggregate so weit wie möglich optisch verdecken, andererseits aber freien Zugang garantieren. Das Installieren der Beleuchtung bereitet man weitestgehend vor. Jedoch werden die Lampen noch nicht aufgehängt, da das Dekorieren des Aquariums einfacher ist, wenn man frei über dem Aquarium hantieren kann.

Wichtig ist, dass die Technik vom ersten Tag an – praktisch nach dem Füllen des Aquariums mit Meerwasser – **vollständig** in Betrieb genommen wird. Nachträgliche Veränderungen in der technischen Ausstattung haben häufig Probleme im Aquarium zur Folge. Ausnahmen hiervon sind nur Zusatzaggregate, wie z. B. Kalkreaktoren, die man erst dann an das System anschließen sollte, wenn entsprechender Bedarf besteht.

Schritt 3:
Dekorieren des Aquariums

Hat man die Technik so weit wie möglich installiert, kann man sich an das Dekorieren des Aquariums machen. Hier sind der Fantasie des Aquarianers keine Grenzen gesetzt – solange den Tieren, die man später pflegen will, optimale Lebensbedingungen geboten werden. Je nach Aquarientyp wird man hier unterschiedlich vorgehen. Bei reinen Fischaquarien sollte eine möglichst gut strukturierte Dekoration aus großen

Kalksteinen gewählt werden, mit zahlreichen unterschiedlich großen Höhlen und Durchbrüchen, in denen sich die Fische verstecken können. Außerdem kann man durch Riffpfeiler und ähnliche Strukturen Sichtbarrieren und Reviergrenzen aufbauen, damit es nicht permanent zu Streitigkeiten zwischen den Fischen kommt. In Riffaquarien dagegen ist die Grundvoraussetzung meines Erachtens eine lockere, nicht zu kompakte Dekoration aus einigen wenigen Steinen mit zahlreichen Durchbrüchen, Vorsprüngen und Plateaus, auf denen man später die sessilen Wirbellosen platzieren kann. Nach wie vor sieht man jedoch leider viel zu häufig sehr kompakte, lieblose Dekorationen, die fast vorne an der Frontscheibe anfangen und dann schräg nach hinten langsam bis zur Wasseroberfläche ansteigen. Dies ist optisch wenig reizvoll. Selbst in kleinen Becken kann man Riffpfeiler und kleine Schluchten aufbauen, die für den Betrachter ansprechende Perspektiven bieten.

Als Grundstock der Dekoration bietet sich „trockenes" Kalkgestein an. Kalkgestein mit metallischen Einschlüssen oder gar Lavagestein, wie es häufig in der Süßwasseraquaristik Anwendung findet, dürfen nicht verwendet werden. Es besteht immer die Möglichkeit, dass sich solche Einschlüsse im basischen Meerwasser langsam lösen und dann zur Vergiftung des Aquarienwassers führen. Außerdem lässt Lavagestein das Aquarium dunkel erscheinen.

Die Grunddekoration sollte aus einigen großen Kalksteinen bestehen. Dies ist viel einfacher zu bewerkstelligen, als wenn man versucht, eine ansprechende Dekoration aus vielen kleinen Steinen aufzubauen. Denn dabei besteht später immer die Möglichkeit, dass sie aus der Dekoration heraus auf den Boden fallen.

> **Trockenaufbau**
> Es ist empfehlenswert, die Dekoration zuerst einmal probeweise vor dem Aquarium zu errichten. Hier kann man sehen, wie die Steine am besten zusammen passen und wie man den schönsten ästhetischen Gesamteindruck erhält. Erst danach überführt man die Dekoration in das Aquarium. Das ist weit praktischer, als mit gebeugtem Rücken über dem Aquarium zu hantieren und die großen und schweren Steine so lange hin und her zu schieben, bis sie passen.

Große Steine sollte man nicht direkt auf den Glasboden des Aquariums platzieren, sondern auf dünnen PVC-Platten. Diese müssen basenbeständig sein und dürfen keine Substanzen in das Aquarium abgeben. Durch das Aufstellen der Steine auf den Kunststoffplatten wird eine punktuelle Belastung der Bodenscheibe durch Spitzen und Ecken verhindert, was ihr Springen zur Folge haben könnte.

Nachdem man die Grunddekoration aufgebaut hat, die noch Platz für einige Lebende Steine lässt, werden die Strömungspumpen installiert. Zu diesem Zeitpunkt sind die technischen Aggregate aber noch nicht im Betrieb. Auch der Bodengrund ist noch nicht eingefüllt (siehe Seite 82 ff.). Nun kann das Aquarium mit Meerwasser gefüllt werden.

Beim Aufbau der Dekoration sollte man sich ruhig Zeit lassen und sich einen hübschen ästhetischen Gesamteindruck zum

Grob strukturierte Kalksteine eigen sich hervorragend zur Grunddekoration von Meerwasseraquarien.

Offen dekorierte Aquarien wirken ästhetischer als kompakt eingerichtete. Daher sollte man nicht zu viele Steinaufbauten als Dekoration in das Aquarium einbringen. Die Korallen wachsen in „gut stehenden" Aquarien so schnell, dass sie selbst bald einen Teil der Dekoration bilden.

Ziel setzen. Späteres Umbauen, wenn das Aquarium schon in Betrieb ist, ist immer sehr schwierig und führt häufig zu Störungen des empfindlichen biologischen und biochemischen Gleichgewichts im Aquarium. Dies sollte unbedingt vermieden werden.

Schritt 4:
Füllen mit Meerwasser

Das Füllen des Aquariums wurde bereits auf Seite 82 ff. beschrieben. Nachdem man die benötigte Menge Salz und Wasser bzw. Wasser und Salzlösung in das Becken gegeben hat, stellt man Heizung, Strömungspumpen und Abschäumer an, um einerseits das Aquarium auf die erforderliche Temperatur zu bringen, andererseits aber auch, um das Salz vollständig zu lösen. Dazu kann es jedoch nötig sein, Salzablagerungen, die sich an einigen Stellen im Aquarium gebildet haben, von Hand kräftig zu verrühren. Auch wird jetzt die Beleuchtung vollständig installiert und angestellt, die gewünschten Beleuchtungszeiten stellt man mit entsprechenden Schaltuhren ein. Der Abschäumer ist zwar angestellt, wird zu diesem Zeitpunkt aber noch nicht arbeiten.

Am besten wartet man jetzt eine Nacht ab. Danach bestimmt man die Temperatur und die Dichte und regelt beides ggf. entsprechend nach. Erst dann füllt man den Bodengrund ein. Welcher Art der Bodengrund ist (Körnung und Stärke), hängt von vielen verschiedenen Faktoren ab (siehe hierzu auch die Seiten 66 ff. und

Stärke und Körnung des Bodengrundes sind in vielen Fällen reine Geschmackssache. Die Erfahrung lehrt aber, dass ein Bodengrund mit einer Höhe von 1 cm und einer Körnung von 0,5–1 cm am leichtesten zu beherrschen ist.

82 ff.). Am unproblematischsten – unter der Voraussetzung, dass der Bodengrund nicht als Filtersystem verwendet werden soll – ist eine Körnung des Korallenkieses von 0,5–1 cm bei einer Höhe von etwa 1 cm. Bei diesem Bodengrund wird es nie zu unkontrollierten Fäulnisprozessen kommen. Andererseits bietet er jedoch keinen Platz für Bewohner, die feinen und hohen Bodengrund benötigen. Hierzu zählen z. B. viele Lippfische, die sich nachts im Bodengrund eingraben, Brunnenbauer sowie bestimmte Grundeln und Garnelen, die sich Wohnhöhlen in das Substrat bauen. Will man solche Tiere pflegen, wird man auf feineren und höheren Bodengrund zurückgreifen müssen.

Schritt 5:
„Animpfen" des Aquariums und endgültige Dekoration mit „Lebenden Steinen"

Das Aquarium ist nun mit Meerwasser gefüllt, und alle physikalischen und chemischen Parameter sind korrekt eingestellt. Jedoch ist es biologisch noch tot und muss daher entsprechend angeimpft werden. Durch den Prozess des Animpfens gelangen viele derjenigen Organismen in das Aquarium, die später einen reibungslosen Stoffumsatz gewährleisten und so ein gesundes und ausgeglichenes Aquarienmilieu schaffen.

Es gibt im Prinzip zwei Möglichkeiten, um das Aquarium anzuimpfen. Zum einen besorgt man sich etwas Bodengrund, einige Steine oder auch Filtermaterial aus einem eingefahrenen Aquarium und gibt dies in sein Becken. Das ist eine absolut empfehlenswerte Methode, die problemlos angewendet werden kann. Voraussetzung ist nur, dass in dem Becken, aus dem das Material zum Animpfen stammt, ein gesundes Milieu herrscht, also keine Plagen wie Faden- und Schmieralgen, Feueranemonen und Glasrosen zu finden sind. Denn wir wollen ja verhindern, dass solche Plagen auf unser Aquarium übergreifen. Altwasser zum Animpfen zu nehmen, ist dagegen zwecklos. Im Wasser leben nämlich nur sehr geringe Mengen an Bakterien.

In den letzten Jahren hat sich immer mehr durchgesetzt, das Aquarium mit den so genannten „Lebenden Steinen" anzuimpfen. Diese sehen nicht nur ausgesprochen hübsch aus, sondern bringen auch jede Menge unterschiedlichster Lebensformen in das Aquarium ein. An dieser Stelle muss noch einmal betont werden, dass die technischen Aggregate vollständig installiert sowie Temperatur und Dichte auf die korrekten Werte eingestellt sein müssen, bevor man die Lebenden Steine in sein Aquarium gibt.

Bei Lebenden Steinen handelt es sich um Kalksteine, die aus dem Meer stammen. Vor einigen Jahren noch aus den Korallenriffen herausgebrochen oder aus Lagunen etc. abgesammelt, stammen heute schon einige der Steine aus Aquakulturen. Sie werden also speziell für die Meerwasseraquaristik produziert. Lebende Steine gibt es in den unterschiedlichsten Größen und Formen, es ist also für jeden Geschmack etwas dabei. Sie sind bewachsen mit allerlei makroskopischen (z. B. Algen, Schwämme, Korallen, Krustenanemonen) und mikroskopischen (nitrifizierende und denitrifizierende Bakterien, siehe Seite 46 ff.) Lebensformen – daher der Name Lebende Steine. Nicht alle Lebensformen wird man auf Anhieb auf ihnen sehen. Vielmehr entdeckt man im Lauf der Monate immer wieder neue Tier- und Algenkolonien, die aus Resten oder Larven entstehen, die den Stein zum Zeit-

Lebende Steine gehören zu den geeignetsten Dekorationsmaterialien für Riffbecken. Sie geben der Dekoration ein sehr natürliches Aussehen und bringen zudem sehr viel Mikroleben – einschließlich der für den Stoffumsatz notwendigen Bakterien – in den Lebensraum Aquarium.

punkt des Sammelns besiedelten. Diese Tatsache macht die Lebenden Steine für den Meerwasseraquarianer so interessant und spannend. Denn immer wieder gibt es etwas Neues zu beobachten.

Leider kann man solche Lebenden Steine nur selten unbehandelt in sein Aquarium geben. Aufgrund des Transportes sind insbesondere große Schwämme, Seescheiden und viele größere Blattalgen dermaßen vorgeschädigt, dass sie innerhalb kürzester Zeit im Aquarium absterben und das Wasser mit Ammoniak/Ammonium, Nitrit, Nitrat und Phosphat belasten würden. Um dies zu vermeiden, sollten solche Organismen vorsichtshalber entfernt werden. Auch sollten die Lebenden Steine vor dem Einbringen in das Aquarium kräftig unter Meerwasser gespült werden, um Detritus oder anderes lockeres Material abzuspülen. Kleinere Algenbestände sowie zooxanthellate Korallen jeglicher Art sind dagegen unproblematisch und sollten auf jeden Fall auf den Lebenden Steinen belassen werden. Selbst wenn sie absterben, ist die Wasserbelastung nicht so dramatisch wie bei absterbenden Schwämmen und Seescheiden. Es ist heute unbestritten, dass die Lebenden Steine zu den besten Methoden gehören, ein Aquarium biologisch anzuimpfen. Viele Aquarianer sind daher dazu übergegangen, ausschließlich Lebende Steine zur Dekoration des Aquariums zu verwenden. Allerdings ist dies sehr teuer. Ein guter Kompromiss ist daher die Mischung aus trockenem Kalkgestein und Lebenden Steinen.

Mit den Lebenden Steinen wird die Dekoration nun abgeschlossen. Hierbei muss man darauf achten, dass insbesondere diejenigen Stei-

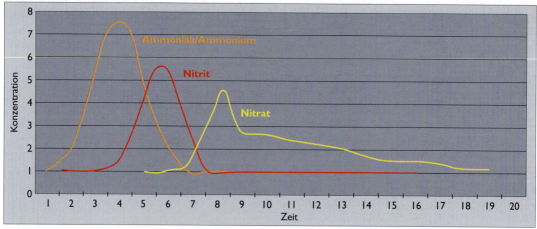

Die Einfahrphase eines Meerwasseraquariums wird von verschiedenen Phasen geprägt. So wird man zuerst eine Ammonium/Ammoniak-Phase beobachten (orange Linie), der ein Nitrit- (rote Linie) und Nitrat-Anstieg (gelbe Linie) folgen. Die Länge der einzelnen Phasen und die maximale Konzentration der Stickstoffverbindungen sind jeweils von verschiedenen Parametern abhängig, wie z. B. Menge und Qualität der verwendeten Lebenden Steine. Aus diesem Grund sind sowohl die Konzentrations- als auch die Zeitachse ohne Maßeinheit.

ne, die im oberen Bereich der Dekoration untergebracht werden, fest aufeinander liegen. Sie können ggf. auch mit einem Unterwasserkleber entsprechend fixiert werden. Werden sie nämlich später von Wirbellosen bewachsen, kann sich ihr Schwerpunkt verändern, die Steine können zu wackeln beginnen und ggf. auf den Bodengrund fallen.

Schritt 6: Einfahrphase

Mit dem Einfüllen des Meerwassers und der Fertigstellung der Dekoration beginnt die Einfahrphase des Aquariums. Sie ist von großer Bedeutung, denn nun wird die Grundlage für ein ausgeglichenes biologisches und chemisches Gleichgewicht gelegt und damit für ein späteres problemloses Betreiben des Beckens. Die Einfahrphase kann bis zu drei Monate dauern, erst dann ist ein maßvolles und problemloses Besetzen des Aquariums mit Fischen und Wirbellosen möglich. Dies ist für viele Anfänger des Hobbys die schwierigste Phase. Denn nun heißt es viel Geduld aufzubringen und das Aquarium erst zu besetzen, wenn die Einfahrphase beendet ist.

> **Lieber warten!**
> Wird ein Aquarium zu früh insbesondere mit zahlreichen futterintensiven Fischen bestückt, hat dies für das noch unausgeglichene Aquarienmilieu schwerwiegende Folgen. Schmieralgen- und Fadenalgenplagen sind dann noch das geringste Übel. In solchen Fällen wird der Aquarianer dann viel Zeit, Geduld und Nerven aufbringen müssen, um diese Plagen wieder zu beseitigen. Daher der Rat: Geduld zu diesem Zeitpunkt zahlt sich allemal aus!

Die Einfahrphase eines mit Lebenden Steinen eingerichteten Meerwasseraquariums wird von verschiedenen voneinander abhängigen und nacheinander zu beobachtenden Phasen geprägt. Hinsichtlich der Stickstoffverbindungen wird man Folgendes beobachten (WILKENS 1980, FOSSÀ & NILSEN 1994): Schon nach wenigen Stunden bzw. Tagen wird es zu einem Anstieg der Ammonium/Ammoniak-Konzentration kommen. Dies resultiert daraus, dass aus den Lebenden Steinen organisches Material freigesetzt wird oder geschädigte Organismen absterben und der bakterielle Umsatz zu Nitrit noch nicht ausreichend funktioniert. Nach einiger Zeit nimmt die Ammonium/Ammoniak-Konzentration ab, parallel steigt jedoch die Nitrit-Konzentration

Zur frühzeitigen Algenkontrolle eignen sich unempfindliche Doktorfische wie diese Gelbschwanz-Segelbader (*Zebrasoma xanthurus*), die in einem Händleraquarium fotografiert wurden.

an. Dies ist ein Zeichen dafür, dass der Prozess der Nitrifikation in Gang gekommen ist. Einige Wochen später beginnt dann wiederum die Nitrit-Konzentration zu fallen, was allerdings von einem Anstieg der Nitrat-Konzentration begleitet wird. Während die Nitrit-Konzentration schon bald auf ein Minimum absinkt, kann die Nitrat-Konzentration erst bei einer effektiven Denitrifikation oder Assimilierung abnehmen. Dies kann durchaus einige Monate dauern.

Die Länge der einzelnen Phasen, die man sehr schön mit entsprechenden Messreagenzien verfolgen kann, hängt in erster Linie von der Menge und Qualität der Lebenden Steine ab, die man in sein Aquarium eingebracht hat. Ist das Becken relativ klein und werden zahlreiche Lebende Steine verwendet, werden die Ammoniak/Ammonium- und die Nitrit-Konzentration schneller ansteigen, länger dauern und die Konzentrationen an Ammoniak/Ammonium höhere Werte erreichen, als wenn wir es mit einem sehr großen Aquarium zu tun haben, in das nur einige wenige Lebende Steine gegeben wurden. Ist die Qualität der Lebenden Steine sehr gut, werden entsprechend weniger Organismen absterben als bei schlechter Qualität. Diese Variablen in Verbindung mit der Filterausstattung des Beckens sind somit primär dafür verantwortlich, dass die Länge der einzelnen Phasen nicht vorhergesagt werden kann. Es empfiehlt sich daher, mit entsprechenden Messreagenzien den zeitlichen Ablauf der genannten Phasen zu verfolgen, um den Zeitpunkt zu bestimmen, ab dem eine Besetzung des Aquariums problemlos möglich ist. Hier gilt vor allem, dass die Nitrit-Konzentration unter 0,1 mg/l liegen muss.

Neben den aufeinander folgenden Stickstoffphasen kann man auch verschiedene Algenphasen während des Einfahrens des Aquariums beobachten (FOSSÅ & NILSEN 1994). Da das Aus-

Einrichtung und Inbetriebnahme des Aquariums

Frisch eingerichtete Aquarien sind steril (links). Nur durch das Animpfen mit qualitativ hochwertigen Lebenden Steinen oder entsprechendem Material aus intakten Riffaquarien wird daraus ein funktionierender Lebensraum für unsere Pfleglinge entstehen (rechts). Fotos: M. Schmidt (links), D. Knop (rechts)

Schon bald nach dem Animpfen wird man die verschiedensten Lebewesen in seinem Aquarium entdecken wie diese wenige Zentimeter großen Schlangensterne. Foto: D. Knop

Auch Muschelsammlerinnen (*Phyllochaetopterus* sp.) gehören zu der faszinierenden Mikrowelt unserer Aquarien. Foto: D. Knop

Das Animpfen des neueingerichteten Aquariums

Neueingerichtete Meerwasseraquarien sind steril. Sie besitzen weder die notwendigen Bakterien noch die Algen und Mikroorganismen, die für den biologischen Stoffumsatz im Aquarium verantwortlich sind. Es gilt diese Organismen möglichst schnell zu etablieren, um z. B. den Abbau von giftigen Verbindungen wie Ammonium/Ammoniak und Nitrit zu gewährleisten und somit das Aquarium für Wirbellose und Fische beziehbar zu machen.

Die Kleinlebewesen bekommt man durch den Prozess des Animpfens in das Aquarium. Dabei geht man wie folgt vor: Ist das Aquarium dekoriert, besitzt das Aquarienwasser die richtige Dichte und Temperatur und funktioniert die Technik einwandfrei, gibt man entweder etwas Sand oder einen Stein aus einem eingefahrenen biologisch intakten Aquarium oder einige Lebende Steine in das neueingerichtete Becken. Schon bald wird sich durch dieses Animpfen eine reiche Mikrofauna und -flora entwickeln – die Grundlage für den biologischen Stoffumsatz und die Ernährung bestimmter Fischarten wie Mandarinfischen ist geschaffen.

Das Beobachten dieser Mikrofauna und –flora ist sehr spannend und interessant und kann jedem Aquarianer nur empfohlen werden. Immer wieder wird man neue Lebensformen entdecken, die z.B. ihre Wohnhöhlen kreuz und quer durch den Bodengrund des Aquariums bauen. Zur Beobachtung reicht eine Lupe aus und man wird erstaunt sein, in welcher Mannigfaltigkeit und in welchen Mengen sich die Lebensformen entwickeln.

Voraussetzung für das Animpfen ist die Verwendung von qualitativ hochwertigen Lebenden Steinen bzw. von entsprechenden Materialien aus einem funktionierenden Riffaquarium. Plagen wie Schmieralgen, Glasrosen oder Feueranemonen dürfen sich nicht auf dem Substrat befinden. Sie würden sich in dem neuen Aquarium sehr schnell ausbreiten und wären nur schwer vom Aquarianer zu kontrollieren.

Einrichtung und Inbetriebnahme des Aquariums

Das Beobachten der Mikrofauna und –flora eines Meerwasseraquariums ist spannend und faszinierend zugleich. Mit einer guten Lupe bewaffnet, wird man immer wieder etwas Neues entdecken.

Meerflohkrebse der Infraordnung Gammaridea wird man in jedem gut funktionierenden Riffaquarium finden. Sie sind nur wenige Millimeter groß, aber es ist äußerst interessant ihre Lebensweise durch eine Lupe zu beobachten.
Foto: D. Knop

gangswasser in der Regel reich an Silikaten ist, werden zuallererst – zumeist schon nach wenigen Tagen – Kieselalgen (Abteilung Heterokontophyta) wachsen. Mit zunehmendem Verbrauch der Silikate verschwinden sie, und die ersten Blaualgen (Cyanobakterien, Abteilung Cyanophyta) tauchen auf, zu denen auch die Schmieralgen gehören. Da zu diesem Zeitpunkt die Belastung des Aquarienwassers mit Nitraten und Phosphaten noch sehr hoch ist, werden Fadenalgen der Klasse Chlorophyta (*Derbesia* sp. und *Bryopsis* sp.) ebenfalls vermehrt wachsen. Zu diesem Zeitpunkt sollte allerdings die Nitrit-Konzentration schon so niedrig sein, dass man einige algenfressende Fische und Wirbellose (z. B. den Gelben Doktorfisch, *Zebrasoma flavescens*, den Gestreiften Schleimfisch, *Salarias fasciatus*, oder den Kugel-Seeigel, *Mespilia globulus*) einsetzen kann, bevor die Fadenalgen das gesamte Aquarium überwuchern. Während dieser Phase dürfen jedoch noch keine empfindlichen Nesseltiere (Krustenanemonen, kleinpolypige Steinkorallen, Hornkorallen etc.) in das Aquarium gesetzt werden. Die Fadenalgen würden diese Nesseltiere überwuchern und abtöten. Wichtig ist noch anzumerken, dass nicht in jedem Aquarium alle Algenphasen auftreten müssen. Ja, es ist durchaus möglich, dass es während der Einfahrphase weder zu Fadenalgen- noch Schmieralgenwuchs kommt.

Mit zunehmender Dauer der Einfahrphase werden die Algennährstoffe Nitrat und Phosphat aufgrund der nun funktionierenden biologischen Umsetzungen – unterstützt durch einen effektiven Abschäumer – immer weiter reduziert und demzufolge die Fadenalgen verschwinden. Nun beginnen in vielen Aquarien Kalkrotalgen (Abteilung Rhodophyta) an den unterschiedlichsten Stellen der Dekoration zu wachsen.

Freundliche Botschafter: Kalkrotalgen
Sie sind ein Indiz für hervorragende Wasserbedingungen. Wachsen Kalkrotalgen, bzw. ist das Aquarium frei von Schmier- und Fadenalgen, ist das Aquarienmilieu stabil und das Becken kann **langsam** mit Wirbellosen besetzt werden.

Im Detail

An dieser Stelle möchte ich einen Einschub zum Thema Schmieralgen machen. Dabei handelt es sich eigentlich nicht um Algen, sondern um Bakterien (Cyanobakterien). Sie gehören zu den ältesten Lebewesen unserer Erde und haben die Fähigkeit entwickelt, elementaren Stickstoff aufzunehmen (= zu fixieren) und in den eigenen Stoffwechsel einzuspeisen (SOROKIN 1995). Das macht sie so einzigartig und wichtig für das Ökosystem Korallenriff, denn die „echten" Algen können dies nicht. Ohne die Cyanobakterien wäre somit die Versorgung des extrem nährstoffarmen Biotops Korallenriff mit dem lebensnotwendigen Stickstoff nicht sichergestellt. In Meerwasseraquarien ist dagegen die stickstofffixierende Funktion der Cyanobakterien unnötig. Hier haben wir immer ausreichende Konzentrationen an den verschiedenen stickstoffhaltigen Verbindungen vorliegen (siehe Seite 46 ff.). Dennoch sind die Cyanobakterien immer vorhanden, in der Regel aber ohne dass es zu der befürchteten Massenvermehrung kommt. Scheinbar aus „unerklärlichen" Gründen vermag ihr Wachstum dann innerhalb kürzester Zeit regelrecht zu explodieren, so dass die Cyanobakterien innerhalb nur eines Tages z. B. weite Bereiche der Dekoration und des Bodengrundes zuwachsen können.

Schmieralgen werden immer als ein Indiz dafür angesehen, dass in dem Aquarium irgendetwas mit der Wasserqualität oder der technischen Ausstattung „nicht stimmt". Allerdings sind die Gründe für ein Auftreten solcher Schmieralgenplagen – wie bereits weiter vorne angedeutet – nicht immer klar. Es gibt Aquarien mit der besten technischen Ausstattung und hervorragenden Wasserwerten, dennoch wuchern hier Schmieralgen. Im Gegensatz dazu kennt man Aquarien mit hohen anorganischen Nährstoff-Konzentrationen, aber noch niemals wurden hier Schmieralgen entdeckt. Noch mysteriöser wird die Angelegenheit dadurch, dass Schmieralgenplagen genauso schnell verschwinden können, wie sie aufgetaucht sind. Es scheint aber, als könnten schlagartige Milieuveränderungen im Aquarium das Schmieralgenwachstum stimulieren. Umfangreiche Teilwasserwechsel, Veränderung der Lichtqualität (z. B. zu später Wechsel der HQI-Brenner, siehe Seite 36 ff.), das Absterben eines großen Tieres und damit der Anstieg der Wasserbelastung, das Einbringen einer großen Zahl an Fischen und damit die verstärkte Fütterung, Phosphatdepots im

Einrichtung und Inbetriebnahme des Aquariums

Schmieralgen sind nach wie vor eines der großen Probleme in der Meerwasseraquaristik. Sie können unvermittelt das ganze Aquarium überwuchern und dadurch empfindliche Korallen schädigen. Gründe für das massenhafte Auftreten sind häufig schlagartige Milieuveränderungen (z. B. große Teilwasserwechsel, Veränderung der Lichtqualität, das Absterben eines großen Tiers und der damit verbundene Anstieg der Wasserbelastung etc.). Ein Patentrezept, um sie wieder los zu werden, gibt es nicht. Hier hilft nur Geduld.   Foto: D. Knop

Bodengrund und der Dekoration, das Nachdosieren von Spurenelementen – kurz gesagt alle Maßnahmen, die das biologische und chemische Gleichgewicht des Aquariums stören, können Ursache für die Schmieralgenplage sein.

Da man also niemals wirklich vor ihrem Ausbruch gefeit ist, stellt sich zwangsläufig die Frage nach ihrer Bekämpfung. Die beste Möglichkeit, Schmieralgen zu verhindern, ist die Vorbeugung: das Aufrechterhalten des biologischen und chemischen Gleichgewichts im Aquarium,

ausgewogene und funktionierende Technik, niedrige Konzentrationen an anorganischen Nährstoffen und Vermeidung schlagartiger und drastischer Veränderungen des Aquarienmilieus. Außerdem versteht es sich von selbst, dass keine Tiere oder Gegenstände aus mit Schmieralgen verseuchten Becken in das Aquarium gegeben werden dürfen. Dies würde unweigerlich zur Ausbreitung einer Schmieralgenplage führen. Eine wirklich wirksame, auf Anhieb funktionierende Bekämpfungsmethode gibt es nicht. Am besten saugt man die Schmieralgen einfach ab, wobei das abgesaugte Wasser jedoch nicht zurück in das Aquarium gelangen darf, sondern gegen frisches Meerwasser ausgetauscht werden muss. Viele Aquarianer saugen die Schmieralgen mit Hilfe eines mit Filterwatte gefüllten Filters ab und wundern sich am nächsten Tag, dass das Becken wieder mit Schmieralgen zugewachsen ist. Dies ist aber zu erwarten, denn beim Absaugen zerfallen die Schmieralgenmatten in einzelne Zellen, die durchaus mit dem Wasser durch die Filterwatte fließen und so wieder in das Aquarium gelangen. Damit erzielt man also keine Verminderung der Schmieralgen, sondern eher eine stärkere Verbreitung im Aquarium.

Bei der Bekämpfung der Schmieralgen benötigt man viel Geduld. Häufiges, z. T mehrmaliges Absaugen innerhalb einer Woche kann durchaus nötig sein, um einen wirklichen Effekt zu sehen. Parallel sollte man versuchen, mögliche Ursachen, die ein massenhaftes Wachstum von Cyanobakterien erlauben, zu identifizieren und zu beseitigen. Einige Möglichkeiten wurden ja weiter oben bereits angesprochen. Wichtig ist, dass man bei starkem Schmieralgenwachstum keine neuen sessilen Wirbellosen in das Aquarium setzt. Diese könnten von den Schmieralgen überwuchert und so abgetötet werden.

Doch zurück zur Einfahrphase. In Aquarien, die nicht mit Lebenden Steinen eingerichtet werden, verläuft sie sehr viel langsamer als in Becken, die mit Lebenden Steinen dekoriert sind. In den erstgenannten Aquarien haben wir z. B. sehr viel länger mit Nitrat zu kämpfen. Dies liegt vor allem daran, dass sich die zur Denitrifikation notwendigen Bakterienpopulationen sehr viel später in ausreichenden Mengen in den anaeroben Bereichen der Dekoration ansiedeln. Im Inneren von Lebenden Steinen sind solche Bakterienpopulationen ja vorhanden und können praktisch mit dem Einsetzen in das Aquarium mit dem Nitrat-Abbau beginnen. Fehlen die Lebenden Steine, muss die Ansiedlung der Denitrifizierer auf anderem Weg erfolgen, z. B. durch Animpfen mit Bodengrund aus eingefahrenen Aquarien.

Zusammenfassend kann man sagen, dass jedes Aquarium eine spezifische Einfahrphase aufweist. In der Regel wird sie aber drei Monate nicht überschreiten. Nach der Einfahrphase sollten keine großen technischen Veränderungen mehr durchgeführt und auch keine großen Mengen an neuen Lebenden Steinen in das Aquarium eingebracht werden. Dies würde dazu führen, dass – wenn auch verkürzt – die Einfahrphase erneut beginnt und wir wiederum mit verschiedenen Algenplagen zu kämpfen hätten.

Ist die Einfahrphase beendet, kann man **vorsichtig** und mit Bedacht an die Besetzung des Aquariums gehen. Auch hierbei sollte man sich Zeit nehmen, um das anfänglich noch empfindliche biologische Gleichgewicht nicht gleich wieder zu zerstören.

Einfahrphase: das Wichtigste auf einen Blick

Funktion:
Herstellung des biologischen Gleichgewichtes im Meerwasseraquarium

Anwendungsbereich:
alle Aquarientypen

Dauer:
ca. drei Monate

Regelmäßige Arbeiten:
Bestimmung der Ammonium/Ammoniak-, Nitrit- und Nitrat-Konzentration alle 2–3 Tage zur Verlaufskontrolle der Einfahrphase

Besetzen des Aquariums mit Tieren:
Das Aquarium darf erst mit Tieren besetzt werden, wenn die Nitrit-Konzentration unter 0,1 mg/l liegt.

Was tun, wenn die Fadenalgen nicht weniger werden?
- Überprüfen der Nitrat- und Phosphat-Konzentration des Aquarienwassers, ggf. Abschäumleistung optimieren
- Einsetzen algenfressender Fische (z. B. Doktorfische, *Zebrasoma* spp.) und Wirbelloser (z. B. Seeigel *Mespilia globulus*)
- Bei starkem Fadenalgenwuchs dürfen keine sessilen Wirbellosen in das Aquarium eingebracht werden.

Was tun, wenn die Schmieralgen nach einigen Wochen immer noch nicht abnehmen?
- Überprüfen der Nitrat- und Phosphat-Konzentration des Aquarienwassers, ggf. Abschäumerleistung optimieren
- Schmieralgen regelmäßig absaugen und dabei das Aquarienwasser gegen frisches Meerwasser austauschen
- Bei starkem Schmieralgenwuchs dürfen keine sessilen Wirbellosen in das Aquarium eingebracht werden.

Die ersten Tiere für das Meerwasser-Aquarium

Mit Ende der Einfahrphase kann man beginnen, das Aquarium zu besetzen. Hierbei muss man mit Bedacht vorgehen und seine zukünftigen Pfleglinge sorgfältig aussuchen. Nicht jeder Fisch kann mit jedem Wirbellosen zusammen gepflegt werden, und auch nicht alle Fische vertragen sich untereinander. Weiterhin haben Fische und Wirbellose bestimmte Lebensansprüche, die nicht in jedem Aquarium erfüllt werden können. So brauchen z. B. viele Lippfischarten einen tiefen Sandbodengrund, in den sie sich nachts zum Schlafen eingraben können. Bietet das Aquarium allerdings nur eine dünne Schicht aus Korallenkies, ist es für diese Lippfische nicht geeignet. Zooxanthellate Steinkorallen benötigen eine sehr gute Lichtqualität- und -quantität sowie sehr nährstoffarmes Wasser. Kann man den Korallen diese Voraussetzungen in seinem Aquarium nicht bieten, sollte man auf ihre Pflege verzichten. Auch sollte der Einsteiger in das salzige Hobby sich nicht mit zu empfindlichen Fischen und Korallen beschäftigen, mögen sie noch so schön und interessant sein. Erfahrungen sollte man mit anspruchsloseren Tieren sammeln, die den einen oder anderen Anfängerfehler verzeihen, ohne gleich zu kümmern oder gar zu sterben. Weiter unten werde ich in Steckbriefen einige Fische und Wirbellose vorstellen, die man nach meinen Erfahrungen bedenkenlos als Einsteiger pflegen kann.

Kauf: Nachzuchten oder Wildfänge?

Beim Kauf von Fischen und Wirbellosen sollte man – u. a. aus Gründen des Natur- und Artenschutzes – bevorzugt auf Nachzuchten zurückgreifen. Außerdem bieten Nachzuchten generell den Vorteil, dass sie parasitenfrei und futterfest sind. Und der Stress von Wildfängen, sich an Aquarienbedingungen gewöhnen zu müssen (was einigen Arten sehr schwer fällt), fällt weg. Vor 10 Jahren galten Nachzuchten in der Meerwasseraquaristik noch als die große Ausnahme. Heute verdrängen Nachzuchten insbesondere auf dem Gebiet der Korallen mehr und mehr die Wildfänge vom Markt. Ja, einige Korallenarten werden praktisch ausschließlich nur noch als Nachzuchten angeboten. Bei Meerwasserfischen, die sehr viel schwieriger nach zu ziehen sind, erleben wir erfreulicherweise den gleichen Trend. Auch hier werden Technologien entwickelt, die eine kommerzielle Nachzucht von Aquarienfrischen attraktiv machen. Diese Technologien sind mittlerweile so weit fortgeschritten, dass einige Kaiserfischarten, unter anderem der in diesem Buch vorgestellte Flammen-Herzogfisch, als Nachzuchten erhältlich sind. Diese Entwicklung müssen wir Aquarianer, auch wenn Nachzuchten aus verschiedenen Gründen etwas teurer als Wildfänge sein müssen, aktiv unterstützen. Wer sich intensiver mit dem Thema Nachzuchten in der Meerwasseraquaristik beschäftigen möchte, dem sei das Buch „Nachzuchten für das Korallenriff-Aquarium" (BROCKMANN 2004) empfohlen. Es fasst den aktuellen Stand auf dem Gebiet der Nachzuchten zusammen und gibt Aquarianern, die sich mit diesem Thema befassen möchten, wichtige Tipps und Tricks zur erfolgreichen Zucht an die Hand.

Beim Kauf von Fischen und Wirbellosen sind einige Grundregeln zu beachten, damit es nicht zu unnötigen Verlusten kommt. Für den Erwerb von Fischen gilt:
- Die Fische sollten keine Krankheitszeichen oder größere Verletzungen aufweisen. Hierzu gehören u. a. nicht zur Zeichnung zählende Flecken, feine weiße Pünktchen auf dem Körper oder den Flossen, Pilzbefall, blutunterlaufene Stellen, abstehende Schuppen oder Kiemen

Nicht jeder Fisch kann mit jeder Koralle zusammen gepflegt werden. Solche Lebensgemeinschaften, wie in diesem Aquarium von W. Zimmermann, Munderkingen, können nur dann über Jahre erfolgreich erhalten werden, wenn die Lebensansprüche der einzelnen Tierarten zusammen passen und im Aquarium befriedigt werden.

und eine unnatürliche Atmung. Fische, die sich im Händleraquarium ständig scheuern, sind häufig von Parasiten befallen. Fehlende kleinere Flossenstückchen stellen dagegen meistens kein Problem dar. Sie stammen von Raufereien und wachsen schnell nach.
- Die Fische müssen gut genährt sein. Sind sie in der Bauchgegend oder über dem Kopf eingefallen, handelt es sich um stark unterernährte Exemplare, die nicht gekauft werden sollten. Sie werden sich nur in den seltensten Fällen erholen.
- Weißer Kot ist meist ein Zeichen von Wurmbefall. Auch solche Fische sollten nicht erworben werden.
- Im Händleraquarium sollten die Fische munter sein, ihre Farben zeigen und ständig nach Futter suchen. Dies bedeutet, dass man sich beim Kauf Zeit nehmen muss und die Fische länger beobachten sollte. Denn häufig erschrecken gerade frisch importierte Fische, wenn vor dem Händleraquarium Schatten oder Bewegungen auftauchen.
- Die Fische sollten futterfest sein. Gegebenenfalls lässt man sich dies vom Fachhändler zeigen.
- Bei frisch importierten Fischen ist Vorsicht geboten. Prinzipiell sollten sie mindestens eine Woche im Händleraquarium schwimmen, bevor man sich zum Kauf entscheidet. Ein regelmäßiger Besuch des Zoofachgeschäfts hilft, die Entwicklung des Gesundheitszustands über einen längeren Zeitraum abzuschätzen. Auch dadurch wird das Krankheitsrisiko minimiert.

Beachtet man diese Vorsichtsmaßnahmen, wird man in der Regel gesunde Fische erwerben. Die Eingewöhnung vieler Arten, die in diesem Buch vorgestellt werden, sollte dann meist kein Problem sein. Wird dennoch einmal eine Krankheit

Gesunde Weich- und Lederkorallen zeigen vollständig geöffnete Polypen. Korallen, die ständig geschlossen sind, könnten vom Transport geschädigt sein und sollten daher nicht gekauft werden.

mit Neuerwerbungen in das Aquarium eingeschleppt – dies wird man erst nach einigen Tagen bemerken –, sollte man sich möglichst sofort mit einem Fachhändler seines Vertrauens in Verbindung setzen, der sich mit Korallenfischen auskennt, um geeignete Behandlungsmethoden zu erfragen. Wichtig ist in diesem Zusammenhang, dass eine Behandlung von Fischkrankheiten in Aquarien mit Korallen sehr schwierig ist. Wirksame Medikamente schädigen häufig die Korallen und andere Wirbellose.

Beim Kauf von Wirbellosen gelten ähnliche Regeln:
- Korallen sollten geöffnet sein und ihre Tentakel zeigen. Dies gilt insbesondere für Leder-, Weich- und Hornkorallen. Sind die Tentakel immer geschlossen, die Korallen in sich zusammengezogen, oder liegen gar Kalknadeln unterhalb der Korallen im Händlerbecken, sollten sie vorsichtshalber nicht gekauft werden. Zieht sich die Koralle dagegen beim Herausnehmen aus dem Händleraquarium, während des Transportes oder während der Eingewöhnung in das neue Aquarium zusammen, ist dies kein Problem, sondern vielmehr eine normale Reaktion auf Störungen.
- Bei Steinkorallen sollte das Skelett vollständig vom Gewebe überzogen sein. Sind bei kleinpolypigen Steinkorallen die Spitzen abgebrochen, stört dies nicht. In einem gesunden Aquarium werden sie schnell regeneriert. Große Vorsicht ist dagegen geboten, wenn Bereiche der Koralle weiß oder von braunem Schleim umgeben sind. Hierbei handelt es sich um Degenerationserscheinungen und Infektionen, die zum Verlust der Korallen führen und im Falle von Infektionen sogar gesunde Korallen im Aquarium anstecken können.
- Großpolypige Steinkorallen (z. B. *Fungia* spp., *Trachyphyllia* sp., *Mussa* spp.) dürfen keine

Die ersten Tiere für das Meerwasser-Aquarium

Die Gewöhnung von Fischen und Wirbellosen an die Aquarienverhältnisse sollte mit Hilfe der Tröpfchenmethode in einem abgedunkelten Eimer geschehen.

Verletzungen des Gewebes aufweisen. Diese heilen nur schwer oder gar nicht aus.
- Garnelen sollten munter und unverletzt sein. Verloren gegangene Scheren werden zwar regeneriert, jedoch kennt man die Ursache dieser Verletzung nicht. Daher ist Vorsicht geboten.
- Bei Seesternen dürfen die Arme keine Auflösungserscheinungen zeigen oder schlapp herunterhängen. Derartig geschädigte Tiere sind meistens mit Luft in Berührung gekommen, was unbedingt zu vermeiden ist, oder wurden zu schnell aus einem Aquarium in ein anderes umgesetzt. Dadurch kann es zu osmotischen Schocks kommen, die das Gewebe der Seesterne zerstören. Gesunde Seesterne versuchen immer, sich mit allen Armen Halt zu verschaffen.
- Auch gesunde Seeigel werden sich mit ihren unzähligen Scheinfüßchen immer am Substrat festsaugen. Seeigel, die ihre Stacheln verlieren, sind durch den Transport, Kontakt mit Luft oder osmotische Schocks geschädigt und sollten auf keinen Fall gekauft werden.
- Riesenmuscheln aus der Familie Tridacnidae sollten geöffnet sein und – im Fall der Arten aus der Gattung *Tridacna* – ihre Mantellappen über die Schalenränder hinausstrecken. Gesunde Riesenmuscheln reagieren auf Berührungsreiz und Schatten, indem sie sich schließen. Riesenmuscheln, die diese Reaktion nicht zeigen, sollten nicht gekauft werden.
- Röhrenwürmer müssen unbedingt eine Röhre haben. Fehlt diese, ist vom Kauf abzuraten. Wie Muscheln aus der Familie Tridacnidae reagieren gesunde Röhrenwürmer auf Berührungsreize und Schatten, indem sie sich in ihre Röhre zurückziehen.
- Gesunde Einsiedlerkrebse krabbeln munter im Aquarium umher. Bei Störungen ziehen sie sich schlagartig in ihr Gehäuse zurück.

Eingewöhnung

Neue Tiere, ob sie nun von einem Fachhändler oder einem Privatmann stammen, müssen vorsichtig an das neue Aquarienmilieu gewöhnt werden. Sie dürfen auf keinen Fall aus dem Transportbeutel direkt mit dem Transportwasser in das Aquarium geschüttet werden. Bei Wirbellosen führt dies zu Temperatur- und osmotischen Schocks, die ihren Verlust zur Folge haben können, bei Fischen kann diese Vorgehensweise für Stress und damit für eine verstärkte Anfälligkeit gegenüber Krankheiten verantwortlich sein. Es gilt also, die Tiere langsam an ihre neue Behausung zu gewöhnen.

Die beste Methode zur Angleichung der Wasserbedingungen im Transportbeutel an diejenigen im neuen Aquarium ist die so genannte „Tröpfchenmethode". Hierbei wird mittels eines dünnen Schlauchs Aquarienwasser tropfenweise in den Transportbeutel geleitet. Die Tropfgeschwindigkeit wird dabei mit einer Klemme reguliert. Im Einzelnen geht man wie folgt vor: Ist man zu Hause angekommen, wird der größte Teil des Transportwassers weggeschüttet (Vorsicht, die Wirbellosen müssen vollständig mit Wasser bedeckt bleiben, und Fische müssen noch aufrecht im Transportbeutel schwimmen können). Anschließend stellt man den Transportbeutel in einen Eimer und führt über einen Schlauch Wasser aus dem Aquarium tropfenweise in den Beutel. Um Fische nicht unnötig unter Stress zu setzen, wird der Eimer von oben mit einem Handtuch abgedunkelt. Nun tropft man das Aquarienwasser so lange in den Transportbeutel, bis etwa das doppelte Volumen des vor dem Angleichen im Transportbeutel vorhandenen Wassers hinzugelaufen ist. Diese gesamte Prozedur sollte durchaus zwei bis drei Stunden dauern. Nach einer kurzen Temperaturüberprüfung – das Wasser im Transportbeutel und im Aquarium sollte in etwa die gleiche Temperatur aufweisen – können die Tiere in das Becken überführt werden. Sind die Temperaturunterschiede zu groß (3–4 °C und mehr), sollte man die Werte noch angleichen, indem man den Transportbeutel in das Aquarium legt.

Wirbellose werden nun aus dem Beutel unter Wasser direkt in das Aquarium gegeben. Dazu führt man den Transportbeutel mit der einen Hand unter die Wasseroberfläche des Aquariums und entnimmt dann mit der anderen Hand

Futtersteine, auf denen getrocknete Algenpräparate mit einem Kautschukgummiband befestigt sind, eignen sich hervorragend, um auch solche empfindlichen Fische wie den Kirschfleck-Doktorfisch (*Acanthurus achilles*, rechts im Bild) zur Futteraufnahme zu bewegen und letztendlich erfolgreich in das Aquarium einzugewöhnen.

das Tier behutsam aus dem Beutel und setzt es an die vorgesehene Stelle in die Dekoration. Hierbei muss man sehr vorsichtig sein, um beispielsweise Korallen nicht zu quetschen. Bewegliche Wirbellose können unter Wasser „aus dem Beutel geschüttet" werden. Dies sollte aber immer in der Nähe des Bodengrundes oder der Dekoration passieren.

Das Umsetzen von Fischen ist etwas aufwändiger, denn das Transportwasser sollte niemals in das Aquarium gelangen. Medikamentöse Rückstände aus dem Transportwasser können in einem Aquarium mit Wirbellosen verheerende Folgen haben. Zum Umsetzen von Fischen gebe ich sie darum aus dem Transportbeutel vorsichtig in ein Netz, mit dem ich sie dann in das Aquarium überführe.

Fütterung von Fischen und Wirbellosen

Die meisten Fischarten des Korallenriffs, die für unsere Aquarien von Interesse sind, sind Dauerfresser. Sie suchen den ganzen Tag über Futter und nehmen nahezu permanent Nahrung auf. Diesem Verhalten sollte man auch im Aquarium so gut wie möglich Rechnung tragen. Optimal ist eine mehrmalige tägliche Fütterung in jeweils geringen Portionen. Dies ist für die Fische deutlich artgerechter als einmal am Tag eine große Portion. Das Einhalten dieser Fütterungsintervalle wird insbesondere bei Berufstätigen nicht immer möglich sein. Ich füttere daher jeweils ab dem frühen Abend bis kurz vor Verlöschen der Beleuchtung (wobei in meinem Aquarium die Beleuchtung gegen 12:00 Uhr ein- und gegen 22:30 Uhr ausgeschaltet wird; die erste Futtergabe erfolgt gegen 19:00 Uhr). Gereicht werden jeweils kleine Portionen, die schnell, innerhalb von wenigen Minuten, aufgefressen werden. Zu geringe Futterportionen sind ebenso zu vermeiden wie zu große, von denen das meiste in irgendeiner Ecke des Aquariums vergammelt und damit das Wasser belastet. Als Futter eignen sich alle handelsüblichen Frostfuttersorten (z. B. *Mysis*, Krill, Artemien etc.). Auf Mücken-

Die ersten Tiere für das Meerwasser-Aquarium

Azooxanthellate Korallen wie diese *Dendronephthya* sind zwar sehr schön, eignen sich aber nicht für ein Anfängeraquarium. Sie sind Futterspezialisten, deren Pflege extrem aufwändig ist.

larven, Tubifex und klein geschnittenes Muschel- oder Fischfleisch verzichte ich, da hier die Wasserbelastung u. a. mit Schmutzstoffen relativ groß ist. Zur Fütterung wird das tiefgefrorene Futter aufgetaut und anschließend kräftig unter fließendem Wasser gespült, um freigesetzte Stickstoffverbindungen und Phosphate möglichst vollständig abzuwaschen (siehe auch Seite 55). Ergänzt wird der Speiseplan durch Trockenfutter entweder in Flockenform oder Granulat. Viele Hersteller bieten mittlerweile dieses qualitativ hochwertige Futter an. Für Pflanzenfresser (z. B. Doktorfische) kann man, falls nicht genug Algen im Aquarium wachsen, regelmäßig Salat (Vorsicht: Der Salat darf nicht gespritzt sein und muss kräftig gewaschen werden!) oder Löwenzahn verfüttern, den man z. B. mit einem Magnethalter an der Frontscheibe befestigen kann. Es gibt auch zahlreiche Algenpräparate (*Spirulina*, Nori-Algen etc.), die ebenfalls hervorragend als Futter geeignet und im Fachhandel erhältlich sind.

Einige Fischarten sind während der Eingewöhnungsphase etwas wählerisch, was das Futter betrifft. Bei ihnen gilt es, verschiedene Futtersorten auszuprobieren, bis man diejenigen herausbekommen hat, die die Fische gerne fressen. Man sollte jedoch darauf achten, so abwechslungsreich wie möglich zu füttern. Fastentage, wie sie früher häufig propagiert wurden, sollte es nicht geben.

Auf die speziellen Futterbedürfnisse der einzelnen Fischarten wird in den Steckbriefen im Kapitel „Die ersten Fische" eingegangen.

Alle zooxanthellaten Korallen brauchen **nicht** gefüttert zu werden. Sie ernähren sich von den Stoffwechselprodukten ihrer symbiotischen Algen, wie es u. a. auf Seite 9 ff. beschrieben wurde. Auch viele Seesterne, Seeigel, Garnelen und Einsiedlerkrebse benötigen keine Zusatzfütterung. In gesunden Aquarien finden sie ausreichend Nahrung. Außerdem fungieren sie als Restevertilger und Gesundheitspolizei, die sich ihren Teil bei der täglichen Fütterung der Fische abholen.

Azooxanthellate Korallen sind für den Einsteiger in die Riffaquaristik nicht geeignet. Ihre Nahrungsansprüche sollen daher hier nicht besprochen werden. Eine Ausnahme hiervon bilden lediglich die herrlichen gelben und orangefarbenen *Tubastrea*-Steinkorallen, die durchaus auch von Beginnern des Hobbys erfolgreich gepflegt werden können, wenn auch ihre Haltung sehr aufwändig ist, denn sie müssen regelmäßig mindestens einmal täglich gezielt gefüttert werden (WILKENS & STETTLER 2004).

Die speziellen Futteransprüche der Wirbellosen werden in den Steckbriefen ab Seite 148 geschildert.

Die ersten Fische

Die nachfolgenden Steckbriefe beschreiben eine Auswahl von Fischarten, die unter den richtigen Aquarienbedingungen recht einfach zu pflegen sind. Gesunde Individuen dieser Arten bereiten nur selten Schwierigkeiten bei der Eingewöhnung, sind schnell futterfest und können bei artgerechter Pflege über Jahre hinaus im Aquarium gepflegt werden. Wann immer es möglich ist, sollte man auf Nachzuchten zurückgreifen. Die Streckbriefe geben Hinweise auf den Aquarientyp, die minimale Beckengröße, die nicht unterschritten werden sollte, und zur Ernährung. Es gilt allerdings zu beachten, dass sich nicht alle Individuen einer Art gleich verhalten. Dies trifft insbesondere auf die Aggressivität und das Verhalten gegenüber Wirbellosen zu. So kann es z. B. durchaus sein, dass der Flammen-Herzogfisch (*Centropyge loriculus*) in dem einen Aquarium keine Wirbellose anknabbert, in dem anderen aber kleinpolypige Steinkorallen und Muscheln anfrisst. Daher muss man insbesondere in Riffaquarien seine Fische genau beobachten, um ggf. schnell eingreifen zu können und Verluste auf Seiten der Wirbellosen zu vermeiden.

Für weitergehende Informationen über Korallenfische eignen sich folgende Nachschlagewerke:

Korallenfische allgemein: BROCKMANN, D. (2000): Fische und Korallen im Meer und im Aquarium. – Birgit Schmettkamp Verlag, Bornheim.

FOSSÅ, S.A. & A.J. NILSEN (1993): Korallenriff-Aquarium, Bd. 3, Zoogeographie, Fische für das Korallenriff-Aquarium. – Birgit Schmettkamp Verlag, Bornheim.

KUITER, R.H. & H. DEBELIUS (2006): Atlas der Meeresfische. – Kosmos Verlag, Stuttgart.

Anemonenfische: FAUTIN, D.G. & G.R. ALLEN (1994): Anemonenfische und ihre Wirte. – Tetra Verlag, Melle.

Doktorfische: DEBELIUS, H. & R.H. KUITER (2001): Doktorfische und ihre Verwandten. – Verlag Eugen Ulmer, Stuttgart.

Kaiser- und Schmetterlingsfische: ALLEN, G.R., R. STEENE & M. ALLEN (1998): Angelfishes & Butterflyfishes. – Odyssey Publishing/Tropical Reef Research, USA/Australien.

Riffbarsche: ALLEN, G.R. (1991): Riffbarsche der Welt. – Mergus Verlag, Melle.

Internet: www.fishbase.org

Doryrhamphus multiannulatus
Geringelte Seenadel

Verbreitungsgebiet: Rotes Meer, Ostafrika, Indischer Ozean

Länge: bis 18 cm

Nahrung: Zooplankton wie Copepoden, Artemien und feine Mysis

Pflege im Aquarium: Ausschließlich für Riffaquarien geeignet, die mit vergleichbar langsam fressenden Fischen besetzt sind. Kann sich gegen große und robuste Fische nicht durchsetzen. Die geringelte Seenadel sollte paarweise gepflegt werden.

Pterois miles
Rotfeuerfisch

Verbreitungsgebiet: Rotes Meer und Indischer Ozean östlich bis Sumatra. Wird im östlichen Indopazifik durch die identisch aussehende Art *Pterois volitans* ersetzt.

Länge: bis 30 cm

Nahrung: Lebt primär von Fischen, die er in sein Maul einsaugt. Während der Eingewöhnungsphase kann das Verfüttern lebender Futterfische nötig sein, da tote Nahrung evtl. verweigert wird. Eingewöhnte Rotfeuerfische können leicht an totes Futter (z.B. Fisch- und Muschelfleisch) gewöhnt werden, das von einer Pinzette genommen wird.

Pflege im Aquarium: Vorsicht, die Strahlen der Rücken-, After- und Brustflossen der Rotfeuerfische besitzen Giftdrüsen! Eine Berührung des Fisches ist daher unbedingt zu vermeiden! Dies ist insbesondere beim Hantieren im Aquarium (z. B. beim Reinigen der Scheiben) zu beachten. Verletzungen, die durch einen Rotfeuerfisch verursacht worden sind, führen im leichtesten Fall zu starken Schmerzen. Es ist in jedem Fall sofort ein Arzt aufzusuchen!

Pterois miles eignet sich im Prinzip sowohl für Fisch- als auch für Riffaquarien. Da er recht

Die ersten Tiere für das Meerwasser-Aquarium

Geringelte Seenadel (*Doryrhamphus multiannulatus*)
Rotfeuerfisch *Pterois miles*; Unterwasseraufnahme Rotes Meer

Die ersten Tiere für das Meerwasser-Aquarium

Springers Zwergbarsch (*Pseudochromis springeri*)

Königsfeenbarsch (*Gramma loreto*); Unterwasseraufnahme Bequia, Grenadinen

Die ersten Tiere für das Meerwasser-Aquarium

Gelber Mirakelbarsch
(*Assessor flavissimus*)

groß wird, sollte das Aquarium für adulte Individuen eine Größe von mindestens 400 Liter aufweisen. Er ist ein ruhiger Fisch, der sich meistens an der Dekoration aufhält und nur selten im Aquarium umherschwimmt. Kann nur mit großen Fischen vergesellschaftet werden, die in etwa seine Länge besitzen. Kleinere Fische werden als Beute betrachtet und meistens gefressen. Eine Vergesellschaftung mehrerer Individuen derselben Art ist problemlos möglich.

Pseudochromis springeri
Springers Zwergbarsch

Verbreitungsgebiet: Rotes Meer
Länge: bis 5,5 cm
Nahrung: akzeptiert alle handelsüblichen Futterarten einschließlich Trockenfutter
Pflege im Aquarium: Benötigt zahlreiche Versteckplätze. Eignet sich hervorragend für Riffaquarien. Es empfiehlt sich eine paarweise Haltung. Laicht regelmäßig ab. Nach dem Ablaichen bewacht das Männchen den Laich bis zum Schlupf der Larven. Während dieser Zeit ist es sehr aggressiv gegenüber dem Weibchen. Daher sind im Aquarium viele Versteckplätze nötig, in die sich das Weibchen zurückziehen kann.

Kann gegen andere Zwergbarsch-Arten sehr aggressiv sein, so dass eine Pflege von verschiedenen Pseudochromiden im selben Aquarium schwierig sein kann. Nachzuchten sind verfügbar.

Gramma loreto
Königsfeenbarsch

Verbreitungsgebiet: zentraler Westatlantik, von den Bermudas und Bahamas bis zum nördlichen Südamerika
Länge: bis 8 cm
Nahrung: Ernährt sich von Planktonorganismen; eingewöhnte Königsfeenbarsche akzeptieren alle handelsüblichen Futterarten einschließlich Trockenfutter.
Pflege im Aquarium: Leicht im Aquarium zu pflegen. Eine paarweise Haltung ist auch in kleinen Becken zu empfehlen. Bei optimaler Pflege laichen Königsfeenbarsche regelmäßig ab, wobei das Männchen ein Nest baut und die Eier bis zum Schlupf bewacht. In größeren Aquarien (> 500 l) kann eine kleine Gruppe (ca. 5 Tiere) gepflegt werden. Eignet sich weniger gut für reine Fischaquarien, da er von großen und aggressiven Fischen leicht verdrängt wird, hervorragend für eine Pflege im Riffaquarium geeignet.

Assessor flavissimus
Gelber Mirakelbarsch

Verbreitungsgebiet: nördliches Großes Barriereriff
Länge: bis 5,5 cm
Nahrung: akzeptiert alle handelsüblichen Futterarten einschließlich Trockenfutter

Blauer Mirakelbarsch (*Assessor macneillii*)

Pfauenaugen-Mirakelbarsch (*Calloplesiops altivelis*)

Pflege im Aquarium: Benötigt zahlreiche Verstecke. Eignet sich hervorragend für Riffaquarien. In Aquarien über 400 l empfiehlt sich eine Gruppenhaltung (4–5 Individuen), in kleineren Becken eine paarweise Pflege. Laicht regelmäßig ab. Nach dem Ablaichen werden die Eier vom Männchen bis zum Schlupf der Larven bewacht. Während dieser Zeit nimmt das Männchen nur selten Nahrung auf.

Assessor macneillii
Blauer Mirakelbarsch

Verbreitungsgebiet: Großes Barriereriff und Neukaledonien

Länge: bis 6 cm

Nahrung: akzeptiert alle handelsüblichen Futterarten einschließlich Trockenfutter

Pflege im Aquarium: siehe Gelber Mirakelbarsch

Die ersten Tiere für das Meerwasser-Aquarium

Calloplesiops altivelis
Pfauenaugen-Mirakelbarsch

Verbreitungsgebiet: Indopazifik
Länge: bis 16 cm
Nahrung: akzeptiert alle handelsüblichen Futterarten einschließlich Trockenfutter
Pflege im Aquarium: Sehr empfehlenswerter Fisch für den Einsteiger in die Meerwasseraquaristik. Sowohl für Fisch- als auch für Riffaquarien geeignet. Benötigt zahlreiche Versteckplätze, bleibt aber häufig sehr scheu. Sehr langsamer Fresser; Nachzuchten sind verfügbar.

Pterapogon kauderni
Banggai-Kardinalbarsch

Verbreitungsgebiet: endemisch bei den Banggai-Inseln, Indonesien
Größe: bis 8 cm
Nahrung: akzeptiert alle handelsüblichen Futterarten einschließlich Trockenfutter
Pflege im Aquarium: Eignet sich hervorragend für Riffaquarien, für reine Fischaquarien mit schnellen und sehr wehrhaften Fischen dagegen weniger geeignet. Sollte paarweise gepflegt werden, in großen Aquarien (> 500 l) ist auch die Haltung mehrerer Paare möglich. Bei guter Pflege und Ernährung laichen die Paare regelmäßig ab, das Männchen nimmt die Eier bis zum Schlupf der Jungfische ins Maul auf. Die Aufzucht der Jungfische ist recht einfach. Nachzuchten kommen regelmäßig in den Handel.

Banggai-Kardinalbarsch (*Pterapogon kauderni*), das obere Foto zeigt Jungfische, die sich in der Steinkoralle *Seriatopora hystrix* verstecken.

Durchsichtiger Kardinalbarsch (*Apogon leptacanthus*)

Apogon leptacanthus
Durchsichtiger Kardinalbarsch

Verbreitungsgebiet: Indopazifik, Rotes Meer und Ostafrika bis Samoa und Tonga

Länge: bis 6 cm

Nahrung: akzeptiert alle handelsüblichen Futterarten einschließlich Trockenfutter

Pflege im Aquarium: Eignet sich hervorragend für Riffaquarien, für reine Fischaquarien mit schnellen und sehr wehrhaften Fischen dagegen weniger geeignet. Kann auch in kleineren Aquarien in einer kleinen Gruppe gepflegt werden. Bei guter Pflege und Ernährung laichen die Paare regelmäßig ab (Maulbrüter).

Chaetodon auriga
Fähnchen-Falterfisch

Verbreitungsgebiet: Indopazifik, vom Roten Meer und Ostafrika bis nach Hawaii

Länge: bis 23 cm

Nahrung: Frisst im Meer hauptsächlich Korallen, Anemonen, kleine Krebstiere und Würmchen, die er vom Substrat abpickt. Eine Gewöhnung an Ersatznahrung ist bei Jungtieren recht einfach, bei adulten Individuen dagegen in der Regel schwierig. Gefressen werden die handelsüblichen Frostfuttersorten wie *Mysis*, Krill, Artemien und Muschelfleisch (insbesondere Miesmuschelfleisch, wenn die Muscheln aufgebrochen in das Aquarium gegeben werden). Futterverweigerer können manchmal mit Mückenlarven oder Tubifex zur Futteraufnahme bewegt werden.

Pflege im Aquarium: Einer der robustesten Schmetterlingsfische. Eignet sich ausschließlich für reine Fischaquarien, da er Wirbellose frisst. Eine Vergesellschaftung mit anderen Fischen, mit Ausnahme von Arten, die ihm in Form und Farbe ähneln, ist problemlos möglich. Da der Fähnchen-Falterfisch (Abbildung auf Seite 127 oben) im Meer häufig als Paar lebt, kann eine paarweise Pflege in großen Aquarien versucht werden.

Chaetodon lunula
Mondsichel-Falterfisch

Verbreitungsgebiet: Indopazifik, von Ostafrika bis nach Polynesien

Länge: bis 21 cm

Nahrung: siehe Fähnchen-Falterfisch

Pflege im Aquarium: Gehört zusammen mit dem Fähnchen-Falterfisch zu den robustesten Schmetterlingsfischen. Eignet sich hervorragend für reine Fischaquarien. Eine Vergesellschaftung mit anderen Fischen, mit Ausnahme von Arten, die ihm in Form und Farbe ähneln, ist problemlos möglich. Da der Mondsichel-Falterfisch im Meer häufig als Paar lebt, kann eine paarweise Pflege in großen Aquarien versucht werden.

Mondsichel-Falterfisch (*Chaetodon lunula*); Unterwasseraufnahme Hawaii

Eine Pflege in Riffaquarien ist problematisch, da er früher oder später z. B. Korallenpolypen etc. frisst. Wird allerdings manchmal in Riffaquarien zur Beseitigung der Feueranemonen- (*Anemonia* cf. *manjano*) und Krustenanemonenplage eingesetzt.

Heniochus acuminatus
Gemeiner Wimpelfisch

Verbreitungsgebiet: Indopazifik, Rotes Meer und Ostafrika bis zu den Gesellschaftsinseln

Länge: bis 20 cm

Nahrung: Zooplankton und Aufwuchsorganismen; bei jungen Individuen ist die Umgewöhnung an Ersatzfutter recht einfach. Eingewöhnte Individuen akzeptieren in der Regel die meisten handelsüblichen Futterarten einschließlich Trockenfutter.

Pflege im Aquarium: Eignet sich für reine Fischaquarien, ab und an wird *Heniochus acuminatus* auch in Wirbellosenaquarien gepflegt. Dabei sind aber Übergriffe insbesondere auf Krustenanemonen und andere sessile Wirbellose beschrieben worden. In ausreichend großen Aquarien (> 500 l) ist die Pflege mehrerer Individuen möglich. Gelegentlich kann es aber zu starken Aggressionen kommen, die eine Trennung der Wimpelfische nötig machen.

Heniochus intermedius
Rotmeer-Wimpelfisch

Verbreitungsgebiet: Rotes Meer und Golf von Aden

Länge: bis 18 cm

Nahrung: Zooplankton und Aufwuchsorganismen, einschließlich Algen. Die Umgewöhnung an Ersatzfutter kann im Einzelfall schwierig sein. Eingewöhnte Individuen akzeptieren in der Regel die meisten handelsüblichen Futterarten.

Pflege im Aquarium: Eignet sich ausschließlich für reine Fischaquarien, da Korallen, Anemonen und andere sessile Invertebraten angefressen werden. Nicht so aggressiv wie seine Verwandten aus der Gattung *Chaetodon*. Eine paarweise Haltung kann in großen Aquarien versucht werden. Leider ist der Rotmeer-Wimpelfisch (Abbildung auf Seite 128) nur selten im Handel.

Porträt des Fähnchen-Falterfisches (*Chaetodon auriga*)

Gemeiner Wimpelfisch (*Heniochus acuminatus*)

Rotmeer-Wimpelfisch (*Heniochus intermedius*); Unterwasseraufnahme Hurghada, Rotes Meer

Centropyge bispinosa
Streifen-Zwergkaiserfisch

Verbreitungsgebiet: Indo-Westpazifik, von Ostafrika bis zum Tuamotu-Archipel

Länge: bis 10 cm

Nahrung: Kleine sessile Wirbellose und Aufwuchsalgen, eine Umgewöhnung auf handelsübliche Futterarten einschließlich Trockenfutter ist einfach.

Pflege im Aquarium: Einer der unempfindlichsten Zwergkaiserfische. Sowohl für reine Fisch- als auch für Riffaquarien geeignet. Gelegentlich sind Übergriffe auf Korallen und Muscheln berichtet worden. Sollte immer als Pärchen gepflegt werden, um das interessante Paarverhalten beobachten zu können.

Centropyge loriculus
Flammen-Herzogfisch

Verbreitungsgebiet: Pazifik, von Queensland bis nach Samoa und Hawaii

Länge: bis 12 cm

Nahrung: Kleine sessile Wirbellose und Aufwuchsalgen. Die Umgewöhnung an handelsübliches Frostfutter und Trockenfutter ist recht einfach.

Pflege im Aquarium: Sowohl für reine Fisch- als auch für Riffaquarien geeignet. Gelegentlich sind Übergriffe auf Steinkorallen und Muscheln bekannt geworden. Sollte immer als Pärchen gepflegt werden, um das interessante Paarverhalten beobachten zu können. Eingewöhnte und gut genährte Flammen-Herzogfische laichen regelmäßig ab. Die Nachzucht des Flammen-Herzogfisches ist bereits gelungen.

Holacanthus ciliaris
Königin-Kaiserfisch

Verbreitungsgebiet: Karibik und Westatlantik, von Brasilien bis Florida und Bahamas

Länge: bis 45 cm

Jungtiere und ausgewachsene Königin-Kaiserfische weisen unterschiedliche Färbungen auf. Ein ausgewachsener *Holacanthus ciliaris* ist

Die ersten Tiere für das Meerwasser-Aquarium

Streifen-Zwergkaiserfisch (*Centropyge bispinosa*)

Flammen-Herzogfisch (*Centropyge loriculus*)

Die ersten Tiere für das Meerwasser-Aquarium

Adulter Königin-Kaiserfisch (*Holacanthus ciliaris*)

Imperator-Kaiserfisch (*Pomacanthus imperator*); Unterwasseraufnahme Malediven

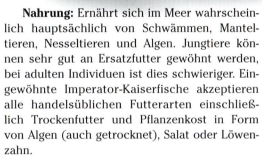
Arabischer Kaiserfisch (*Pomacanthus maculosus*)

links abgebildet. Jungtiere besitzen auf gelbem Grund leicht gebogene blaue Querstreifen, die mit zunehmender Größe zurückgebildet werden. Dies trifft auch auf den Querstreifen zu, der durch das Auge verläuft, der nach Rückbildung die „Stirnkrone" hinterlässt, die zu dem Populärnamen des Kaiserfisches geführt hat.

Nahrung: Ernährt sich im Meer wahrscheinlich hauptsächlich von Schwämmen und anderen Aufwuchsorganismen. Jungtiere können gut an Ersatzfutter gewöhnt werden, bei adulten Individuen ist dies schwieriger. Eingewöhnte Königin-Kaiserfische akzeptieren alle handelsüblichen Futterarten, einschließlich Trockenfutter und Pflanzenkost in Form von Algen (auch getrocknet), Salat oder Löwenzahn.

Pflege im Aquarium: Recht einfach im Aquarium zu halten, insbesondere wenn Jungtiere erworben werden. Aufgrund der Größe der ausgewachsenen Fische muss das Aquarium eine entsprechende Länge (> 1.500 l) aufweisen. Außerdem sollte es gut strukturiert sein und zahlreiche Versteckplätze aufweisen. Adulte Individuen können gegen andere Fische aggressiv werden.

Eine Pflege in Riffaquarien ist nicht möglich, da sich insbesondere adulte Königin-Kaiserfische an Korallen vergreifen und Korallenstöcke innerhalb kürzester Zeit abtöten können.

Pomacanthus imperator
Imperator-Kaiserfisch

Verbreitungsgebiet: Indopazifik und Rotes Meer

Länge: bis 40 cm

Jungtiere und ausgewachsene Imperator-Kaiserfische weisen unterschiedliche Färbungen auf. Ein ausgewachsener Kaiserfisch ist abgebildet (s. S. 130 unten). Jungtiere besitzen auf ihrer dunkelblauen Grundfärbung weiße Streifen, die sich nahe der Schwanzwurzel zu einem Ring schließen. Die Umfärbung beginnt bei einer Größe von ca. 8–10 cm.

Nahrung: Ernährt sich im Meer wahrscheinlich hauptsächlich von Schwämmen, Manteltieren, Nesseltieren und Algen. Jungtiere können sehr gut an Ersatzfutter gewöhnt werden, bei adulten Individuen ist dies schwieriger. Eingewöhnte Imperator-Kaiserfische akzeptieren alle handelsüblichen Futterarten einschließlich Trockenfutter und Pflanzenkost in Form von Algen (auch getrocknet), Salat oder Löwenzahn.

Pflege im Aquarium: Aquarium ab 1.000 l Volumen. Ansonsten wie bei Königin-Kaiserfisch.

Pomacanthus maculosus
Arabischer Kaiserfisch

Verbreitungsgebiet: Rotes Meer und arabische Halbinsel, südlich bis nach Kenia

Größe: bis 50 cm

Jungtiere und ausgewachsene Arabische Kaiserfische weisen unterschiedliche Färbungen auf. Ein ausgewachsener Arabischer Kaiserfisch ist oben abgebildet. Jungtiere besitzen auf ihrer dunkelblauen Grundfärbung zahlreiche weiße und hellblaue Querstreifen. Die Schwanzflosse ist transparent gelblich eingefärbt. Die Umfärbung beginnt bei einer Größe von ca. 10–15 cm.

Nahrung: siehe Imperator-Kaiserfisch

Pflege im Aquarium: siehe Königin-Kaiserfisch

Nachzucht der melanistischen Farbform von *Amphiprion ocellaris*

Amphiprion ocellaris
Orangeringelfisch

Verbreitungsgebiet: Andamanen, Nikobaren, Indo-Malaiische Inselwelt, Philippinen, Nordwest-Australien, Südostasien bis zu den Riukiuinseln

Länge: bis 9 cm

Es existieren zwei Farbformen. Die häufigste Variante ist orange mit weißen Streifen (s. S. 4). Eine melanistische Farbform (schwarze Grundfarbe) ist von Nord-Australien (Darwin) bekannt.

Nahrung: Zooplankton, akzeptiert alle handelsüblichen Futterarten einschließlich Trockenfutter

Pflege im Aquarium: Sollte als Pärchen zusammen mit einer Anemone in einem Riffaquarium gepflegt werden. Hierfür eignen sich schon Artaquarien mit einer Größe von 150 l. Als Symbioseanemonen werden verschiedene Arten akzeptiert: *Heteractis magnifica*, *Stichodactyla gigantea* und *S. mertensii*.

Amphiprion ocellaris ist empfindlicher als viele andere Anemonenfische. Seine Pflege in reinen Fischaquarien ohne Symbioseanemone ist schwierig und nicht artgerecht. Nachzuchten beider Farbformen kommen regelmäßig in den Handel. Sie sind weniger empfindlich als Wildfänge.

Amphiprion bicinctus
Rotmeer-Anemonenfisch

Verbreitungsgebiet: Rotes Meer, Golf von Aden und Chagos-Archipel

Länge: bis 11 cm

Nahrung: Zooplankton, akzeptiert alle handelsüblichen Futterarten einschließlich Trockenfutter

Pflege im Aquarium: Primär für Riffaquarien geeignet, in denen auch Anemonen gepflegt werden können. Der Rotmeer-Anemonenfisch sollte als Pärchen zusammen mit einer Symbioseanemone gepflegt werden. Hierfür eignen sich auch schon Artbecken in einer Größe von 150 l. Gesunde *Amphiprion bicinctus* laichen regelmäßig ab. Die Eier werden bis zum Schlupf bewacht. Als Symbioseanemonen wird eine ganze Reihe von Arten akzeptiert (*Entacmaea quadricolor*, *Heteractis aurora*, *H. crispa*, *H. magnifica* und *Stichodactyla gigantea*). Leider wird der Rotmeer-Anemonenfisch nur selten im Handel angeboten.

Die Pflege von *Amphiprion bicinctus* in reinen Fischaquarien ohne Symbioseanemone ist schwierig und keinesfalls artgerecht.

Amphiprion melanopus
Schwarzflossen-Anemonenfisch

Verbreitungsgebiet: Indonesien (von Bali ostwärts) bis zu den Gesellschaftsinseln

Länge: bis 12 cm

Nahrung: siehe Rotmeer-Anemonenfisch

Pflege im Aquarium: Siehe Rotmeer-Anemonenfisch. Als Symbioseanemonen wird eine ganze Reihe von Arten akzeptiert (*Entacmaea quadricolor*, *Heteractis aurora*, *H. crispa*, und *H. magnifica*). Das Foto rechts zeigt die rote Farbmorphe von *Amphiprion melanopus*, die bei Fidschi vorkommt. In vielen anderen Verbreitungsgebieten ist diese Art durch einen großen schwarzen Fleck an den Seiten, durch schwarze Bauchflossen und durch eine schwarze Afterflosse gekennzeichnet.

Die ersten Tiere für das Meerwasser-Aquarium

Rotmeer-Anemonenfisch (*Amphiprion bicinctus*)

Rote Farbmorphe des Schwarzflossen-Anemonenfisches (*Amphiprion melanopus*), die bei Fidschi vorkommt.

Die ersten Tiere für das Meerwasser-Aquarium

Schwarm des Grünen Schwalbenschwänzchen (*Chromis viridis*); Unterwasseraufnahme Madang, Papua-Neuguinea

Chromis viridis
Grünes Schwalbenschwänzchen

Verbreitungsgebiet: Indopazifik, vom Roten Meer und Ostafrika bis zu den Line- und Tuamoto-Inseln

Länge: bis 7 cm

Nahrung: Ernährt sich von Plankton, eingewöhnte *Chromis viridis* akzeptieren alle handelsüblichen Futterarten einschließlich Trockenfutter.

Eine erfolgreiche Pflege ist nur möglich, wenn die Fische mehrmals täglich gefüttert werden. Dies entspricht ihrer Lebensweise als Dauerfresser. Nicht ausreichend gefütterte *Chromis viridis* sterben recht schnell. Eine zu geringe Fütterung ist häufig auch dafür verantwortlich, dass bei einer Gruppenpflege im Aquarium die Anzahl der Individuen stetig abnimmt.

Pflege im Aquarium: Bei guter Fütterung einfach im Aquarium zu pflegen. Auch in kleineren Aquarien sollte *Chromis viridis* in einer Gruppe gehalten werden, um das interessante Verhaltensrepertoire dieser Fische kennen zu lernen. Für ausreichend Versteckplätze, am besten in sorgen. Eignet sich hervorragend für Riffaquarien. Aufgrund der Futteransprüche ist die Pflege in reinen Fischaquarien dagegen schwierig.

Dascyllus marginatus
Rotmeer-Preußenfisch

Verbreitungsgebiet: Rotes Meer und Golf von Oman

Länge: bis 5 cm

Nahrung: Ernährt sich von Planktonorganismen, eingewöhnte *Dascyllus marginatus* akzeptieren alle handelsüblichen Futterarten einschließlich Trockenfutter.

Pflege im Aquarium: Leicht im Aquarium zu pflegen. Eine paarweise Haltung sollte versucht werden, um das interessante Verhaltensrepertoire dieser Fische kennen zu lernen. In großen Aquarien (1.000 Liter) kann auch eine kleine Gruppe (ca. 5 Tiere) gepflegt werden. Ist nicht ganz so aggressiv wie sein naher Verwandter *Dascyllus trimaculatus*. Eignet sich gut für reine Fischaquarien mit anderen robusten Fischarten, eine Pflege im Riffaquarium ist eben-

Die ersten Tiere für das Meerwasser-Aquarium

Rotmeer-Preußenfisch (*Dascyllus marginatus*)

Dascyllus reticulatus
Netz-Preußenfisch

Verbreitungsgebiet: Pazifischer Ozean, von den Kokos-Keeling-Inseln bis nach Samoa und den Line-Inseln
Länge: bis 9 cm
Nahrung: siehe Rotmeer-Preußenfisch
Pflege im Aquarium: siehe Rotmeer-Preußenfisch

Schwarm des Netz-Preußenfisches (*Dascyllus reticulatus*); Unterwasseraufnahme Madang, Papua-Neuguinea

Dreifleck-Preußenfisch (*Dascyllus trimaculatus*) vor einer Teppichanemone; Unterwasseraufnahme Vanuatu

Dascyllus trimaculatus
Dreifleck-Preußenfisch

Verbreitungsgebiet: Indopazifik, vom Roten Meer und Ostafrika bis zu den Line- und Pitcairn-Inseln

Gelbschwanz-Riffbarsch (*Chrysiptera parasema*)

Länge: bis 11 cm
Nahrung: siehe Rotmeer-Preußenfisch
Pflege im Aquarium: Leicht im Aquarium zu pflegen. Eine paarweise Pflege sollte versucht werden, um das interessante Verhaltensrepertoire dieser Fische kennen zu lernen. Kann gegen andere Fische sehr aggressiv werden. Eignet sich hervorragend für reine Fischaquarien mit anderen robusten Fischarten. Eine Pflege im Riffaquarium ist ebenfalls möglich, doch sollte man hierbei das aggressive Verhalten gegenüber kleineren Fischen und das „ruppige" Verhalten gegenüber manchen Wirbellosen beachten.

Chrysiptera parasema
Gelbschwanz-Riffbarsch

Verbreitungsgebiet: Westpazifik
Länge: bis 5 cm
Nahrung: Ernährt sich von Plankton, eingewöhnte *Chrysiptera parasema* akzeptieren alle handelsüblichen Futterarterarten einschließlich Trockenfutter.

Langschnäutziger Korallenwächter (*Oxycirrhites typus*)

Pflege im Aquarium: Bei guter Fütterung einfach im Aquarium zu pflegen. Auch in kleineren Aquarien sollte *Chrysiptera parasema* paarweise gehalten werden, um das interessante Verhaltensrepertoire dieser Fische kennen zu lernen. In größeren Aquarien (ab 400 l) können auch mehrere Gelbschwanz-Riffbarsche gepflegt werden unter der Voraussetzung, dass das Becken strukturiert eingerichtet wurde. Die Männchen werden das Aquarium in kleine Reviere unter sich aufteilen, die sie vehement gegen ihre männlichen Artgenossen verteidigen. In diesen Revieren laichen sie regelmäßig mit wechselnden Weibchen ab. Das Männchen bewacht die Eier bis zum Freischwimmen der Larven.

Oxycirrhites typus
Langschnäutziger Korallenwächter

Verbreitungsgebiet: Indopazifik, vom Roten Meer und Ostafrika bis nach Hawaii. Ostpazifik, Golf von Kalifornien bis zu den Galapagosinseln.

Länge: bis 10 cm
Nahrung: Kleine Krebstierchen und Fische, eingewöhnte *Oxycirrhites typus* fressen alle handelsüblichen Futterarten (insbesondere *Mysis*, Krill und Artemien). Eine Gewöhnung an Trockenfutter ist ebenfalls möglich.

Pflege im Aquarium: Leicht im Aquarium zu pflegen, eignet sich sowohl für reine Fischaquarien als auch für Riffaquarien. Der Langschnäutzige Korallenwächter sollte paarweise gepflegt werden, um das interessante Verhaltensrepertoire dieser Fische kennen zu lernen. Eingewöhnte und gut genährte Pärchen laichen regelmäßig ab. Dabei kann es vorkommen, dass einer der Partner aus dem Aquarium springt, wenn es nicht ausreichend abgedeckt ist.

Neocirrhites armatus
Feuer-Korallenwächter

Verbreitungsgebiet: Pazifik, von den Riukiuinseln bis zu den Line-Inseln
Länge: bis 9 cm

Feuer-Korallenwächter (*Neocirrhites armatus*)   Foto: E. Thaler

Nahrung: Kleine Krebstierchen und Garnelen, eingewöhnte *Neocirrhites armatus* akzeptieren alle handelsüblichen Futterarten (insbesondere *Mysis*, Krill und Artemien). Eine Gewöhnung an Trockenfutter ist ebenfalls möglich.

Pflege im Aquarium: siehe Langschnäutziger Korallenwächter

Opistognathus rosenblatti
Blaupunkt-Brunnenbauer

Verbreitungsgebiet: Ostpazifik
Länge: bis 10 cm

Nahrung: Plankton und bodengebundene kleine Krebstierchen, eingewöhnte Blaupunkt-Brunnenbauer akzeptieren alle handelsüblichen Futterarten (insbesondere *Mysis*, Krill und Artemien). Eine Gewöhnung an Trockenfutter ist möglich.

Pflege im Aquarium: Leicht im Aquarium zu pflegen. Aufgrund seiner scheuen Lebensweise eignet sich *Opistognathus rosenblatti* ausschließlich für Riffaquarien. Benötigt hohen Sandgrund, in dem er sich seine Wohnhöhle baut.

Blaupunkt-Brunnenbauer (*Opistognathus rosenblatti*)

Choerodon fasciatus
Harlekin-Lippfisch

Verbreitungsgebiet: Westpazifik, von Taiwan und den Riukiuinseln bis nach Neukaledonien und Queensland

Länge: bis 30 cm

Nahrung: Mollusken, Krabben, Garnelen, Würmer und Stachelhäuter; kann leicht an alle Arten von Ersatzfutter gewöhnt werden

Pflege im Aquarium: Die Eingewöhnung von Jungfischen ist sehr einfach. Eignet sich ausschließlich für große, reine Fischaquarien, die mit anderen wehrhaften Arten besetzt sind. Vorsicht ist bei der Vergesellschaftung mit kleineren Fischen geboten, die z. T. von ausgewachsenen Harlekin-Lippfischen als Beutetiere betrachtet werden.

Harlekin-Lippfisch (*Choerodon fasciatus*)

Salarias fasciatus
Juwelen-Schleimfisch

Verbreitungsgebiet: Tropischer Indopazifik

Länge: bis 13 cm

Nahrung: Frisst hauptsächlich Algen, auch Fadenalgen. Viele Individuen können an Ersatzfutter wie Trockenfutter und *Mysis* gewöhnt werden.

Pflege im Aquarium: Eignet sich hervorragend für Riffaquarien und kann hier zur Bekämpfung von Fadenalgenplagen eingesetzt werden. Für eine Pflege in reinen Fischaquarien ist er weniger geeignet, da der Juwelen-Schleimfisch hier sehr scheu bleibt und häufig nicht genug Algennahrung findet. Wenn das Aquarium gut strukturiert ist und viele Versteckplätze aufweist, ist eine gemeinsame Pflege mehrerer Individuen möglich. Hierbei muss allerdings beachtet werden, dass insbesondere während der Eingewöhnungsphase ausreichend Algennahrung zur Verfügung steht.

Juwelen-Schleimfisch (*Salarias fasciatus*)

Die ersten Tiere für das Meerwasser-Aquarium

Mandarinfisch (*Synchiropus splendidus*)

Synchiropus splendidus
Mandarinfisch

Verbreitungsgebiet: Indoaustralischer Archipel und Westpazifik
Länge: bis 10 cm
Nahrung: Mandarinfische sind in der Regel langsame Fresser, die sich von bodengebundenen kleinen Krebstierchen und Würmchen ernähren. Die Umgewöhnung an Ersatzfutter, insbesondere kleine *Mysis* und Artemien, gelingt, kann jedoch langwierig sein. Dabei müssen die Mandarinfische lernen, das Futter aus dem freien Wasser aufzunehmen. Zur Gewöhnung an Ersatzfutter muss daher ausreichend natürliche Nahrung im Aquarium vorhanden sein, damit die Mandarinfische nicht während der Eingewöhnungsphase verhungern.
Pflege im Aquarium: Aufgrund der Fressgewohnheiten nicht für reine Fischaquarien geeignet. Gegen robuste und gierige Fresser können sich Mandarinfische nur selten behaupten. Hervorragend für Riffaquarien geeignet, in denen sie den ganzen Tag über Futterorganismen vom Substrat picken. Auch in kleineren Aquarien ist eine Paarhaltung zu empfehlen. Die Männchen sind an dem ausgezogenen ersten Rückenflossenstachel zu erkennen. Eingewöhnte Pärchen laichen regelmäßig ab. Gleichgeschlechtliche Partner, insbesondere Männchen, können nicht miteinander vergesellschaftet werden, da sie sich bis zum Tod bekämpfen.

Amblyeleotris wheeleri
Wheelers Grundel

Verbreitungsgebiet: Indopazifik, Ostafrika bis Fidschi
Länge: bis 10 cm
Nahrung: Planktonorganismen; die Umgewöhnung auf handelsübliches Futter (insbesondere *Mysis* und Artemien) ist problemlos möglich.
Pflege im Aquarium: Lebt im Meer gemeinsam mit Knallkrebsen in Wohnhöhlen. Ist recht scheu, daher nicht für reine Fischaquarien geeignet. Hervorragender Pflegling für Riffaquarien, wo eine gemeinsame Pflege mit Knallkrebsen versucht werden kann. In diesem Fall ist ein hoher Bodengrund (Mischung aus feinem und grobem Material) nötig, damit Wohnröhren gebaut werden können. Eine Zusammenstellung dieser Wohngemeinschaft ist allerdings nicht einfach, da sich nicht alle Knallkrebse mit jeder Grundel vertragen. Am einfachsten in die gemeinsame Pflege, wenn Grundel und Knallkrebs zusammen importiert werden.

Wheelers Grundel (*Amblyeleotris wheeleri*)

Die Pflege von *Amblyeleotris wheeleri* ohne Knallkrebs ist problemlos möglich, auch lassen sich mehrere Individuen gemeinsam halten.

Cryptocentrus cinctus
Gelbe Symbiosegrundel

Verbreitungsgebiet: Westlicher Pazifik, Singapur bis Mikronesien
Länge: bis 10 cm
Nahrung: siehe Wheelers Grundel
Pflege im Aquarium: siehe Wheelers Grundel. Von dieser Symbiosegrundel gibt es zwei Farbformen: eine gelbe (siehe Abbildung rechts) und eine graublaue. Eine Umfärbung ist möglich.

Gelbe Symbiosegrundel (*Cryptocentrus cinctus*)
Neongrundel (*Gobiosoma oceanops*)

Gobiosoma oceanops
Neongrundel

Verbreitungsgebiet: Karibisches Meer, Florida und Bahamas
Länge: bis 3,5 cm
Nahrung: einfach an Ersatzfutter zu gewöhnen, das allerdings aufgrund der geringen Größe der Neongrundel recht klein sein muss.
Pflege im Aquarium: Aufgrund ihrer Größe ist die Neongrundel nur für Riffaquarien – auch kleinere ab 60–100 l - geeignet. In reinen Fischaqua-

Scherenschwanz-Torpedogrundel (*Ptereleotris evides*); Unterwasseraufnahme Malediven

rien bleibt sie scheu und kann insbesondere bei Anwesenheit großer, gieriger Fresser verhungern. Mehrere Individuen der Neongrundel lassen sich im selben Aquarium pflegen. Allerdings kann es manchmal zu Aggression untereinander kommen.

Ptereleotris evides
Scherenschwanz-Torpedogrundel

Verbreitungsgebiet: Indopazifik, vom Roten Meer und Ostafrika bis zu den Gesellschafts- und Line-Inseln
Länge: bis 12 cm
Nahrung: akzeptiert alle handelsüblichen Futterarten einschließlich Trockenfutter
Pflege im Aquarium: Scheuer Fisch, der im Aquarium viele Versteckmöglichkeiten benötigt. Sollte nicht mit aggressiven Fischen vergesellschaftet werden, da er bei Erschrecken aus dem Aquarium springen kann, wenn dieses nicht ausreichend abgedeckt ist. Hervorragender Pflegling für Riffaquarien. In großen Aquarien sollte eine paarweise Pflege versucht werden.

Acanthurus lineatus
Streifen-Doktorfisch

Verbreitungsgebiet: Indopazifik, von Ostafrika bis zu den Marquesas- und den Tuamotu-Inseln
Länge: bis 24 cm
Nahrung: Algen- und Aufwuchsfresser; die Gewöhnung an Ersatzfutter kann bei größeren Individuen manchmal schwierig sein. Eingewöhnte Individuen akzeptieren alle handelsüblichen Futterarten einschließlich Trockenfutter. Benötigt auf jeden Fall Pflanzenkost in Form von Algen (auch getrocknet), Salat oder Löwenzahn.
Pflege im Aquarium: Von den hier vorgestellten Doktorfischen ist *Acanthurus lineatus* die empfindlichste Art. Benötigt große Aquarien (> 500 l) mit viel Strömung. Eignet sich sowohl für Fisch- als auch Riffaquarien. Adulte Individuen sind sehr aggressiv, so dass ein Einsetzen von neuen Fischen in Aquarien mit einem ausgewachsenen Streifen-Doktorfisch sehr schwierig sein kann. Es empfiehlt sich daher, *Acanthurus lineatus* als letzten Fisch in das Aquarium einzusetzen.

Acanthurus tristis
Indik-Mimikrydoktorfisch

Verbreitungsgebiet: Indischer Ozean, von den Malediven bis Bali
Länge: bis 20 cm
Nahrung: siehe Streifen-Doktorfisch
Pflege im Aquarium: Gehört zu den unempfindlichsten Doktorfischen aus der Familie Acanthuridae. Benötigt große Aquarien mit viel Strö-

Juveniler Streifen-Doktorfisch (*Acanthurus lineatus*)

mung. Eignet sich sowohl für Fisch- als auch Riffaquarien. Adulte Individuen sind recht aggressiv, so dass ein Einsetzen von neuen Fischen in Aquarien mit einem ausgewachsenen *Acanthurus tristis* sehr schwierig sein kann.

Der Indik-Mimikrydoktorfisch ahmt in seiner Färbung den Zwergkaiserfisch *Centropyge eibli* nach. Sein pazifisches Gegenstück *Acanthurus pyroferus*, der die gleichen Pflegeansprüche besitzt, hat als Vorbilder u. a. *Centropyge heraldi, C. flavissimus* und *C. vrolikii*.

Acanthurus sohal
Arabischer Doktorfisch

Verbreitungsgebiet: Rotes Meer bis zum Persischen Golf

Länge: bis 40 cm

Nahrung: siehe Streifen-Doktorfisch.

Pflege im Aquarium: Einer der robustesten Doktorfische aus der Familie Acanthuridae. Benötigt große Aquarien (> 1.000 l) mit sehr viel Strömung. Eignet sich sowohl für Fisch- als auch Riffaquarien, jedoch sind vereinzelte Übergriffe auf Weichkorallen und Muscheln bekannt geworden. Adulte Individuen sind sehr aggressiv, so dass ein Einsetzen von neuen Fischen in Aquarien mit einem ausgewachsenen Arabischen Doktorfisch sehr schwierig sein kann. Es empfiehlt

Indik-Mimikrydoktorfisch (*Acanthurus tristis*), der Eibl's Zwergkaiserfisch (*Centropyge eibli*) nachahmt.

Arabischer Doktorfisch (*Acanthurus sohal*)

Paletten-Doktorfisch (*Paracanthurus hepatus*)

sich daher, den *Acanthurus sohal* als letzten Fisch in das Aquarium einzusetzen.

Paracanthurus hepatus
Paletten-Doktorfisch

Verbreitungsgebiet: Indopazifik, von Ostafrika bis zu den Line-Inseln
Länge: bis 30 cm
Nahrung: siehe Streifen-Doktorfisch
Pflege im Aquarium: Gehört während der Eingewöhnungsphase zu den empfindlicheren Doktorfischen. Neigt unter Stress zu parasitären Hauterkrankungen, die jedoch häufig wieder von alleine verschwinden. Der Paletten-Doktorfisch eignet sich sowohl für Fisch- als auch für Riffaquarien. Die Pflege von zwei Individuen in ausreichend großen Aquarien (> 400 l) mit entsprechender Dekoration (zahlreiche Höhlen) ist möglich.

Zebrasoma flavescens
Gelber Seebader

Verbreitungsgebiet: Von den Riukiuinseln im ostchinesischen Meer bis nach Hawaii
Länge: bis 18 cm
Nahrung: siehe Streifen-Doktorfisch
Pflege im Aquarium: Einer der robustesten Doktorfische; man findet ihn in fast allen Wirbellosenaquarien. Hier wird er gerne zur Bekämpfung des Algenwuchses eingesetzt. Er eignet sich sowohl für Fisch- aus auch für Riffaquarien über 250 l. Sehr selten sind Übergriffe auf Wirbellose (Weichkorallen und Muscheln) beobachtet worden. Die Pflege von zwei Individuen in Normalaquarien mit entsprechender Dekoration (zahlreiche Höhlen) ist möglich. In Aquarien über 1.000 l kann die Pflege kleiner Gruppen (5–6 Individuen) versucht werden. Die Vergesellschaftung mit den meisten anderen Fischarten ist problemlos.

Gelber Seebader (*Zebrasoma flavescens*); Unterwasseraufnahme Hawaii

Die ersten Tiere für das Meerwasser-Aquarium

Zebrasoma xanthurus
Gelbschwanz-Seebader

Verbreitungsgebiet: Rotes Meer und Persischer Golf
Länge: bis 25 cm
Nahrung: siehe Streifen-Doktorfisch
Pflege im Aquarium: Zusammen mit dem Gelben Seebader (*Zebrasoma flavescens*) gehört er zu den robustesten Doktorfischen. Er eignet sich sowohl für Fisch- als auch für Riffaquarien über 300 l Inhalt. Sehr selten sind Übergriffe auf Wirbellose (Weichkorallen und Muscheln) beobachtet worden. Die Pflege von zwei Individuen in Normalaquarien mit entsprechender Dekoration (zahlreiche Höhlen) ist möglich. Die Vergesellschaftung mit den meisten anderen Fischarten ist problemlos.

Gelbschwanz-Seebader (*Zebrasoma xanthurum*)

Ctenochaetus strigosus
Augenring-Borstenzahndoktorfisch

Verbreitungsgebiet: Hawaii
Länge: bis 18 cm
Nahrung: siehe Streifen-Doktorfisch
Pflege im Aquarium: Einfach zu pflegende Art. Hervorragend für reine Fischaquarien und Riffaquarien geeignet. In Letzteren werden die Tiere insbesondere zur Kontrolle des Algenwuchses eingesetzt.

Siganus magnificus
Andamanen-Fuchsgesicht

Verbreitungsgebiet: Andamanensee bis nach Südwest-Java
Länge: bis 24 cm

Augenring-Borstenzahndoktorfisch (*Ctenochaetus strigosus*); Unterwasseraufnahme Hawaii

Andamanen-Fuchsgesicht (*Siganus magnificus*) zusammen mit einem Gelbschwanz-Seebader (rechts) und einem Augenring-Borstenzahndoktorfisch (links)

Nahrung: siehe Streifen-Doktorfisch

Pflege im Aquarium: Eines der schönsten Fuchsgesichter. Eignet sich für reine Fischaquarien; für Riffaquarien dagegen nur mit Einschränkung zu empfehlen, da er Korallen anfrisst, insbesondere großpolypige Steinkorallen. Benötigt ausreichend große Aquarien (> 500 l).

Balistoides conspicillum
Leoparden-Drückerfisch

Verbreitungsgebiet: Indopazifik, von Ostafrika bis nach Samoa

Länge: bis 50 cm

Nahrung: Die natürliche Nahrung besteht vor allem aus Seeigeln, Krabben, Mollusken und Tunikaten. Kann leicht an Ersatzfutter gewöhnt werden. Eingewöhnte Individuen fressen alle handelsüblichen Futterarten.

Pflege im Aquarium: Eignet sich ausschließlich für große Fischaquarien (> 1.000 l). Eine Vergesellschaftung ist nur mit wehrhaften Fischen möglich.

Leoparden-Drückerfisch (*Balistoides conspicillum*), Unterwasseraufnahme Malediven

Die ersten Tiere für das Meerwasser-Aquarium

Masken-Kugelfisch (*Arothron diadematus*); Unterwasseraufnahme Rotes Meer

Balistapus undulatus
Orangestreifen-Drückerfisch

Verbreitungsgebiet: Indopazifik, vom Roten Meer bis zu den Tuamotu-Inseln

Länge: bis 30 cm

Nahrung: Zur natürlichen Nahrung zählen u. a. Seeigel, Mollusken und Tunikaten. Es werden aber auch kleine Fische erbeutet. Kann leicht an Ersatzfutter gewöhnt werden. Eingewöhnte Individuen fressen alle handelsüblichen Futterarten.

Pflege im Aquarium: siehe Leoparden-Drückerfisch

Arothron diadematus
Masken-Kugelfisch

Verbreitungsgebiet: Rotes Meer und westlicher Indischer Ozean

Länge: bis 30 cm

Nahrung: Zur natürlichen Nahrung zählen u. a. Nesseltiere, Schwämme, Mollusken und Tunikaten. Kann leicht an Ersatzfutter gewöhnt werden. Eingewöhnte Individuen fressen alle handelsüblichen Futterarten.

Pflege im Aquarium: Jungtiere sind leicht einzugewöhnen. Ausschließlich für große reine Fischaquarien geeignet, die mit anderen robusten Fischarten besetzt sind. Aufgrund seiner Nahrungsgewohnheiten nicht für Riffaquarien geeignet.

Ist eng verwandt mit *Arothron nigropunctatus* und nur schwer von ihm zu unterscheiden. *A. nigropunctatus* besitzt aber dieselben Nahrungs- und Pflegeansprüche.

Orangestreifen-Drückerfisch (*Balistapus undulatus*)

Die ersten Wirbellosen

Die nachfolgenden Steckbriefe beschreiben eine kleine Auswahl von recht einfach zu pflegenden Wirbellosen. Gesunde Individuen dieser Arten sind leicht an die Aquarienverhältnisse zu gewöhnen und können bei artgerechter Pflege über Jahre hinaus gepflegt und vermehrt werden. Auch beim Kauf von Wirbellosen sollte man möglichst auf Nachzuchten zurückgreifen. Die Streckbriefe geben Hinweise auf die Nahrungsbedürfnisse sowie die notwendigen Licht- und Strömungsbedingungen. Als Richtwerte für die Beleuchtungsstärke gelten bei Aquarien mit einer Höhe bis 60 cm:

- hohe Beleuchtungsstärke = Platzierung des Tiers in der oberen Beckenhälfte, direkter Einfallsbereich eines HQI-Strahlers (250 Watt)
- niedrige Beleuchtungsstärke = abgeschattet, unter Überhängen oder Höhlen

Als Richtwerte für die Strömungsstärke gelten:
- starke Strömung = die Korallen sind in kurzer Entfernung (ca. 60 cm) und gerader Linie vom Auslauf der Strömungspumpe platziert (Vorsicht: die Koralle darf niemals frontal von der Strömung getroffen werden, sondern diese muss seitlich daran vorbeigehen!)
- schwache Strömung = Strömungsschatten hinter Hindernissen, bzw. die Koralle wird sehr weit seitlich vom Auslauf der Strömungspumpe platziert

An dieser Stelle gilt es anzumerken, dass dies nur Faustregeln sind, die jeweils von der Beckengröße und der technischen Ausstattung abhängen. Wenn sich die Korallen nicht richtig öffnen, muss man sie an einen günstigeren Platz setzen. In diesem Fall waren wahrscheinlich die Strömung und/oder die Beleuchtungsstärke zu stark oder zu schwach.

Viele Korallen sind auf Artebene nur schwer zu bestimmen. Daher sind in den nachfolgenden Porträts häufig nur Gattungsnamen angegeben. Teilweise sind einzelne Arten in einem gemeinsamen Steckbrief zusammengefasst, wenn sie die gleichen Pflegebedürfnisse aufweisen. Dies ist mit dem Kürzel „spp." nach dem Gattungsnamen gekennzeichnet. Ein Fragezeichen bedeutet, dass der Gattungsname unsicher ist. Ein deutscher Name ist nur angegeben, wenn er handelsüblich ist.

Wie bei den Fischen, so kann auch bei den Wirbellosen nur eine kleine Auswahl an Arten porträtiert werden, die dem Einsteiger zu empfehlen ist. Für weitergehende Informationen über Wirbellose eignen sich folgende Nachschlagewerke:

Literatur allgemein: Brockmann, D. (2000): Fische und Korallen im Meer und im Aquarium. – Birgit Schmettkamp Verlag. Bornheim.

Krebstiere, Seesterne, Seeigel: Fosså, S.A. & A.J. Nilsen (1998): Korallenriff-Aquarium, Bd. 6, Krebstiere, Stachelhäuter, Seescheiden. – Birgit Schmettkamp Verlag, Bornheim.

Nesseltiere, Korallen allgemein: Fosså, S.A. & A.J. Nilsen (1995): Korallenriff-Aquarium, Bd. 4, Nesseltiere im Aquarium. – Birgit Schmettkamp Verlag, Bornheim.

Hornkorallen: Titelthema in KORALLE 39, Juni/Juli 2006.

Scheibenanemonen: Titelthema in KORALLE 43, Februar/März 2007.

Steinkorallen: Veron, J.E.N. (2000): Corals of the world. – Australian Institute of Marine Science, Townsville.

Röhrenwürmer, Schnecken, Muscheln: Fosså, S.A. & A. J. Nilsen (1996): Korallenriff-Aquarium, Bd. 5, Schwämme, marine Würmer und Weichtiere im Aquarium. – Birgit Schmettkamp Verlag, Bornheim.

Riesenmuscheln (Familie Tridacnidae): Knop, D. (2009): Riesenmuscheln. – Dähne Verlag, Ettlingen.

Myrionema amboinensis
Hydratierchen, Hydroidpolyp

Verbreitungsgebiet: wahrscheinlich weltweit in tropischen Gewässern

Größe: kann große, flächige Kolonien ausbilden

Nahrung: Ernährt sich von den Fotosyntheseprodukten der Zooxanthellen, eine Zusatzfütterung ist nicht nötig.

Pflege im Aquarium: Wächst häufig aus Lebenden Steinen heraus. Benötigt hohe Beleuchtungsstärke und mittlere Wasserbewegung. Bei einer hohen Wasserbelastung mit Nitrat, Phosphat oder organischen Verbindungen kann *Myrionema amboinensis* zu einer Plage im Aquarium werden, die weite Flächen der Dekoration überzieht. Dabei kann sie andere sessile Wirbellose überwuchern und durch ihr Nesselgift abtöten.

Millepora
Feuerkorallen

Hydratierchen (*Myrionema amboinensis*)

Verbreitungsgebiet: Indopazifik und Karibik

Größe: Einige Arten können im Meer metergroße Stöcke ausbilden.

Nahrung: Ernährt sich von den Fotosyntheseprodukten der Zooxanthellen, eine Zusatzfütterung ist nicht nötig.

Pflege im Aquarium: Bei hoher Beleuchtungsstärke und starker Strömung einfach im Aquarium zu pflegen. Unter optimalen Bedingungen können weite Bereiche der Dekoration überwuchert werden, wobei auch vor anderen sessilen Wirbellosen nicht Halt gemacht wird. Die Wachstumskontrolle so stark wuchernder *Millepora*-Bestände ist sehr schwierig.

Netzfeuerkoralle (*Millepora dichotoma*); Unterwasseraufnahme Rotes Meer

Die ersten Tiere für das Meerwasser-Aquarium

Zylinderrose im Aquarium

Röhrenkoralle der Unterordnung Stolonifera, Familie Clavulariidae, im Großen Barriereriff, Australien

Feuerkorallen können andere Korallen aggressiv überwachsen und somit verdrängen. Hier überwuchert eine Feuerkoralle eine große Hornkorallen-Population bei Malila Island, Vanuatu.

Feuerkorallen nesseln sehr stark, ein Kontakt mit empfindlichen Hautpartien ist zu vermeiden.

Obwohl Feuerkorallen ein kompaktes Skelett aus Kalziumkarbonat besitzen, zählen sie nicht zu den Steinkorallen (Klasse Anthozoa, Unterklasse Zoantharia), sondern zur Klasse Hydrozoa (Hydratiere).

Cerianthidae
Zylinderrosen

Verbreitungsgebiet: weltweit

Größe: Je nach Art erreicht der Durchmesser der Tentakelkrone mehr als 20 cm.

Nahrung: Planktonorganismen wie *Mysis*, Artemien und kleiner Krill. Die Fütterung sollte täglich, spätestens alle zwei Tage erfolgen.

Pflege im Aquarium: Leicht zu pflegen. Zylinderrosen benötigen einen hohen (> 15 cm) Sandgrund, in dem sie ihre Wohnröhre bauen. Erschrecken sie, ziehen sie sich schlagartig in diese Wohnröhren zurück. Die Strömung sollte mittelstark sein. Die Tiere nesseln sehr stark, daher ist auf einen ausreichenden Sicherheitsabstand zu anderen sessilen Wirbellosen zu achten.

Clavulariidae
Röhrenkorallen

Verbreitungsgebiet: Indopazifik

Größe: Bilden große, mattenartige Kolonien aus, die einzelnen Polypen werden ca. 1–2 cm hoch.

Nahrung: Ernähren sich von den Fotosyntheseprodukten der Zooxanthellen, eine Zusatzfütterung ist nicht nötig.

Pflege im Aquarium: Einfach im Aquarium zu pflegen. Benötigen hohe Beleuchtungsstärke und mittlere bis starke Strömung.

Anthelia sp.

Anthelia

Verbreitungsgebiet: Indopazifik
Größe: Bildet unterschiedlich große Kolonien aus, die Einzelpolypen können je nach Art zwischen 2 und 10 cm lang werden.
Nahrung: Ernährt sich von den Fotosyntheseprodukten der Zooxanthellen, eine Zusatzfütterung ist nicht nötig.
Pflege im Aquarium: Nicht so transportempfindlich wie *Xenia*-Arten. Eingewöhnte Kolonien sind ausdauernde Pfleglinge im Riffaquarium. Die Tiere benötigen eine hohe Beleuchtungsstärke und eine mittlere bis starke Strömung. Sie besitzen ein großes Vermehrungspotenzial, so dass manche Arten sehr schnell ein Aquarium dominieren können. Diese Arten müssen regelmäßig ausgedünnt werden.

Cespitularia

Verbreitungsgebiet: Indopazifik
Größe: bildet unterschiedlich große Kolonien aus
Nahrung: Ernährt sich von den Fotosyntheseprodukten der Zooxanthellen, eine Zusatzfütterung ist nicht nötig.
Pflege im Aquarium: Transportempfindlich; eingewöhnte Kolonien sind ausdauernde Pfleglinge im Riffaquarium. Die Art benötigt eine hohe Beleuchtungsstärke und eine mittlere bis starke Strömung. Sie reagiert empfindlich auf

Cespitularia sp.

Xenia sp.

schnelle Veränderungen im Wasserchemismus (z. B. bei Einsatz großer Mengen an Aktivkohle) und kann dabei leicht absterben.

Xenia

Verbreitungsgebiet: Indopazifik

Größe: bildet unterschiedlich große Kolonien und Wuchsformen aus

Nahrung: Ernährt sich von den Fotosyntheseprodukten der Zooxanthellen, eine Zusatzfütterung ist nicht nötig.

Pflege im Aquarium: Transportempfindlich, einmal eingewöhnt, sind die Tiere ausdauernde Pfleglinge im Riffaquarium. Sie benötigen eine hohe Beleuchtungsstärke und eine mittlere bis starke Strömung. Manche Arten besitzen ein großes Vermehrungspotenzial, so dass sie schnell ein Aquarium dominieren können. Diese Arten müssen regelmäßig ausgedünnt werden. *Xenia* spp. reagieren empfindlich auf schnelle Veränderungen im Wasserchemismus (z. B. bei Einsatz großer Mengen an Aktivkohle) und können dann leicht absterben.

Capnella

Verbreitungsgebiet: Indopazifik

Größe: Einzelne Kolonien können eine Höhe von mehr als 20 cm erreichen. Meist bleiben sie aber kleiner.

Nahrung: Die Tiere ernähren sich von den Fotosyntheseprodukten der Zooxanthellen, eine Zusatzfütterung ist nicht nötig.

Die ersten Tiere für das Meerwasser-Aquarium

Große Population von *Capnella* sp., die durch natürliche Abschnürungen von Astbereichen entstanden ist (oben). Das untere Foto dokumentiert den Vorgang der Abschnürung bei einer *Capnella* sp.

Bäumchenweichkoralle *Nephthea* sp.

Oben und unten: Lederkorallen *Sarcophyton* spp.

Pflege im Aquarium: Sehr einfach im Aquarium bei hoher Beleuchtungsstärke und mittlerer bis starker Strömung zu pflegen. Manche Kolonien vermehren sich regelmäßig durch Abschnürungen (siehe Fotos links), so dass große Monokulturbestände im Aquarium entstehen können.

Nephthea Bäumchenweichkoralle

Verbreitungsgebiet: Indopazifik

Größe: Bildet große, bäumchenartige Kolonien aus, die im Meer bis zu 50 cm groß werden können.

Nahrung: Ernährt sich von den Fotosyntheseprodukten der Zooxanthellen, eine Zusatzfütterung ist nicht nötig.

Pflege im Aquarium: Ausdauernder Pflegling in Riffaquarien. Benötigt hohe Beleuchtungsstärke und mittlere bis starke Strömung.

Sarcophyton Lederkorallen

Verbreitungsgebiet: Indopazifik

Größe: Lederkorallen bilden unterschiedlich große Kolonien aus. Manche Arten können auch im Aquarium Durchmesser von 50 cm erreichen.

Nahrung: Ernähren sich von den Fotosyntheseprodukten der Zooxanthellen, eine Zusatzfütterung ist nicht nötig.

Pflege im Aquarium: Sehr robuste Pfleglinge, unbedingt dem Einsteiger in die Riffaquaristik zu empfehlen. Sie benötigen hohe Beleuchtungsstärken und eine sehr starke Strömung. *Sarcophyton*-Arten häuten sich regelmäßig, um Schmutz und Aufwuchsalgen von der Kolonieoberfläche zu entfernen. Ist die Strömung nicht

stark genug, kann die Haut nicht abgestoßen werden. In diesem Fall kann es zu Fäulnisprozessen unter der Haut kommen, die das Verenden der Koralle zur Folge haben können, wenn der Aquarianer nicht helfend eingreift.

Cladiella

Verbreitungsgebiet: Indopazifik

Größe: Bildet unterschiedlich große Kolonien aus. Flächig wachsende Arten können einen Durchmesser von 30 cm erreichen.

Nahrung: *Cladiella* ernährt sich von den Fotosyntheseprodukten der Zooxanthellen, eine Zusatzfütterung ist nicht nötig.

Cladiella sp.
Sinularia dura

Sinularia sp.

Sinularia cf. *notanda*

Pflege im Aquarium: Transportempfindlich; einmal eingewöhnt ausdauernder Pflegling im Riffaquarium. Benötigt hohe Beleuchtungsstärke und mittlere bis starke Strömung. Einige *Cladiella*-Arten reagieren empfindlich auf schnelle Veränderungen im Wasserchemismus (z. B. bei Einsatz großer Mengen an Aktivkohle).

Sinularia

Verbreitungsgebiet: Indopazifik
Größe: Im Aquarium können Koloniegrößen bis 50 cm erreicht werden.
Nahrung: Ernährt sich von den Fotosyntheseprodukten der Zooxanthellen, eine Zusatzfütterung ist nicht nötig.
Pflege im Aquarium: Ausdauernder Pflegling in Riffaquarien, der jedem Einsteiger in das Hobby empfohlen werden kann. Benötigt hohe Beleuchtungsstärke und mittlere bis starke Strömung. *Sinularia* spp häutet sich regelmäßig, um

Erythropodium sp.

Sinularia sp.

Schmutz und Aufwuchsalgen von der Kolonieoberfläche zu entfernen. Ist die Strömung nicht stark genug, kann die Haut nicht abgestoßen werden. In diesem Fall kann es zu Fäulnisprozessen unter der Haut kommen, die das Verenden der Koralle zur Folge haben können, wenn der Aquarianer nicht helfend eingreift.

Erythropodium

Verbreitungsgebiet: Karibisches Meer, Indopazifik (Bali)

Größe: bildet im Meer krustenförmige, mittelgroße Kolonien aus

Nahrung: Ernährt sich von den Fotosyntheseprodukten der Zooxanthellen, eine Zusatzfütterung ist nicht nötig.

Pflege im Aquarium: Unter optimalen Wasserbedingungen einfach zu pflegen. Benötigt hohe Beleuchtungsstärke und starke Strömung. Kann unter diesen Bedingungen weite Teile der Dekoration überwuchern und so zu einer Plage

Karibische Hornkoralle *Pseudopterogorgia* sp.

Hornkoralle *Pinnigorgia* sp.

heranwachsen. Solche Kolonien müssen regelmäßig ausgedünnt werden.

Pseudopterogorgia
Karibische Hornkoralle

Verbreitungsgebiet: Karibisches Meer

Größe: Im Meer werden einige Arten bis zu 2 m hoch; auch im Aquarium wachsen sie zu großen Stöcken heran.

Nahrung: Ernährt sich von den Fotosyntheseprodukten der Zooxanthellen, eine Zusatzfütterung ist nicht nötig.

Pflege im Aquarium: Leicht zu pflegende Hornkoralle. Benötigt hohe Beleuchtungsstärke und starke Strömung. Diese Hornkoralle hat aufgrund ihres großen Wachstumspotenzials einen enormen Platzbedarf.

Pinnigorgia
Hornkoralle

Verbreitungsgebiet: Indopazifik, Indonesien bis Mikronesien

Die ersten Tiere für das Meerwasser-Aquarium

Links: Große Kolonie der Blauen Koralle (*Heliopora coerulea*) bei den Malediven; rechts: Aquarienkolonie

Größe: bildet sehr große Kolonien aus, die auch im Aquarium Höhen von 50 cm und mehr erreichen können

Nahrung: Ernährt sich von den Fotosyntheseprodukten der Zooxanthellen, eine Zusatzfütterung ist nicht nötig.

Pflege im Aquarium: Einfach zu pflegende Hornkoralle. Benötigt hohe Beleuchtungsstärke und starke Strömung. Hat aufgrund ihres großen Wachstumspotenzials einen enormen Platzbedarf.

Heliopora coerulea
Blaue Koralle

Verbreitungsgebiet: Indopazifik

Größe: kann im Meer metergroße Kolonien bilden

Nahrung: Ernährt sich von den Fotosyntheseprodukten der Zooxanthellen, eine Zusatzfütterung ist nicht nötig.

Pflege im Aquarium: Leicht zu pflegen, benötigt hohe Beleuchtungsstärke und starke Strömung. Bei einer ausreichenden Versorgung mit Kalzium und Karbonaten wächst sie schnell zu großen Kolonien heran. Das Skelett der Blauen Korallen ist aufgrund der Einlagerung von Eisensalzen blau gefärbt, das lebende Gewebe ist hingegen braun.

Trotz des massiven Kalkskeletts gehört *Heliopora coerulea* nicht zu den Steinkorallen (Klasse Anthozoa, Unterklasse Zoantharia), sondern in die Unterklasse Octocorallia.

Heteractis crispa
Lederanemone

Verbreitungsgebiet: Indopazifik, vom Roten Meer bis nach Französisch-Polynesien

Größe: 20 cm, in Ausnahmen bis 50 cm Durchmesser

Violette Farbform der Lederanemone (*Heteractis crispa*): Unterwasseraufnahme Madang, Papua-Neuguinea

Die ersten Tiere für das Meerwasser-Aquarium

Prachtanemone (*Heteractis magnifica*) mit Anemonenfischen

Nahrung: Ernährt sich von den Fotosyntheseprodukten der Zooxanthellen und von Zooplankton. Eine Zusatzfütterung mit feinen Futterorganismen ist möglich, aber in der Regel nicht nötig.

Pflege im Aquarium: Eine der haltbarsten Seeanemonenarten für das Aquarium. Benötigt hohe Beleuchtungsstärke und starke Strömung. Sollte nicht mit empfindlichen Steinkorallen zusammen gepflegt werden, da wandernde Anemonen, die einen optimalen Standort suchen, andere sessile Wirbellose vernesseln.

Kann auch in kleineren Aquarien gut mit Anemonenfischen vergesellschaftet werden. Als natürliche Partner wurden zahlreiche Arten beschrieben, u. a. *Amphiprion bicinctus*, *A. clarkii*, *A. melanopus* und *A. percula*.

Von *Heteractis crispa* gibt es mehrere Farbformen. Das Foto unten zeigt die violette Farbform von Papua-Neuguinea.

Heteractis magnifica
Prachtanemone

Verbreitungsgebiet: Indopazifik, vom Roten Meer und Ostafrika bis nach Französisch-Polynesien

Größe: 30–50 cm, in Ausnahmen bis 100 cm im Durchmesser

Nahrung: siehe *Heteractis crispa*

Pflege im Aquarium: Siehe *Heteractis crispa*. Als natürliche Fischpartner wurden zahlreiche Arten beschrieben, u. a. *Amphiprion bicinctus*, *A. clarkii*, *A. melanopus*, *A. percula* und der bei den Malediven und Sri Lanka endemisch lebende *A. nigripes*.

Gelbe Krustenanemone

Verbreitungsgebiet: Indopazifik
Größe: bildet große Kolonien aus, die unter optimalen Wachstumsbedingungen weite Teile der Dekoration überziehen können
Nahrung: Ernährt sich von den Fotosyntheseprodukten der Zooxanthellen und von Zooplankton. Eine Zusatzfütterung ist nicht nötig, aber mit feinem Planktonfutter (z. B. Artemien) möglich. Gedeiht eine Kolonie nicht, kann sie durch gezielte Zusatzfütterung zum Wachstum angeregt werden.
Pflege im Aquarium: Sehr einfach zu pflegen, benötigt mittelstarke Strömung und hohe Beleuchtungsstärke. Ist sehr aggressiv gegenüber anderen sessilen Wirbellosen, die sie aufgrund ihres Nesselgiftes verdrängen kann.

Krustenanemonen der Gattung *Protopalythoa*

Protopalythoa Krustenanemone

Verbreitungsgebiet: Indopazifik
Größe: bildet große Kolonien aus, die unter optimalen Wachstumsbedingungen weite Teile der Dekoration überziehen können

Die ersten Tiere für das Meerwasser-Aquarium

Krustenanemonen der Gattung *Protopalythoa*

Nahrung: Ernährt sich von den Fotosyntheseprodukten der Zooxanthellen und von Zooplankton. Eine Zusatzfütterung ist nicht nötig, aber mit feinem Planktonfutter (z. B. Artemien) möglich.

Pflege im Aquarium: Sehr einfach zu pflegen, benötigt mittelstarke Strömung und hohe Beleuchtungsstärke. Manche Arten sind sehr aggressiv gegenüber anderen sessilen Wirbellosen, die sie mit Hilfe ihres Nesselgiftes verdrängen können.

Die Gelbe Krustenanemone (links im Bild) ist ein sehr beliebter Aquarienpflegling. Eine exakte wissenschaftliche Bestimmung war bisher leider nicht möglich. Rechts im Foto befindet sich eine Krustenanemone der Gattung *Palythoa*. Zwischen den beiden Kolonien wächst eine Steinkoralle der Art *Pocillopora damicornis*, die durch Polypenausbürgerung entstanden ist.

Verschiedene Scheibenanemonen der Gattung *Discosoma*

Discosoma
Scheibenanemone

Verbreitungsgebiet: Indopazifik

Größe: Einzelpolypen selten größer als 5–7 cm

Nahrung: Ernährt sich von den Fotosyntheseprodukten der Zooxanthellen. Eine Zusatzfütterung ist nicht nötig.

Pflege im Aquarium: Einfach zu pflegen und sehr robust. Benötigt hohe Beleuchtungsstärke und starke Strömung. Vermehrt sich unter optimalen Bedingungen sehr schnell durch Abspaltung von Tochterpolypen. Bildet dann große Kolonien. Kann aufgrund des großen Vermehrungspotenzials zur dominanten Art im Aquarium

Scheibenanemone *Rhodactis* sp.

werden und die meisten anderen Nesseltiere verdrängen.

Rhodactis — Scheibenanemone

Verbreitungsgebiet: Indopazifik
Größe: Einzelpolypen ca. 5–7 cm
Nahrung: Ernährt sich von den Fotosyntheseprodukten der Zooxanthellen, eine Zusatzfütterung ist nicht nötig.
Pflege im Aquarium: Einfach zu pflegen und sehr robust. Benötigt hohe Beleuchtungsstärke und starke Strömung. Vermehrt sich unter optimalen Bedingungen sehr stark durch Bildung von Tochterpolypen über die Abschnürung von Teilen der Fußscheibe und Längsteilung. Bildet dann große Kolonien.

Amplexidiscus fenestrafer — Elefantenohr

Verbreitungsgebiet: Indopazifik
Größe: Bis 40 cm Durchmesser

Elefantenohr (*Amplexidiscus fenestrafer*)

Nahrung: Ernährt sich von den Fotosyntheseprodukten der Zooxanthellen, eine Zusatzfütterung ist nicht nötig. Gelegentlich wird berichtet, dass große Elefantenohren Fische zu ihrer Ernährung fangen, indem sie sich glockenförmig über der „Beute" schließen. Dies scheint jedoch nur in sehr seltenen Ausnahmefällen zu passieren, oder wenn die Fische einen schlechten Allgemeinzustand aufweisen.

Die ersten Tiere für das Meerwasser-Aquarium

Yuma-Scheibenanemone (*Ricordea yuma*)

Pflege im Aquarium: Einfach zu pflegen, benötigt hohe Beleuchtungsstärke und mittlere Strömung. Hat einen großen Platzbedarf, kann sich jedoch gegen stark nesselnde Korallen nicht durchsetzen.

Steinkoralle
Montipora sp.

Ricordea yuma
Yuma-Scheibenanemone

Verbreitungsgebiet: Indopazifik
Größe: maximaler Scheibendurchmesser bis 8 cm, gewöhnlich kleiner
Nahrung: Ernährt sich von den Fotosyntheseprodukten der Zooxanthellen, eine Zusatzfütterung ist nicht nötig.
Pflege im Aquarium: Einfach zu pflegen, benötigt hohe Beleuchtungsstärke und mittlere Strömung. Kann zu sehr großen Kolonien heranwachsen und andere sessile Wirbellose mit ihrem Nesselgift verdrängen.

Die ersten Tiere für das Meerwasser-Aquarium

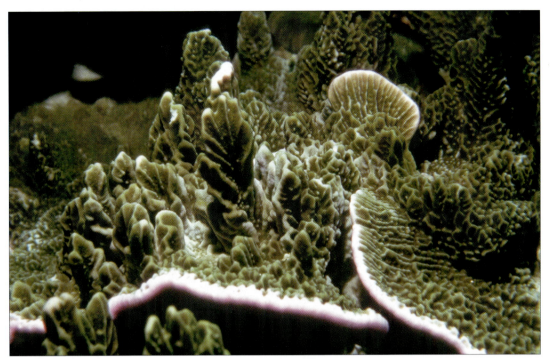

Montipora sp.

Montipora

Verbreitungsgebiet: Indopazifik

Größe: Je nach Art werden buschartige, schalen- oder flächenförmig wachsende Stöcke ausgebildet. Die Größe des Stockes ist ebenfalls artabhängig, manche der flächenartig wachsenden Kolonien können im Aquarium weite Teile der Dekoration überziehen.

Nahrung: Ernährt sich von den Fotosyntheseprodukten der Zooxanthellen, eine Zusatzfütterung ist nicht nötig.

Pflege im Aquarium: Bräunliche Arten gehören zu den am leichtesten zu pflegenden kleinpolypigen Steinkorallen. Bunte Arten sind dagegen sehr empfindlich.

Montipora braucht eine hohe Beleuchtungsstärke und starke Strömung. In den flächen- und schalenförmig wachsenden Arten darf sich kein Mulm ablagern, da dies zum Absterben der Koralle führen kann.

Acropora sp.

Acropora

Verbreitungsgebiet: Indopazifik und Karibik

Größe: Je nach Art werden verschiedene Strukturen ausgebildet. Die Größe der Kolonie ist artabhängig, manche der flächenartig wachsenden Tisch-*Acropora* können im Meer Durchmesser von mehr als 1 m erreichen.

Verschiedene *Acropora*-Steinkorallenarten im Aquarium

Nahrung: *Acropora* ernährt sich von den Fotosyntheseprodukten der Zooxanthellen, eine Zusatzfütterung ist nicht nötig.

Pflege im Aquarium: Viele *Acropora*-Steinkorallen sind anspruchsvolle Pfleglinge, mit denen man sich erst befassen sollte, nachdem man einige Erfahrung in der Meerwasseraquaristik gesammelt hat. Die bräunlichen Arten sind noch am einfachsten zu pflegen, bunte Arten sind dagegen sehr empfindlich. *Acropora* braucht eine hohe Beleuchtungsstärke und eine starke Strömung.

Hammerkoralle (*Euphyllia ancora*)

Euphyllia ancora
Hammerkoralle

Verbreitungsgebiet: Indopazifik

Größe: Kann im Meer metergroße Kolonien ausbilden; in den Fachhandel kommen in der Regel Stöcke in einer Größe von 15–25 cm.

Nahrung: Ernährt sich von den Fotosyntheseprodukten der Zooxanthellen, eine Zusatzfütterung ist nicht nötig.

Pflege im Aquarium: Unverletzte Kolonien sind unempfindlich.

Benötigt hohe Beleuchtungsstärke und mittelstarke Strömung. Das Gewebe darf durch die Strömung nicht an das Skelett gedrückt werden. Dadurch entstehen Verletzungen, die nur schwer wieder ausheilen. Besitzt ein starkes Nesselgift. Daher ist auf einen ausreichenden Sicherheitsabstand zu anderen sessilen Wirbellosen zu achten.

Euphyllia glabrescens

Verbreitungsgebiet: Indopazifik, vom Roten Meer bis nach Samoa

Größe: In den Fachhandel gelangen in der Regel Kolonien in einer Größe von 15–25 cm.

Nahrung: Ernährt sich von den Fotosyntheseprodukten der Zooxanthellen, eine Zusatzfütterung ist nicht nötig.

Euphyllia glabrescens

Pflege im Aquarium: Unverletzte Kolonien sind unempfindlich.

Benötigt hohe Beleuchtungsstärke und mittelstarke Strömung. Das Gewebe darf durch die Strömung nicht an das Skelett gedrückt werden. Dadurch entstehen Verletzungen, die nur schwer wieder ausheilen. Besitzt ein starkes Nesselgift. Daher ist auf einen ausreichenden Sicherheitsabstand zu anderen sessilen Wirbellosen zu achten.

Nemenzophyllia turbida
Fox-Koralle

Verbreitungsgebiet: Indopazifik: Sumatra bis zu den Salomonen

Größe: In den Handel kommen meist Stöcke mit einem Durchmesser bis zu 15 cm.

Nahrung: Ernährt sich von den Fotosyntheseprodukten der Zooxanthellen, eine Zusatzfütterung ist nicht nötig.

Pflege im Aquarium: Mittelstarke Strömung und Beleuchtungsstärke. Wächst auch unter optimalen Bedingungen recht langsam.

Plerogyra sinuosa
Blasenkoralle

Verbreitungsgebiet: Indopazifik, Rotes Meer und Ostafrika bis zu den Marshall-Inseln und Samoa

Größe: In den Handel kommen meist Kolonien mit einem Durchmesser von 10–15 cm, selten größer. Im Meer können Durchmesser bis zu 1 m erreicht werden.

Nahrung: Ernährt sich von den Fotosyntheseprodukten der Zooxanthellen. Eine Zusatzfütterung ist nicht nötig, aber mit Zooplanktonorganismen (*Mysis*, Artemien) möglich.

Pflege im Aquarium: Mittelstarke Strömung und Beleuchtungsstärke. Bildet Kampftentakel mit Längen von 10 cm und mehr aus, daher ist auf einen ausreichenden Sicherheitsabstand zu anderen sessilen Wirbellosen zu achten. Wächst auch unter optimalen Bedingungen recht langsam.

Heliofungia actiniformis
Anemonen-Pilzkoralle

Verbreitungsgebiet: Indopazifik, von Singapur und Vietnam bis nach Samoa und den Karolinen

Größe: Das Kalkskelett kann bis zu 20 cm im Durchmesser erreichen, voll geöffnete Polypen sind deutlich größer. Die Tentakel können bis zu 25 cm Länge erreichen.

Nahrung: Ernährt sich von den Fotosyntheseprodukten der Zooxanthellen und Zooplankton. Eine Zusatzfütterung ist nicht nötig, aber mit Plankton (z. B. *Mysis* und Artemien) möglich.

Pflege im Aquarium: Unverletzte Kolonien sind unempfindlich.

Benötigt hohe Beleuchtungsstärke und mittelstarke Strömung. Das Gewebe darf durch die Strömung nicht an das Skelett gedrückt werden. Dadurch entstehen Verletzungen, die nur schwer wieder ausheilen. Sollte entsprechend ihrem natürlichen Vorkommen auf Sandboden platziert werden. Hat einen großen Platzbedarf. Daher ist auf einen ausreichenden Sicherheitsabstand zu anderen sessilen Wirbellosen zu achten.

Fox-Koralle (*Nemenzophyllia turbida*)

Die ersten Tiere für das Meerwasser-Aquarium

Blasenkoralle (*Plerogyra sinuosa*)

Anemonen-Pilzkoralle (*Heliofungia actiniformis*)

Die ersten Tiere für das Meerwasser-Aquarium

Mycedium elephantotus, oben im Aquarium und unten im Korallenriff

Pectinia sp.

Mycedium elephantotus

Verbreitungsgebiet: Indopazifik, vom Roten Meer und Ostafrika bis etwa zu den Gesellschaftsinseln

Größe: Im Fachhandel werden Stöcke mit einem Durchmesser von 15–20 cm angeboten.

Nahrung: Ernährt sich von den Fotosyntheseprodukten der Zooxanthellen, eine Zusatzfütterung ist nicht nötig.

Pflege im Aquarium: Lebt im Meer häufig in abgeschatteten Bereichen. Benötigt daher nur mittlere Beleuchtungsstärke und mäßige Strömung. Unter diesen Bedingungen und bei ausreichender Kalzium- und Karbonatversorgung wächst das Tier im Aquarium zu großen Platten heran.

Pectinia

Verbreitungsgebiet: Indopazifik, von Ostafrika bis zu den Fidschi-Inseln

Größe: Einige Arten können metergroße Kolonien ausbilden; in den Fachhandel gelangen meist Kolonien mit einem Durchmesser bis 20 cm.

Nahrung: Die Tiere ernähren sich von den Fotosyntheseprodukten der Zooxanthellen und Zooplankton; eine Zusatzfütterung ist nicht nötig, aber mit Plankton (z. B. *Mysis* und Artemien) möglich.

Pflege im Aquarium: Ausdauernder Pflegling, benötigt mittlere bis hohe Beleuchtungsstärke und Strömung. Bildet Kampftentakel aus. Daher ist auf einen ausreichenden Sicherheitsabstand zu anderen sessilen Wirbellosen zu achten.

Turbinaria peltata

Verbreitungsgebiet: Indopazifik, Ostafrika bis Samoa

Größe: In den Handel kommen meist Stöcke mit einem Durchmesser von etwa 10 cm, selten mehr. Kann jedoch auch im Aquarium zu großen

Turbinaria peltata

Stöcken mit einem Durchmesser von mehr als 60 cm heranwachsen.

Nahrung: Ernährt sich von den Fotoseprodukten der Zooxanthellen, eine Zusatzfütterung ist nicht nötig.

Pflege im Aquarium: Benötigt eine hohe Beleuchtungsstärke und eine sehr starke Strömung, die kräftig über die Oberfläche streicht. Ist die Strömung nicht stark genug, öffnen sich die Polypen nicht vollständig, und die Koralle schleimt sehr stark. Solche Exemplare beginnen zu kümmern und können schnell degenerieren und absterben.

Blastomussa wellsi

Verbreitungsgebiet: Indopazifik, vom Roten Meer bis nach Samoa

Größe: Durchmesser der Korallenkelche 0,9–1,4 cm, voll entfaltete Polypen können einen Durchmesser von 3 cm erreichen. *Blastomussa wellsi* baut große Kolonien auf.

Nahrung: Ernährt sich von den Fotosyntheseprodukten der Zooxanthellen, eine Zusatzfütterung ist nicht nötig.

Pflege im Aquarium: Einfach zu pflegende Steinkoralle. Benötigt hohe Beleuchtungsstärke und mittelstarke Strömung. Bei optimalen Pflegebedingungen vermehrt sich diese Steinkoralle sehr stark durch Bildung

Blastomussa wellsi

Turbinaria peltata
Symphyllia agaricia

von Tochterpolypen. Auf diese Art und Weise können sich große Kolonien ausbilden.

Es gibt zahlreiche unterschiedliche Farbmorphe von *Blastomussa wellsi*.

Symphyllia agaricia

Verbreitungsgebiet: Indopazifik, vom Roten Meer bis etwa zu den Gilbert-Inseln

Größe: In den Fachhandel gelangen in der Regel Kolonien in einer Größe von 10–15 cm.

Nahrung: Ernährt sich von den Fotosyntheseprodukten der Zooxanthellen und Zooplankton. Eine Zusatzfütterung ist nicht nötig, aber mit Plankton (z. B. Mysis und Artemien) möglich.

Pflege im Aquarium: Sehr gut haltbare großpolypige Steinkoralle. Benötigt eine hohe Beleuchtungsstärke und mittelstarke Strömung. Das Gewebe darf durch die Strömung nicht an das Skelett gedrückt werden. Dadurch entstehen Verletzungen, die nur schwer wieder ausheilen.

Scolymia sp. aus der Karibik

Scolymia

Verbreitungsgebiet: Indopazifik und Karibik

Größe: Je nach Art beträgt der Durchmesser des voll entfalteten Polypen 5–25 cm.

Nahrung: Ernährt sich von den Fotosyntheseprodukten der Zooxanthellen und Zooplankton. Eine Zusatzfütterung ist nicht nötig, aber mit Planktonorganismen (z. B. *Mysis* oder Artemien) möglich.

Pflege im Aquarium: Wie viele großpolypige Steinkorallen sehr robust. Wichtig ist, unverletzte Individuen zu erstehen. Geschädigte *Scolymia* spp. lassen sich nur schwierig eingewöhnen und sterben häufig ab. Sie benötigen eine hohe Beleuchtungsstärke und eine mäßig starke Strömung. Das Gewebe darf durch die Strömung nicht an das Skelett gedrückt werden. Dadurch entstehen Verletzungen, die nur schwer wieder ausheilen.

Nachts ändert diese Steinkoralle ihr Aussehen: Sie zieht das Gewebe ein und streckt zahlreiche ca. 0,5–1 cm lange Tentakel zum Nahrungsfang aus.

Es gibt zahlreiche unterschiedliche Farbmorphe.

Scolymia sp. aus dem Indopazifik

Cynarina lacrymalis; Unterwasseraufnahme Palau, Mikronesien

Cynarina lacrymalis

Verbreitungsgebiet: Indopazifik, vom Roten Meer und Ostafrika bis nach Samoa

Größe: Durchmesser des Korallenskeletts selten mehr als 5 cm, voll entfaltete Polypen können einen Durchmesser von 15 cm und mehr erreichen.

Nahrung: Ernährt sich von den Fotosyntheseprodukten der Zooxanthellen und Zooplankton. Eine Zusatzfütterung ist nicht nötig, kann jedoch durch Ersatzplankton (z. B. *Mysis* und Artemien) erfolgen.

Pflege im Aquarium: Einfach zu pflegende Steinkoralle. Wichtig ist, unverletzte Individuen zu erstehen. Geschädigte *Cynarina lacrymalis* lassen sich nur schwierig eingewöhnen und sterben häufig ab. Benötigt hohe Beleuchtungsstärke und mittelstarke Strömung. Das Gewebe darf durch die Strömung nicht an das Skelett gedrückt werden. Dadurch entstehen Verletzungen, die nur schwer wieder ausheilen. Wird am besten auf dem Bodengrund platziert.

Nachts ändert diese Steinkoralle ihr Aussehen: Sie zieht das Gewebe ein und streckt zahlreiche ca. 1 cm lange Tentakel zum Nahrungsfang aus.

Von *Cynarina lacrymalis* gibt es zahlreiche Farbmorphe.

Caulastrea

Verbreitungsgebiet: Indopazifik, Ostafrika bis nach Fidschi und Tonga

Größe: Im Meer können mehrere Meter große Kolonien entstehen, im Fachhandel werden meist Kolonien mit einigen wenigen Polypen angeboten, die aber schnell zu schönen Beständen heranwachsen.

Nahrung: Ernährt sich von den Fotosyntheseprodukten der Zooxanthellen und Zooplank-

Caulastrea sp.

ton; eine Zusatzfütterung ist nicht nötig, jedoch mit Planktonersatzfutter (z. B. *Mysis* und Artemien) möglich.

Pflege im Aquarium: Eine der robustesten Arten aus der Steinkorallen-Familie Faviidae. Benötigt eine hohe Beleuchtungsstärke und kräftige Wasserbewegung.

Platygyra daedalea
Gehirnkoralle

Verbreitungsgebiet: Indopazifik, Rotes Meer und Ostafrika bis zu den Gesellschaftsinseln

Größe: In den Handel kommen meist Stöcke mit einem Durchmesser von 10–15 cm, selten mehr.

Nahrung: Ernährt sich von den Fotosyntheseprodukten der Zooxanthellen und Zooplankton. Eine Zusatzfütterung ist nicht nötig, aber mit Ersatzfutter (*Mysis*, Artemien) möglich.

Pflege im Aquarium: Benötigt starke Strömung und hohe Beleuchtungsstärke. Bildet Kampftentakel von 10 cm und mehr aus, daher ist auf einen ausreichenden Sicherheitsabstand zu anderen sessilen Wirbellosen zu achten. Wächst auch unter optimalen Bedingungen recht langsam.

Trachyphyllia geoffroyi

Verbreitungsgebiet: Indopazifik, vom Roten Meer und Ostafrika bis etwa Neukaledonien

Größe: Durchmesser des Kalkskeletts bis 8 cm, voll entfaltete Polypen können einen Durchmesser bis 20 cm erreichen.

Nahrung: Ernährt sich von den Fotosyntheseprodukten der Zooxanthellen und Zooplankton. Eine Zusatzfütterung ist nicht nötig, aber mit Ersatzfutter (*Mysis*, Artemien) möglich.

Pflege im Aquarium: Eine der robustesten großpolypigen Steinkorallen. Wichtig ist, unverletzte Individuen zu erstehen. Geschädigte *Trachyphyllia geoffroyi* lassen sich nur schwierig eingewöhnen, häufig sterben sie ab. Benötigt hohe Beleuchtungsstärke und mittelstarke Strömung. Das Gewebe darf durch die Strömung nicht an das Skelett gedrückt werden. Dadurch entstehen Verletzungen, die nur schwer wieder ausheilen. Wird am besten auf dem Bodengrund platziert.

Nachts ändert diese Steinkoralle ihr Aussehen: Sie zieht das Gewebe ein und streckt zahlreiche ca. 1 cm lange Tentakel zum Nahrungsfang aus. Es gibt zahlreiche unterschiedliche Farbmorphe.

Gehirnkoralle *Platygyra daedalea*

Trachyphyllia geoffroyi

Die ersten Tiere für das Meerwasser-Aquarium

Kelchkoralle *Tubastrea* sp.; Unterwasseraufnahme Hawaii

Tubastrea
Kelchkoralle

Verbreitungsgebiet: Indopazifik, Karibik

Größe: In den Fachhandel kommen in der Regel Kolonien mit einem Durchmesser von 5–10 cm. Können bei optimaler Pflege und Fütterung zu großen Beständen heranwachsen.

Nahrung: Azooxanthellat, muss täglich gezielt (Pipette, Spritze oder Pinzette) mit Planktonfutter (z. B. *Mysis* und Artemien) gefüttert werden. Wird die Fütterung der Kolonien vernachlässigt, können *Tubastrea* spp. schnell verhungern.

Pflege im Aquarium: Besiedeln im Korallenriff meistens abgeschattete Zonen wie Höhlen oder Stellen unter Überhängen. Sie zählen zu den wenigen azooxanthellaten Korallen, die heute bereits in Riffaquarien gepflegt werden können. Sie benötigen eine starke Strömung. Da sie keine Zooxanthellen besitzen, ist die Beleuchtung von untergeordneter Bedeutung. Die Tiere eignen sich somit also insbesondere für solche Bereiche im Aquarium, die von zooxanthellaten Korallen nicht mehr besiedelt werden.

Kann man eine tägliche Fütterung nicht sicherstellen, sollte man auf die Haltung von *Tubastrea* verzichten.

Sabellastarte indica
Indopazifischer Röhrenwurm

Verbreitungsgebiet: Indopazifik

Größe: Durchmesser der Röhren: 1–2 cm; Durchmesser der Tentakelkrone: 5–10 cm

Nahrung: ernährt sich im Meer von feinstem Plankton und anderem organischen Material

Pflege im Aquarium: *Sabellastarte indica* ist ein ausdauernder Pflegling, wenn ausreichend Nahrung vorhanden ist. Benötigt eine mittelstarke Strömung. Muss langsam (Tropfenmethode) an die Aquarienbedingungen gewöhnt werden,

Indopazifischer Röhrenwurm *Sabellastarte indica*   (Linkes Foto: R. Hebbinghaus)

um osmotische Schocks zu vermeiden. Sollte nicht mit Luft in Berührung kommen. Darf beim Einbau in die Dekoration nicht gequetscht werden. Gesunde Röhrenwürmer reagieren auf Berührung, indem sie sich in ihre Röhre zurückziehen. Exemplare, die diese Reaktion nicht zeigen, sollten ebenso wenig gekauft werden wie Individuen, die ihre Krone abgeworfen haben. Zwar wächst diese Krone nach, doch wird sie niemals so groß wie die ursprüngliche, da meistens nicht genug Nahrung im Aquarium vorhanden ist.

Pflege im Aquarium: Hervorragender Algenfresser für Riffaquarien. Zur Algenkontrolle sollten immer einige Exemplare im Becken leben. Eier und Sperma werden zur Vermehrung koordiniert ins freie Wasser abgegeben. Junge Schnecken können je nach Menge der zur Verfügung stehenden Nahrung in großer Zahl heranwachsen.

Astraea tectum
Amerikanische Sternschnecke

Verbreitungsgebiet: Karibik
  Größe: Bis 5 cm
  Nahrung: Aufwuchsalgen

Amerikanische Sternschnecke
(*Astraea tectum*)

Riesenmuschel (*Tridacna gigas*), Schalenlänge ca. 50 cm

Juvenile Riesenmuschel (*Tridacna gigas*), ca. 15 cm

Tridacna gigas
Riesenmuschel

Verbreitungsgebiet: Zentraler Indopazifik, von Thailand bis Mikronesien und zu den Fidschi-Inseln

Größe: im Korallenriff bis 1,40 m

Nahrung: ernährt sich von den Fotosyntheseprodukten der Zooxanthellen, eine Zusatzfütterung ist nicht nötig.

Pflege im Aquarium: Die Pflege im Riffaquarium ist sehr einfach. Benötigt sehr hohe Beleuchtungsstärke sowie eine ausreichende Versorgung mit Kalzium und Karbonaten. Unter optimalen Bedingungen wächst *Tridacna gigas* auch im Aquarium zu großen Schautieren heran. Benötigt dann viel Platz.

Tridacna maxima
Variable Riesenmuschel

Verbreitungsgebiet: Indopazifik, vom Roten Meer und Ostafrika bis nach Polynesien

Die ersten Tiere für das Meerwasser-Aquarium

Variable Riesenmuschel (*Tridacna maxima*)

Riesenmuscheln *Tridacna* spp. im Aquarium

Bohrende Riesenmuschel (*Tridacna crocea*)

Größe: bis 35 cm
Nahrung: Ernährt sich von den Fotosyntheseprodukten der Zooxanthellen, eine Zusatzfütterung ist nicht nötig.
Pflege im Aquarium: Die Pflege im Riffaquarium ist sehr einfach. Benötigt sehr hohe Beleuchtungsstärke und mittelstarke Strömung sowie eine ausreichende Versorgung mit Kalzium und Karbonaten.

Einsiedlerkrebs *Clibanarius* sp.   Foto: D. Knop

Tridacna crocea
Bohrende Riesenmuschel

Verbreitungsgebiet: Zentraler Indopazifik
Größe: bis 19 cm
Nahrung: Ernährt sich von den Fotosyntheseprodukten der Zooxanthellen, eine Zusatzfütterung ist nicht nötig.
Pflege im Aquarium: Die Pflege im Riffaquarium ist sehr einfach. Benötigt sehr hohe Beleuchtungsstärke und mittelstarke Strömung sowie eine ausreichende Versorgung mit Kalzium und Karbonaten.
Lebt im Korallenriff vollständig im Riffgestein oder Korallenstöcken „eingebohrt", so dass nur der Mantellappen sichtbar ist.

Clibanarius sp.
Einsiedlerkrebs

Verbreitungsgebiet: Indopazifik und Karibik
Größe: Die meisten *Clibanarius*-Arten überschreiten eine Länge von 4 cm nicht.
Nahrung: Ernährt sich von Algenaufwuchs und Futterresten; eine gezielte Fütterung ist nicht nötig jedoch z. B. mit Tablettenfutter möglich.

Gemeine Tanzgarnele (*Rhynchocinetes durbanensis*)

Pflege im Aquarium: Ausdauernder Pflegling im Riffaquarium, der in einer kleinen Gruppe gepflegt werden sollte. Grasen ständig Algen vom Bodengrund und der Dekoration ab und helfen damit, das Aquarium algenfrei zu halten. Es ist für eine Anzahl überschüssiger, freier und unterschiedlich großer Schneckenhäuser im Aquarium zu sorgen, in die die Einsiedlerkrebse nach der Häutung und bei Wachstum umziehen können. Für eine Pflege in reinen Fischaquarien weniger geeignet. Insbesondere Drückerfische betrachten sie als Nahrung und erbeuten die Einsiedlerkrebse früher oder später.

Paguristes cadenati
Weinroter Einsiedlerkrebs

Verbreitungsgebiet: Karibik, einschließlich Florida und Bahamas
Größe: ca. 2 cm
Nahrung: Ernährt sich von Algenaufwuchs und Futterresten; eine gezielte Fütterung ist nicht nötig jedoch z. B. mit Tablettenfutter möglich.
Pflege im Aquarium: siehe *Clibanarius* sp. Es gibt Aquarienbeobachtungen, dass sich diese Einsiedlerkrebse an Schnecken, z. B. die Amerikanische Sternschnecke *Astraea tectum* vergreifen, wenn diese über den Bodengrund wandern und so leicht von den Einsiedlerkrebsen umgedreht werden können. Auch der Weinrote Einsiedlerkrebs ist für eine Pflege in reinen Fischaquarien nicht geeignet.

Rhynchocinetes durbanensis
Gemeine Tanzgarnele

Verbreitungsgebiet: Indopazifik, von Südafrika bis nach Indonesien und Papua-Neuguinea
Größe: bis 5 cm

Weinroter Einsiedlerkrebs
Paguristes cadenati
Foto: D. Knop

Gebänderte Scherengarnele (*Stenopus hispidus*)

Nahrung: akzeptiert alle Ersatzfutterarten, einschließlich Trockenfutter

Pflege im Aquarium: Ausdauernder Pflegling für Riffaquarien. Sollte in einer kleinen Gruppe gepflegt werden. Die Vergesellschaftung mit manchen Fischarten (z. B. Korallenwächter oder Mirakelbarsch *Calloplesiops altivelis*) kann sehr schwierig sein, da die Garnelen von ihnen als Beute betrachtet werden.

Stenopus hispidus
Gebänderte Scherengarnele

Verbreitungsgebiet: weltweit in tropischen Gewässern

Größe: bis 9 cm

Nahrung: Betätigt sich im Korallenriff als Putzergarnele. Akzeptiert alle Ersatzfutterarten, einschließlich Trockenfutter. Braucht nicht extra gefüttert zu werden, da sie das Aquarium nach Futterresten absucht.

Pflege im Aquarium: Ausdauernder Pflegling für Riffaquarien. Sollte paarweise gepflegt werden. In seltenen Fällen tötet aber einer der Partner den anderen. Gleichgeschlechtliche Tiere bekämpfen sich in der Regel bis zum Tod eines Kontrahenten.

Nur bedingt für reine Fischaquarien geeignet, da sie von einigen Fischarten als Futter betrachtet werden kann.

Fromia cf. *nodosa*
Knotiger Seestern

Verbreitungsgebiet: westlicher Indischer Ozean einschließlich der Malediven und Sri Lanka

Größe: bis 8 cm

Nahrung: Organischer Detritus und Aufwuchsalgen mit den darin lebenden Mikroorganismen. Frisst im Aquarium auch Futterreste. Die Gewöhnung an Ersatzfutter ist leichter als bei *Linckia laevigata*; die Tiere akzeptieren Trockenfutter in Form von Tabletten oder Pellets sowie viele der handelsüblichen Frostfutterpräparate (z. B. Muschelfleisch).

Pflege im Aquarium: Ausdauernde Pfleglinge in Riffaquarien, solange gesunde Exemplare erworben werden. Beim Transport oder durch das

Die ersten Tiere für das Meerwasser-Aquarium

Knotiger Seestern (*Fromia* cf. *nodosa*)

Blauer Seestern (*Linckia laevigata*)

Umsetzen verletzte *Fromia* cf. *nodosa* erholen sich nur selten. Die Tiere dürfen niemals mit der Luft in Berührung kommen. Gelangt Luft in die Ambulakralfurchen (dies sind die Rinnen, in denen sich die Saugfüßchen befinden), führt dies häufig zum Tod. Seesterne müssen daher unter Wasser umgesetzt und überdies sehr langsam (Tröpfchenmethode) an die Aquarienverhältnisse gewöhnt werden, um osmotische Schocks zu vermeiden.

Linckia laevigata
Blauer Seestern

Verbreitungsgebiet: Indopazifik, von Ostafrika bis Hawaii
Größe: bis 30 cm
Nahrung: Organischer Detritus, Aas und Aufwuchsalgen mit den darin lebenden Mikroorga-

Die ersten Tiere für das Meerwasser-Aquarium

Riffdach-Bohrseeigel (*Echinometra mathaei*)

Kugel-Seeigel (*Mespilia globulus*)

nismen. Frisst im Aquarium auch Futterreste. Die Gewöhnung an Ersatzfutter kann schwierig sein, sie gelingt manchmal mit Trockenfutter in Form von Tabletten oder Pellets.

Pflege im Aquarium: siehe Knotiger Seestern

Echinometra mathaei
Riffdach-Bohrseeigel

Verbreitungsgebiet: Indopazifik, vom westlichen Indischen Ozean bis nach Hawaii

Größe: bis 10 cm

Nahrung: Aufwuchsalgenfresser; im Aquarium wird Ersatzfutter (z. B. Futtertabletten) akzeptiert. Gelegentlich wird berichtet, dass sich

der Riffdach-Bohrseeigel an Krustenanemonen und anderen sessilen Wirbellosen vergreift.

Pflege im Aquarium: Ausdauernder Pflegling in Riffaquarien, wenn ausreichend Algennahrung vorhanden ist. Beim Transport oder durch das Umsetzen verletzte *Echinometra mathaei* erholen sich nur selten. Riffdach-Bohrseeigel, die ihre Stacheln abwerfen, sollten nicht gekauft werden. Die Tiere dürfen niemals mit Luft in Berührung kommen und müssen wie Seesterne unter Wasser umgesetzt sowie sehr langsam (Tröpfchenmethode) an die Aquarienverhältnisse gewöhnt werden, um osmotische Schocks zu vermeiden.

Mespilia globulus
Kugel-Seeigel

Verbreitungsgebiet: zentraler Indopazifik, von den Malediven bis zu den Fidschi-Inseln

Größe: bis 7,5 cm

Nahrung: Aufwuchsalgenfresser

Pflege im Aquarium: Ausdauernder Pflegling in Riffaquarien und einer der robustesten Seeigel, solange gesunde Exemplare erworben werden. Beim Transport oder durch das Umsetzen verletzte *Mespilia globulus* erholen sich nur selten. Zum Umsetzen siehe Riffdach-Bohrseeigel.

Literatur

ALLEN, G. R. (1991): Riffbarsche der Welt. – Mergus Verlag, Melle.
–, R. STEENE & M. ALLEN (1998): Angelfishes & Butterflyfishes. – Odyssey Publishing/Tropical Reef Research, USA/Australien.
BALLING, H.-W. (2002): Die Balling-Methode – Calciumhydrogencarbonat-Zufuhr. – KORALLE 14: 72–75.
BARNES, D. J. & B. E. CHALKER (1990): Calcification and photosynthesis in reef-building corals and algae. In: Ecosystems of the World, Bd. 25 – Coral Reefs (hrsg. von Z. Dubinsky). – Elsevier, Amsterdam, Oxford, New York, Tokio, S. 109–132.
BROCKMANN, D. (1991): Was ist Kalkwasser? – Das Aquarium 25: 23–26.
– (2000): Fische und Korallen im Meer und im Aquarium. – Birgit Schmettkamp Verlag, Bornheim.
– (2004): Nachzuchten für das Korallenriff-Aquarium. – Birgit Schmettkamp Verlag, Bornheim.
– (2006a): Phosphat in der Riffaquaristik – Ursachen und Wirkung. – KORALLE 38: 86–89.
– (2006b): Phosphat in der Riffaquaristik – Grenzwertkonzentrationen von Phosphat. – KORALLE 39: 70–74.
– (2006c): Kohlendioxid und seine Verbindungen. – KORALLE 39: 81–82.
– (2006/2007): Jod – Mehr Fragen als Antworten. – KORALLE 42: 68–74.
– (2007a): Nitrat, Teil 1: Assimilation, Denitrifikation und Nitrat-Abbau im Aquarium. – KORALLE 43: 71–75.
– (2007b): Nitrat, Teil 2: Denitrifikationsfilter. – KORALLE 44: 56–60.
– (2007c): Spurenelemente – Was können sie wirklich? – KORALLE 45: 70–76.
– & A. J. NILSEN (1995a): Wer die Wahl hat, hat die Qual. – Ein kritischer Vergleich gebräuchlicher Kalzium-Dosierungsverfahren. Teil 1: Das CaCl$_2$/NaHCO$_3$-Verfahren und die Kalkwasser (Ca(OH)$_2$)-Methode. – Das Aquarium 315: 27–32.
– & A. J. NILSEN (1995b): Wer die Wahl hat, hat die Qual. – Ein kritischer Vergleich gebräuchlicher Kalzium-Dosierungsverfahren. Teil 2: Die Kalkwasser (Ca(OH)$_2$)-Methode in Verbindung mit einem CO$_2$-Injektionssystem und der Kalkreaktor. – Das Aquarium 317: 27–33.
DARBI, A., T. VIRARAGHAVAN, R. BUTLER & D. CORKAL (2002): Batch studies on nitrate removal from portable water. – Water Sa. 28: 319–322.
DEBELIUS, H. & R. H. KUITER (2001): Doktorfische und ihre Verwandten. – Verlag Eugen Ulmer, Stuttgart.
DELBEEK, J. C. & J. SPRUNG (1994): Das Riffaquarium. Bd. 1. – Ricordea Publishing, Coconut Grove.
– & J. SPRUNG (2005): The Reef Aquarium: Science, Art, and Technology. Vol. 3. – Ricordea Publishing, Coconut Grove.
D'ELIA, C. F. & W. J. WIEBE (1990): Biogeochemical nutrient cycles in coral reef ecosystems. In: Ecosystems of the World, Bd. 25 – Coral Reefs (hrsg. von Z. Dubinsky). – Elsevier, Amsterdam, Oxford, New York, Tokio, S. 49–75.
FAUTIN, D. G. & G. R. ALLEN (1994): Anemonenfische und ihre Wirte. – Tetra Verlag, Melle.
FOSSÀ, S. A. & A. J. NILSEN (1993): Korallenriff-Aquarium, Bd. 3, Zoogeographie, Fische für das Korallenriff-Aquarium. – Birgit Schmettkamp Verlag, Bornheim.
– & – (1994): Korallenriff-Aquarium, Bd. 2. – Birgit Schmettkamp Verlag, Bornheim.
– & – (1995): Korallenriff-Aquarium, Bd. 4, Nesseltiere im Aquarium. – Birgit Schmettkamp Verlag, Bornheim.
– & – (1996): Korallenriff-Aquarium, Bd. 5, Schwämme, marine Würmer und Weichtiere im Aquarium. – Birgit Schmettkamp Verlag, Bornheim.
– & – (1998): Korallenriff-Aquarium, Bd. 6, Krebstiere, Stachelhäuter, Seescheiden. – Birgit Schmettkamp Verlag, Bornheim.
– & – (2001): Korallenriff-Aquarium, Bd. 1. – Birgit Schmettkamp Verlag, Bornheim.
GLASER, A. (2008): Ratgeber Meerwasserchemie. – Rüdiger Lattka Verlag, Marxzell.

GROTTOLI, A. G., L. J. RODRIGUES & J. E. PALARDY (2006): Heterophobic plasticity and resilience in bleached corals. – Nature 440: 1186–1189.
HARRISON, P. L. & C. C. WALLACE (1990): Reproduction, dispersal and recruitment of scleractinian corals. In: Ecosystems of the World, Bd. 25 – Coral Reefs (hrsg. von Z. Dubinsky). – Elsevier, Amsterdam, Oxford, New York, Tokio, S. 133–208.
HOLLEMAN, A. F. & E. WIBERG (1976): Lehrbuch der anorganischen Chemie. – Walter de Gruyter, Berlin.
KNOP, D. (2009): Riesenmuscheln. – Dähne Verlag, Ettlingen.
– (2003): Nano-Riffaquarien, Einrichtung und Pflege von Kleinst-Meeresaquarien. – Natur und Tier - Verlag, Münster.
KOOP, K., D. BOOTH, A. BROADBENT, J. BRODIE, D. BUCHER, D. CAPONE, J. COLL, W. DENNISON, M. ERDMANN, P. HARRISON, O. HOEGH-GULDBERG, P. HUTCHINGS, G. B. JONES, A. W. LARKUM, L. O'NEIL, A. STEVEN, E. TENTORI, S. WARD, J. WILLIAMSON & D. YELLOWLESS (2001): ENCORE: The effect of nutrient enrichment on coral reefs. Synthesis of results and conclusions. – Mar. Pollut. Bull. 42: 91–120.
KUITER, R. H. & H. DEBELIUS (2006): Atlas der Meeresfische. – Kosmos Verlag, Stuttgart.
LOYA, Y. & R. KLEIN (1997): Die Welt der Korallen. – Jahr Verlag, Hamburg.
MILLERO, F. J. (1996): Chemical Oceanography. – CRC Press, Boca Raton, Boston.
MRUTZEK, M. & J. KOKOTT (2004): Ethanoldosierung im Aquarium – neue Wege zur Verbesserung der Lebensbedingungen. – Der Meerwasseraquarianer 1: 60–71.
– & – (2006): Ethanoldosierung im Aquarium, Teil 2: Erfahrungen und neue Erkenntnisse. – www.meerwasseraquaristik.de.html/body_vodka2.html (Stand Dezember 2006).
NILSEN, A. J. (2006/2007): Great Barrier Reef. – KORALLE 42: 26–29.
SCHUHMACHER, H. (1982): Korallenriffe – Ihre Verbreitung, Tierwelt und Ökologie. – BLV, München, Wien, Zürich.
SEBRALLA, L. (2000): Wodkafilter. – Aquaristik Fachmagazin 152: 44–51.
SHIMEK, R. L. (1998): The why's and how's of sand beds: The role of the benthos in the reef aquarium ecosystem. – Reefs Online Talk Forum. http://www.reefs.org/library/talklog/r_shimek_090698.html.
SIMKISS, K. (1964): Phosphates as crystal poisons of calcification. – Biol. Rev. 39: 487–505.
SOROKIN, Y. I. (1995): Coral Reef Ecology. – Springer-Verlag, Berlin, Heidelberg.
SPALDING, M. D., C. RAVILIOUS & E. P. GREEN (2001): World Atlas of Coral Reefs. – Prepared at the UNEP World Conservation Monitoring Centre. University of California Press, Berkeley, USA.
SPOTTE, S. (1979): Seawater Aquariums – The Captive Environment. – John Wiley & Sons, New York.
TAIT, R. V. (1971): Meeresökologie. – DTV, Stuttgart.
THALER, E. (2005): UV-Schock! Erfahrungsreich? – KORALLE 33: 76–78.
VAN OMMEN, J. (1992): Licht boven het zeeaquarium. Het Zee Aquarium 42: 59–63.
VERON, J. E. N. (2000): Corals of the world. – Australian Institute of Marine Science, Townsville, Australien.
WIEDENMANN, J. (2005): Gene Hunting in Poseidon's Garden. – Habilitationsschrift, Universität Ulm.
WILKENS, P. (1973): Niedere Tiere im tropischen Seewasseraquarium, Bd. 1. – Engelbert Pfriem Verlag, Wuppertal-Elberfeld.
– (1980): Niedere Tiere im tropischen Seewasseraquarium, Bd. 2. – Engelbert Pfriem Verlag, Wuppertal-Elberfeld.
– & D. STETTLER (2004): Gemeinsame Liebe zu Kelchkorallen: Zur Pflege, Fütterung und Vermehrung von *Tubastrea coccinea*, *T. faulkneri* und *T. diaphana*. – Das Aquarium 422: 39–46.
ZUMFT, W. G. (1997): Cell biology and Molecular Basis of Denitrification. – Microbiol. Biol. Rev. 61: 533–616.

Stichwortverzeichnis

Abdeckung	37
Abschäumer	56, 72, 76
- Gegenstromabschäumer	57
- Nadelradabschäumer	57
- Rotationsabschäumer	57
- Venturi-Abschäumer	57
Acanthurus	
- *lineatus*	142
- *sohal*	143
- *tristis*	142
Acropora	167
aerob	61
Aktivkohle	59, 76, 82
Algenfilter	70
Alkalinität	89
Alkohol	63, 71
Amblyeleotris wheeleri	140
Amerikanische Sternschnecke	181
Ammoniak	47, 48, 61, 76, 105, 106
- Giftigkeit	48
Ammonium	47, 48, 61, 105, 106
- Giftigkeit	48
Amphiprion	
- *bicinctus*	132
- *melanopus*	132
- *nigripes*	13
- *ocellaris*	132
Amplexidiscus fenestrafer	165
anaerob	51, 61, 63
Andamanen-Fuchsgesicht	145
Anemonen-Pilzkoralle	170
animpfen	62, 69, 108
Anthelia	152
Apogon leptacanthus	126
Aquarium	
- Aufstellen	24
- Dekoration	101
- Einrichtung	101
- Inbetriebnahme	101
Arabischer Doktorfisch	143
Arabischer Kaiserfisch	131
Aräometer	80
Arothron diadematus	147
Artemia	118
Assessor	
- *flavissimus*	123
- *macneillii*	124
Assimilation	50, 107
Astraea tectum	181
Augenring-Borstenzahndoktorfisch	145
Bakterienfilter	61
Balistapus undulatus	147
Balistoides conspicillum	146
Banggai-Kardinalbarsch	125
Bäumchenweichkoralle	155
Beleuchtung	27
Beleuchtungsschema	37
Beleuchtungsstärke	28
Beleuchtungszeit	36
Biologische Filterung	61
Blasenkoralle	170
Blastomussa wellsi	174
Blaualgen	110
Blaue Koralle	160
Blauer Mirakelbarsch	124
Blauer Seestern	187
Blaukopf-Kaiserfisch	132
Blaupunkt-Brunnenbauer	138
Bodengrund	66, 68, 103
Bohrende Riesenmuschel	184
Calloplesiops altivelis	125
Capnella	153
Caulastrea	177
Caulerpa	70
Centropyge	
- *bispinosa*	128
- *loriculus*	128
Cerianthidae	151
Cespitularia	152
Chaetodon	
- *auriga*	126
- *lunula*	126
Chaetomorpha	70
Chelmon rostratus	18
Choerodon fasciatus	139
Chromis viridis	134
Chrysiptera parasema	136
Cladiella	156
Clavulariidae	151
Clibanarius	184
Clown-Anemonenfisch	26
Coral bleaching	74
Cryptocentrus cinctus	141
Ctenochaetus strigosus	145
Cyanobakterien	47, 106, 110
Cynarina lacrymalis	177
Dascyllus	
- *marginatus*	134
- *reticulatus*	135
- *trimaculatus*	136
Daylight	32
Deep Sand Bed	68
Denitrifikation	51, 107
Denitrifikationsfilter	63
Dichte	78, 79, 87, 96
Dichtemessgerät	80
Discosoma	164
Dissimilation	50
Doryrhamphus multiannulatus	120
Dreifleck-Preußenfisch	136
DSB	68
Durchsichtiger Kardinalbarsch	126
Echinometra mathaei	188
Einfahrphase	48, 106
Eingewöhnung	117
Einsiedlerkrebs	184
Elefantenohr	165
Entacmaea quadricolor	26
Ethanol	64, 71
Erythropodium	158
Euphyllia	
- *ancora*	169
- *glabrescens*	169
Fadenalgen	110
Fähnchen-Falterfisch	126
Farbtemperatur	31
Feuerkoralle	149
Feuer-Korallenwächter	137
Filterung	46
- biologische	72
Fischaquarium	14, 19
Flammen-Herzogfisch	113, 128
Fluoreszenzpigmente	30
Fluoreszenzproteine	29
Fotosynthese	9, 28
Fox-Koralle	170
Fromia cf. *nodosa*	186
Frostfutter	55
Fütterung	118
Galaxea fascicularis	9, 16
Gebänderte Scherengarnele	186
Gehirnkoralle	178
Gelbe Krustenanemone	162
Gelber Mirakelbarsch	123
Gelber Seebader	144
Gelbe Symbiosegrundel	141
Gelbschwanz-Riffbarsch	136
Gelbschwanz-Seebader	107, 145
Gelbstoffe	59, 76
Gemeine Tanzgarnele	185
Gemeiner Wimpelfisch	127
Geringelte Seenadel	120
Gesamtalkalinität	89
Gobiosoma oceanops	141
Gramma loreto	15, 123
Großes Barriereriff	8
Grünes Schwalbenschwänzchen	134
Halogen-Metalldampflampen	32
Hammerkoralle	169
Harlekin-Lippfisch	139
Hauptelement	78
Heizung	74
Heliofungia actiniformis	170
Heliopora coerulea	160
Heniochus	
- *acuminatus*	127
- *intermedius*	127
Heteractis	
- *crispa*	160
- *magnifica*	13, 161
Holacanthus ciliaris	128
Hornkoralle	158, 159
HQI-Beleuchtung	32
HQI-Brenner	32
- Lebensdauer	37
Hydratierchen	148
Hydroidpolyp	148
Imperator-Kaiserfisch	131
Indik-Mimikrydoktorfisch	142
Indopazifischer Röhrenwurm	180
Intervallautomatik	43
Isotherme	10
Jaubert-System	66
Juwelen-Schleimfisch	139
Kahmhaut	21
Kalk	95
Kalkgestein	102
Kalkproduktion	10
Kalkreaktor	55, 90, 92, 96
Kalkrotalgen	110
Kalkwasser	58, 85, 90, 92, 96
Kalzium	87, 90, 95, 97
Kalziumchlorid	90, 92, 94
Kalziumhydroxid	58, 92
Kalziumkarbonat	97

Stichwortverzeichnis

Kampftentakel	16
Karbonat	89
- Alkalinität	89
Karbonathärte	87, 89, 97, 98
Kauf	
- Fische	113
- Wirbellose	115
Kelchkoralle	180
Kelvin	31
Kieselalgen	110
Knotiger Seestern	186
Kochsalz	96
Kohlendioxid	88, 97
Komplettsystem	23
Königin-Kaiserfisch	128
Königs-Feenbarsch	15, 123
Korallenbleiche	74
Krill	118
Kristallkoralle	9, 16
Krustenanemone	162
Kugel-Seeigel	188
Kühlaggregat	76
Kühlung	74
Kupfer	99
Langschnäuziger Korallenwächter	137
Lebender Sand	68
Lebendgestein	104
Lederanemone	160
Lederkoralle	155
Leoparden-Drückerfisch	146
Leuchtstofflampe	33
- Lebensdauer	37
Lichtfarbe	29
Lichtspektrum	28
Lichtstrom	28
Linckia laevigata	187
Mandarinfisch	15, 140
Maskenkugelfisch	147
Massenablaichen	34
Meerflohkrebs	109
Meersalz	78
Meerwasser	78
Mespilia globulus	188
Millepora	149
Mondlicht	34
Mondsichel-Falterfisch	126
Montipora	167
Mycedium elephantotus	173
Myrionema amboinensis	148
Mysis	118
Nachfüllwasser	54, 85, 92
Nachzucht	113
Nano-Aquarium	20
Natriumhydrogenkarbonat	90, 94, 95
Natriumkarbonat	90
Natürliche-Nitratreduktion	66
Nemenzophyllia turbida	170
Neocirrhites armatus	137
Neongrundel	141
Nephthea	155
Netz-Preußenfisch	135
Nitrat	47, 48, 61, 63, 65, 66, 70, 71, 76, 81, 86, 87, 98, 105, 107
- Anreicherung	62, 73
- Giftigkeit	48
Nitratreduktion	51
Nitrifikation	48, 107
Nitrifikationsfilter	61
Nitrit	47, 48, 61, 64, 65, 76, 87, 105, 107
- Giftigkeit	48
Nitrobacter	48
Nitrosomas	48
NNR	66
Nori-Algen	118
Oberflächenabsaugung	21
Opistognathus rosenblatti	138
Orangeringelfisch	132
Orangestreifen-Drückerfisch	147
Oxycirrhites typus	137
Ozon	59, 76
Paguristes cadenati	185
Palettendoktorfisch	144
Paracanthurus hepatus	144
Pectinia	173
Pfauenaugen-Mirakelbarsch	125
Phosphat	51, 68, 70, 71, 81, 87, 93, 98, 105
- anorganisch	51
- Giftigkeit	52
- organisch	51
Phosphatadsorber	55, 58, 72
Phosphorkreislauf	51
Phosphorsäure	52
pH-Wert	87
Pinnigorgia	159
Pinzettfisch	17
Platygyra daedalea	178
Plenum	66
Plerogyra sinuosa	170
Pomacanthus	
- *imperator*	131
- *maculosus*	131
Prachtanemone	161
*Protopalytho*a	162
Pseudochromis springeri	123
Pseudopterogorgia	159
Pterapogon kauderni	125
Ptereleotris evides	142
Pterois miles	120
Pufferkapazität	89
Puffersystem	88
Reef Watch Programm	4
Refugium	69
Rhodactis	165
Rhynchocinetes durbanensis	185
Ricordea yuma	166
Rieselfilter	61
Riesenmuschel	182
Riffaquarium	14, 19
Riffdach-Bohrseeigel	188
Röhrenkoralle	151
Rotfeuerfisch	120
Rotmeer-Anemonenfisch	132
Rotmeer-Preußenfisch	134
Rotmeer-Wimpelfisch	127
Sabellastarte indica	180
Salarias fasciatus	139
Salinität	78
Salzgehalt	78
Sarcophyton	155
Sauerstoffmangel	69, 71
Säurebindungsvermögen	89
Scheibenanemone	164, 165
Scherenschwanz-Torpedogrundel	142
Schmieralgen	106, 110
Schwarzflossen-Anemonenfisch	132
Schwefelnitratfilter	65
Schwefelwasserstoff	67
Scolymia	175
Siganus magnificus	145
Silikat	81
Sinularia	157
- cf. *notanda*	157
- *dura*	156
Spektralfarben	28, 29
Spirulina	118
Springers Zwergbarsch	123
Spurenelemente	60, 78, 85, 99
Stenopus hispidus	186
Stickstoff	61
Stickstofffixierung	47, 110
Stickstoff-Kreislauf	46
Stoßverklebung	20
Strahlungsintensität	28
Streifendoktorfisch	142
Streifen-Zwergkaiserfisch	128
Strömung	39
- laminar	40
- verwirbelt	40
Strömungspumpe	41
Strömungsschema	43
Strömungsstärke	43
Symphyllia agaricia	175
Synchiropus	
- *picturatus*	15
- *splendidus*	140
T5-Leuchtstofflampe	33
Tageslichtspektrum	30
Teilwasserwechsel	48, 63, 82, 85, 99
Temperatur	74, 87
Trachyphyllia geoffroyi	178
Tridacna	
- *crocea*	184
- *gigas*	182
- *maxima*	182
Trockenfutter	118
Tröpfchenmethode	117
Tubastrea	119, 180
Turbinaria peltata	173
Umkehrosmose	81
UV-Lampe	77
UV-Strahlung	29
UV-Wasserklärer	30, 77
Variable Riesenmuschel	182
Verdunstung	38
Wasserwerte	87
Weinroter Einsiedlerkrebs	185
Wheelers Grundel	140
Wodka-Filter	63
Wulstverklebung	20
Xenia	153
Yuma-Scheibenanemone	166
Zebrasoma	
- *flavescens*	144
- *xanthurus*	107, 145
Zooxanthellen	9, 28
Zylinderrose	151

DOC Skimmer 9415 - 9430

UNKOMPLIZIERT,
das ist die eigentliche Revolution

Die DOC Skimmer 9415 und 9430 für Aquarien bis 1.500 und 3.000 Liter besitzen eine sehr kompakte Bauweise mit hoher Leistung und können somit unkompliziert in jede Unterschrankanlage eingesetzt werden.

www.tunze.com/info

TUNZE Aquarientechnik GmbH - Seeshaupter Str. 68
82377 Penzberg - Tel. 08856/2022- Fax 08856/2021

EcoDrift
4D - Strömungspumpe

Professionelle Aquarientechnik
EcoDrift Series

Leistungsstarke Strömungspumpe mit regelbarer Wellenschlagsimulation für Meerwasseraquarien incl. Wave-controller.

- 24 V Kleinspannung, incl. Sicherheitstransformator 100 - 240 V/50 - 60 Hz
- vibrationsreduzierender Magnethalter (sehr leise), 180° schwenkbar
- Wave-controller zur Regulierung der Strömungsleistung und der Wellenfrequenz
- Lichtsensor zur automatischen Reduzierung der Strömung bei Nacht (entfällt bei EcoDrift 4.0)

	EcoDrift 4.0	EcoDrift 8.0	EcoDrift 15.0	EcoDrift 20.0
Für Aquarien bis	300 l	800 l	1.500 l	2.000 l
Leistung regelbar	2.000 - 4.000 l/Std.	4.000 - 8.000 l/Std.	7.500 - 15.000 l/Std.	10.000 - 20.000 l/Std.
Stromaufnahme	3 - 10 Watt	8 - 20 Watt	10 - 35 Watt	20 - 60 Watt
Abmessungen	ca. 90 mm, Ø 70 mm	ca. 106 mm, Ø 84 mm	ca. 136 mm, Ø 110 mm	ca. 136 mm, Ø 110 mm
Glasstärke bis	15 mm	15 mm	15 mm	15 mm

www.aqua-medic.de

AB Aqua Medic GmbH | Gewerbepark 24 | 49143 Bissendorf | Telefon +49 (0) 5402 99110 | Telefax +49 (0) 5402 991119